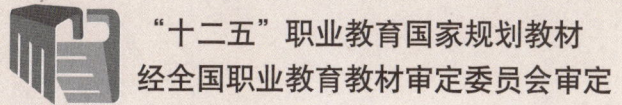

消费心理学

（第五版）

新世纪高职高专教材编审委员会 组编

主　编　柳　欣

副主编　周　蓉　张　磊　刘雅晶

大连理工大学出版社

图书在版编目(CIP)数据

消费心理学 / 柳欣主编. -- 5版. -- 大连：大连理工大学出版社，2021.2(2022.7重印)
新世纪高职高专市场营销类课程规划教材
ISBN 978-7-5685-2810-8

Ⅰ.①消… Ⅱ.①柳… Ⅲ.①消费心理学－高等学校－教材 Ⅳ.①F713.55

中国版本图书馆CIP数据核字(2020)第243147号

大连理工大学出版社出版

地址：大连市软件园路80号　邮政编码：116023
发行：0411-84708842　邮购：0411-84708943　传真：0411-84701466
E-mail:dutp@dutp.cn　URL:http://dutp.dlut.edu.cn
大连市东晟印刷有限公司印刷　　大连理工大学出版社发行

幅面尺寸：185mm×260mm　　印张：14　　字数：323千字
2007年7月第1版　　　　　　　　　　　2021年2月第5版
2022年7月第3次印刷

责任编辑：夏圆圆　　　　　　　　　责任校对：刘丹丹
　　　　　　　　　　　　封面设计：对岸书影

ISBN 978-7-5685-2810-8　　　　　　　　定　价：42.80元

本书如有印装质量问题，请与我社发行部联系更换。

前 言

《消费心理学》(第四版)是"十二五"职业教育国家规划教材,也是新世纪高职高专教材编审委员会组编的市场营销类课程规划教材之一。

进入21世纪以来,消费心理学作为营销专业课程体系中的专业基础课程,随着科学技术的飞速发展,特别是互联网的发展,其作用越来越重要。企业成功的营销活动离不开对消费者心理现象和行为的深入研究,掌握基本的消费心理学理论并能够应用成为专业营销人员必备的素质。编写本教材是为了帮助即将走上不同工作岗位的职业学校学生掌握消费心理学的基本原理和基本方法,打下扎实的专业知识基础,不断提升营销技能。

本教材一方面注重满足消费市场的需要,为企业营销决策等提供借鉴依据,具有较强的实用性;另一方面注重满足应用型、创新型人才培养需要,注重对分析问题和解决问题能力的考核及学生双创能力的培养。本次修订主要在以下方面进行了改进:

1.注重通过实训项目提升双创能力。数字化、网络化、智能化带来了新一轮的科技革命和产业变革,未来更需要学生具备创新能力和创业能力。本教材通过设置"实践与训练"模块,使学生在提高自身实践能力的同时提高创新能力和创业能力,符合现代人才培养的要求。

2.利用优质线上资源。本教材的主编是黑龙江省级线上精品课程"营销'心'手备忘录"的负责人,编者在修订中将相关营销理论的优质网络课程以"线上导读"的形式引入,用新的思路、新的观念、新的方法对消费心理学理论进行分析和阐明,力争做到前沿、新颖、独到。

3.促进学用结合。本教材选用了大量案例,其中既有

中外经典案例,又有近几年活跃于中国市场和国际市场的知名企业的案例,以拓宽读者的思维和视野,让读者"走进去"掌握相关理论。本教材每章都配有课后练习等模块,以供广大学生和自学者进行自我检测。

本次修订希望通过知识性与趣味性相融合的线上资源和案例教学等方式,使相关理论更加易于掌握并能增加学生继续深入学习的动力,同时通过项目训练引导学生进行理论运用,从而实现"易知、乐学、致用"的编写目的。

本教材的内容包括:绪论、消费者的心理活动过程、消费者的个性特征、社会因素与消费心理、消费者群体与消费心理、产品因素与消费心理、产品价格与消费心理、购物环境与消费心理、销售服务与消费心理、广告宣传与消费心理、企业形象与消费心理。

本教材由哈尔滨金融学院柳欣任主编,哈尔滨金融学院周蓉、张磊、刘雅晶任副主编,中国银行股份有限公司黑龙江省分行史磊参与了部分内容的编写。具体编写分工如下:柳欣编写第四章至第六章,周蓉编写第一章至第三章,张磊编写第八章至第十章,刘雅晶编写第七章,刘雅晶、史磊共同编写第十一章。特别鸣谢云南林业职业技术学院李海莹和王玲琳在教材前期编写中所做的贡献。

在编写本教材的过程中,我们参阅、借鉴了许多专家、学者的学术研究成果,在此谨向有关专家、学者表示衷心的感谢!请相关著作权人看到本教材后与出版社联系,出版社将按照相关法律的规定支付稿酬。

由于时间仓促,本教材仍可能存在一些不足之处,敬请读者不吝批评指正。

编　者
2021 年 2 月

所有意见和建议请发往:dutpgz@163.com
欢迎访问职教数字化服务平台:http://sve.dutpbook.com
联系电话:0411-84707492　84706671

目 录

第一章　绪论 …………………………………………………………………… 1
　第一节　消费心理学的研究对象和内容 …………………………………… 3
　第二节　消费心理学的研究意义和方法 …………………………………… 7

第二章　消费者的心理活动过程 ……………………………………………… 15
　第一节　消费者的感觉和知觉 ……………………………………………… 16
　第二节　消费者的注意、记忆、想象与思维 ……………………………… 20
　第三节　消费者的情绪和意志 ……………………………………………… 25

第三章　消费者的个性特征 …………………………………………………… 34
　第一节　消费者的个性 ……………………………………………………… 35
　第二节　消费者的气质、性格和能力 ……………………………………… 37
　第三节　消费者的需要、购买动机、购买决策与购买行为 ……………… 43

第四章　社会因素与消费心理 ………………………………………………… 57
　第一节　政治法律、经济与消费心理 ……………………………………… 58
　第二节　文化、亚文化与消费心理 ………………………………………… 62
　第三节　消费习俗与消费心理 ……………………………………………… 64
　第四节　消费流行与消费心理 ……………………………………………… 67

第五章　消费者群体与消费心理 ……………………………………………… 79
　第一节　社会阶层与消费心理 ……………………………………………… 80
　第二节　家庭与消费心理 …………………………………………………… 84
　第三节　不同年龄、性别群体的消费心理 ………………………………… 86

第六章　产品因素与消费心理 ………………………………………………… 95
　第一节　产品设计与消费心理 ……………………………………………… 96
　第二节　产品包装设计与消费心理 ………………………………………… 104

第七章　产品价格与消费心理 ············ 114

- 第一节　产品价格的心理功能 ············ 115
- 第二节　消费者的价格心理 ············ 117
- 第三节　消费者心中的价格阈限 ············ 120
- 第四节　产品价格的心理策略 ············ 122

第八章　购物环境与消费心理 ············ 132

- 第一节　商店选址与消费心理 ············ 134
- 第二节　店面设计与消费心理 ············ 136
- 第三节　商店内部环境与消费心理 ············ 139

第九章　销售服务与消费心理 ············ 147

- 第一节　产品销售服务心理 ············ 149
- 第二节　服务营销心理 ············ 157
- 第三节　客户与推销心理 ············ 160
- 第四节　谈判心理 ············ 167

第十章　广告宣传与消费心理 ············ 175

- 第一节　广告的心理机制与过程 ············ 177
- 第二节　广告策划与设计心理 ············ 181
- 第三节　广告实施心理 ············ 188

第十一章　企业形象与消费心理 ············ 198

- 第一节　企业形象概述 ············ 199
- 第二节　顾客印象、态度的形成和改变 ············ 202
- 第三节　企业形象塑造心理 ············ 208

参考文献 ············ 218

第一章

绪 论

学习目标

【知识目标】
1. 理解消费心理的相关概念
2. 掌握消费心理学的研究对象、内容与方法

【能力目标】
1. 能明确消费心理与消费行为之间的关系
2. 能根据消费心理学的研究对象、内容与方法建立起对消费心理学理论体系的大体框架

案例导入

星巴克的全渠道营销

一、交互式移动端零售

据统计,消费者花在网上的时间,有60%是通过移动设备(手机、平板电脑等)实现的,这向每一位在做实体零售的商家展示了移动端巨大的潜力——因为它会很便利地展示实体店所在的位置。

星巴克通过研究消费者消费习惯,不断地使用营销策略来满足自己的消费者需求,它早已对自己的顾客了如指掌。

早在几年前,公司发现开发一款移动客户端,通过移动客户端直接给用户优惠信息,就生成了与用户互动的最有效渠道。这款移动客户端毫无悬念就叫Starbucks(星巴克),它有着实体店定位、礼品卡信息和会员奖励机制等功能。

二、移动客户端会员积分奖励吸引消费者使用

星巴克很清楚地知道,和自己顾客最好的沟通交流就是不断地发放优惠信息、提供免费饮料和一些生日礼物。总的来说,因为消费者需要不停地使用移动客户端来查收积分,所以通过手机应用这个渠道能够增加用户黏度和互动性。

三、星巴克的移动支付技术

星巴克利用手机完善了消费者的支付体验,用户可以在移动客户端为自己的账户充值,等到去星巴克门店的时候,只要亮出手机上的支付条码,就能在2秒内完成付款,并且得到星享积分。

星巴克创造和完善了交互式移动客户端零售体验,加快了支付速度,证明了自己深知顾客的需求和体验,换而言之,在尝试发展移动客户端市场的时候,摆在第一位的就是顾客。

四、通过个性化优惠,增加星巴克用户忠诚度

星巴克把用户忠诚度管理无缝地植入到了自己的移动客户端当中,虽然这不是一个新的概念,但是通过植入移动客户端的积分奖励措施,还是成功地替代了传统的星享卡。

毫无疑问,星享卡的积分制度成功地提升了消费者的忠诚度和黏度,通过不断地进行星星奖励和对应阶段的优惠券发放,用户会时常跑到门店享受一杯免费的咖啡。

手机星享卡刺激了消费者不断地使用星巴克移动客户端,因为公司发现自家的消费者很习惯于不断地通过消费来获得免费的奖励。然而,移动客户端除了使星巴克能够不断地保持用户黏度,还能获得更多的数据。

众所周知,星巴克的奖励制度是用户累计消费一定数量,就会获得相应的星星数,也会获得对应数目的优惠券和赠饮。虽然这个奖励制度可能不完全适用于其他行业的零售服务,但是利用移动客户端来激励顾客,在很大的程度上,消费者会对品牌有着更好的用户黏度和忠诚度。

另外,公司也会鼓励那些活跃于移动客户端的消费者做一些问卷调查,星巴克的"星星"会作为报酬发放到那些接受问卷调查的用户的账户,这自然是一大独门秘籍,不少用户会乐于参与这些调查,因为他们深知这些"星星"可以带来更多的优惠和免费的饮品。

(资料来源:搜狐网)

从本案例中我们可以看出顾客的消费心理和消费行为之间是存在必然关系的。星巴克成为全渠道零售业的翘楚,它的成功与其说是赢在营销策略,不如说是赢在了解消费者的心理。星巴克通过研究消费者消费习惯,不断地使用营销策略来满足消费者的需求。由此可见,我们掌握研究消费者心理的方法和理论是十分必要的。

第一节 消费心理学的研究对象和内容

消费心理学是研究消费者在消费活动中的心理现象及行为规律,作为一门自然科学与社会科学相互渗透而形成的应用性科学,其在企业活动中发挥的作用越来越重要。企业以市场为中心来分析和认识市场,其最基本的分析和认识对象就是消费者的心理和行为。在市场营销者看来,市场等同于买者,买者可以是进行个人和家庭消费的消费者,我们一般称为消费者市场;买者也可以是从事生产、销售等业务活动的企业以及政府部门和非营利组织,它们为履行职责而购买产品和服务所构成的市场,我们一般称为组织市场。对买者分析的基本出发点是对个人心理的分析,不管是消费者市场还是组织市场,购买行为的主体都是人,只是他们购买的目的与自己的关系不同而已。人的行为是受人的心理支配的,换句话说就是人有什么样的心理,就会有什么样的行为。

一、消费心理学的研究对象

(一)消费

广义的消费包括生产消费和个人消费。生产消费指生产过程中工具、原材料、燃料、人力等生产资料和劳动的消耗。它包含在生产之中,是维持生产过程连续进行的基本条件。个人消费指人们为满足自身需要而对各种物质生活资料、服务和精神产品的消耗。它是人们维持生存和发展、进行劳动力再生产的必要条件,也是人类社会普遍的经济现象和行为活动。在社会再生产过程中,生产消费与个人消费处于完全不同的地位。如果将前者作为这一过程的起点,后者则是这一过程的终点,即个人消费是一种最终消费,马克思称之为"原来意义上的消费"。

(二)消费者

广义的消费者是指所有从事物质产品和精神产品消费活动的人。在一定意义上,社会上的每一个人,无论其身份、地位、职业、年龄、性别如何,都是消费者。

狭义的消费者是从市场需求的角度界定的。将消费者放到市场需求的框架中加以考察,可以认为消费者是指那些对某种商品或服务有现实或潜在需求的人。由于对商品的需求表现不同,狭义的消费者又可以分为现实消费者和潜在消费者。例如,奶奶提出要给上大学的孙女小丽买个电脑,小丽的同学推荐某种品牌,妈妈决定让爸爸第二天去某电脑城购买,爸爸去选择并买回了电脑给小丽使用。这个过程中,奶奶是消费的提倡者,同学是消费的影响者,妈妈是决策者,爸爸是购买者,小丽是最终使用者,这些人都构成了该产品的"消费者"。

消费者有个体和群体之分。

1. 消费个体

消费个体是指单个个体以及他们的消费行为。虽然消费个体是指个人的消费行为，但是因为人们的生活方式以家庭为主，所以消费个体包含了整个家庭作为一个消费个体的意思。

2. 消费群体

消费群体是指由具有相同或者相近消费特征的消费者构成的群体。如收入水平相近、购物兴趣相同，或者年龄处于同一阶段，或者工作性质与职业相同的消费者构成的群体。正确区别消费个体经验与消费群体经验，可以克服营销人员在消费心理与行为研究中的主观影响。

（三）消费心理与行为

无论是广义还是狭义的消费者，首先都作为人而存在，因此必然具有人类的某些共同特性，如有思想，有感情，有欲望，有喜怒哀乐，有不同的兴趣爱好、性格气质、价值观念、思维方式等。所有这些特性，构成了人的心理，也称为心理活动或心理现象。心理活动是人脑对客观事物或外部刺激的反应，是人脑所具有的特殊功能和复杂活动。它处于内在的隐蔽状态，不具有可以直接观察的现象形态，因此无法从外部直接了解，但是心理活动可以支配人的行为，决定人们做什么，不做什么，以及怎样做。换言之，人的行为尽管形形色色、千变万化，但无一不受到心理活动的支配。因此，观察一个人的行为表现，即可间接了解其心理活动状态。同样，人作为消费者在消费活动中的各种行为也无一不受到心理活动的支配。例如，是否购买某种商品，购买何种品牌、款式，何时、何地购买，采取何种购买方式，以及怎样使用等，其中每一个环节、步骤都需要消费者做出相应的心理反应，进行分析、比较、选择、判断。因此，消费者的消费行为都是在一定心理活动支配下进行的。这种在消费过程中发生的心理活动即为消费心理，又称消费者心理。

简单地说，消费心理是指消费者在个人消费活动中发生的各种心理现象及其外在表现。消费行为是指消费者在处理与消费有关的问题时所表现出来的行为，即消费者在寻找、选择、购买、使用、评估和处置与自身满足相关的产品和服务时所表现出来的行为。消费心理与消费行为之间有着密切的联系（如图 1-1 所示），任何行为的产生都不是无缘无故的，总是由一定的刺激引起的。刺激既可以来自外部环境，也可以来自内部的生理与心理因素。行为的刺激常常通过心理的中介而起作用。人的行为的复杂性是由心理活动的复杂性引起的。同一刺激可能引起不同的反应，不同的刺激也可能引起相同的反应，其原因就在于人有丰富的精神世界。人总是以自己的主观精神世界去处理各种刺激，然后做出恰当的行为反应。也就是说，消费者的心理活动虽然处于内在的隐蔽状态，但它可以支配人的行为，决定人们做什么、不做什么及怎么做。前者是不可见的，后者是可见的，但心理也要通过行为得以表现。因此，消费心理支配消费行为，根据消费心理可以推断消费行为，同时根据消费行为也可以分析消费心理。

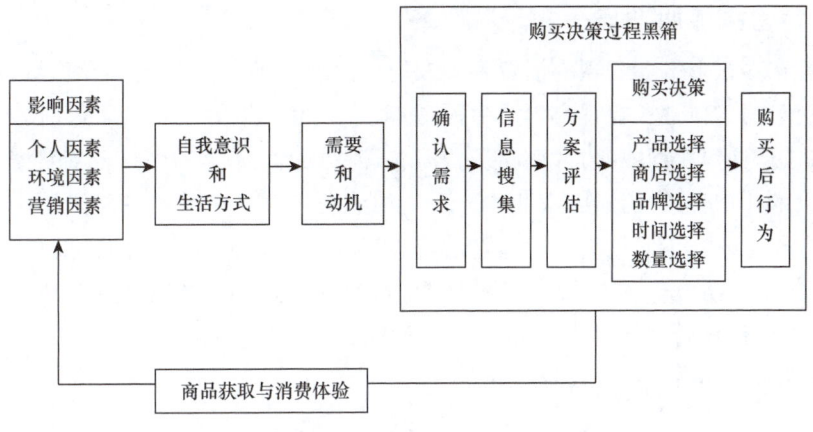

图 1-1 消费心理与消费行为

  企业研究消费心理与行为是着眼于与消费者建立和发展长期的交换关系。在消费领域,消费者在个人因素、环境因素和营销因素的作用下,产生相应的需要与动机,为了满足这些需要和动机,消费者就会产生相应的购买行为。一旦消费者面临问题情境,消费决策过程将被启用。这一过程所带来的购买行为的实现与消费体验会对消费者的内部特性和外部环境产生影响,从而最终引起消费者自我意识与生活方式的调整或改变。这一过程会对企业和消费者之间的长期交换关系的建立和发展产生直接作用。通过消费心理与行为的研究,企业可以提供合适的产品和传递合适的信息来激发或满足消费者的需要,从而建立起良好的交换关系,使企业能在激烈的竞争中更好地生存与发展。

二、消费心理学的研究内容

(一)消费者的心理活动基础

  心理活动基础指消费者赖以从事消费活动的基本心理要素及其作用方式,包括感知记忆和学习、个性心理、态度的形成与改变、消费需要和动机、消费者满意与忠诚等。通过对消费者心理活动过程中各种心理要素的分析,把握其心理活动的一般规律,进而揭示消费者行为表现及其差异的原因,为购买行为的研究奠定基础。

(二)消费者的购买决策与行为

  购买行为是消费者心理活动的集中外现,是消费活动中最有意义的部分。在消费者行为的研究中,将影响消费者的心理因素与其行为表现紧密联系起来,深入探讨消费者的购买行为过程,购买决策的制定,以及态度、偏好、逆反、预期等特定心理活动对购买决策与行为的影响。通过对购买过程中产生消费需求,驱动购买动机,收集商品信息,进行比较选择,制定购买决策,实际从事购买,评价所购商品等若干阶段及其相互联系的逐一考察,抽象出消费者购买行为的基本模式。

（三）消费者群体心理与行为

消费者在直接形态上表现为消费者个人的行为活动，但从社会总体角度看，消费者行为又带有明显的群体性。在现实生活中，某些消费者由于年龄、性别、职业、收入水平、社会地位、宗教信仰等相同或接近，而在消费需求、消费观念、消费习惯以及消费能力等方面表现出很大的相似性或一致性，由此构成一定的消费者群体。消费者群体是社会消费活动的客观存在。研究不同消费者群体在消费心理和消费行为方式上的特点与差异，有助于从宏观角度把握社会总体消费的运动规律，同时对商品生产者和经营者准确地细分消费者市场、制定最佳营销策略具有重要的指导意义。

（四）消费者心理与社会环境

在现实当中，消费者及其所从事的消费活动都是置于一定的社会环境之中，在某些特定的环境条件下进行的。一方面，无论个人或群体消费者，其心理活动及其行为反应在很大程度上受到社会环境因素的影响和制约；另一方面，消费者在适应环境的同时，也会以不同方式影响和反作用于环境。因此，切不可忽视环境与消费者的关系研究。具体分析各种社会环境因素（诸如社会文化及亚文化、参照群体、社会阶层、家庭、舆论导向等）对消费者心理及行为的影响和作用方式，有助于了解消费者心理与行为活动的成因，掌握其运动规律。

（五）消费者行为与市场营销

在现代市场经济条件下，消费者大量接触的，受其影响最为深刻、直接的环境就是企业的市场营销活动。市场营销是商品生产者和经营者围绕市场销售所从事的产品设计、包装、命名、定价、广告宣传、分销、促销、销售服务等一系列活动，其目的在于通过满足消费者的需要，激发其购买欲望，促成购买行为，实现商品的最终销售。因此，市场营销的一切活动都是围绕消费者进行的，对消费者心理及购买行为具有直接影响。同时，企业所采取的全部营销策略、手段又必须以消费者的心理与行为为基础，最大限度地迎合消费者的需求、欲望、消费习惯、购买能力等。换言之，市场营销活动的效果大小、成功与否，主要取决于其对消费者心理及行为的适应程度。由此可见，消费心理和行为与市场营销之间有着极为密切的内在联系，二者相互影响、相互作用。市场营销既是适应消费者心理的过程，同时又是对消费者心理加以诱导、促成其行为实现的过程。探讨在这一过程中消费者对各种营销活动做出何种反应，以及怎样针对消费者的心理特点改进营销方式，提高营销效率，是消费心理学的主要研究对象和任务所在。

小案例

个性化定制：满足消费者的不同需求

随着人们生活和消费水平的提高，产品的个性化日益突出，"独立思考、理性消费"的消费观念使定制服务的日常化应运而生。

在这个阶段,企业必须要知道自己的产品都卖给了谁?消费者为什么会买?要知道不管企业如何努力,都无法用同一种产品和服务来满足小众的不同需求。定制体现了稀有、独特的情感表述,创造最大的消费者价值,从而增加了服务黏性。

其实,定制在中国传统中医药治疗中一直在施行。例如针对同一种疾病不同的患者,或者是同一个患者在病程的不同阶段,中医都可以开出不同的、有针对性的药方,做到"因人而异,量身定制"。

第二节 消费心理学的研究意义和方法

一、研究消费者消费心理的意义

随着市场经济的发展和竞争的激烈,人们越来越重视对消费心理问题的研究。研究消费者消费心理既具有理论意义,又具有实践意义。

(一)研究消费者消费心理的理论意义

(1)消费者消费心理揭示的消费者购买商品时所发生的心理活动,以及与商业经营活动中各方面的关系,有助于我们正确地认识消费者心理活动的规律。

(2)随着经济的发展,消费者的消费心理也发生了重大变化,广泛而深入地研究消费者的消费心理,既能给心理学提供丰富的素材,又有利于促进心理学理论的发展。

(二)研究消费者消费心理的实践意义

(1)掌握消费者消费心理,有利于指导生产和满足消费。市场交换活动是由商品、购买力、购买欲望、购买者这四个要素相结合而实现的,主体是购买者。企业必须根据消费者的需要,来安排商品生产和销售活动,如果生产与消费严重脱节,生产出的商品不能满足消费者的需求,必定会阻碍再生产。为此,企业必须了解、研究消费者的心理变化、购买特点和消费习惯等,从而有效地指导生产,不断地更换产品,改善流通来满足消费的需求。

(2)掌握消费者消费心理,有利于预测消费者需求的变化趋势。随着社会的进步,消费者需求呈现多样化的发展趋势。研究消费者、消费心理,不仅要了解消费者的现实需求,更要掌握市场信息,了解消费者的潜在需要。这样才能在瞬息万变的市场经济中占据主动。

(3)掌握消费者消费心理,有利于提高经营者的素质,提升服务质量。消费者来商店,不仅想买到称心如意的商品,还想要得到营业员热情、周到的服务。市场越繁荣,竞争越激烈,服务越重要。营销人员应了解消费者在购买过程中的心理活动,做到热情接待、周到服务,以提高商业企业的经营、管理水平,为实现经营目标奠定基础。

线上导读:念念不忘必有回响

（4）掌握消费者消费心理，有利于促进对外经济的发展。通过认真了解和研究消费者的消费心理和消费行为，把握不同国家的人民因经济、文化等差异，在商品的品质、规格、式样、包装等方面的不同消费需求，有效地开拓和逐步占有国际市场。

二 消费心理学的研究方法

学习和研究消费心理学必须采用有效的研究方法。消费心理学的研究方法很多，目前国内外比较常用的方法有以下几种：

（一）观察法

观察法是指在商业经营活动过程中，调查者在自然条件下有目的、有计划地观察消费者的语言、行为、表情等，分析其内在的原因，进而发现消费心理现象的规律的研究方法。观察时可借助视听器、摄像机、录音机、照相机等设备进行操作。观察法一般运用于研究产品广告、商标、产品包装和柜台设计的效果，产品价格对购买行为的影响以及企业的营销状况等方面。例如，为了了解商品陈列设计的效果，可以在陈列好商品的货架旁观察前来购买的消费者是如何从货架的相应位置选取商品的，以此来分析商品陈列位置对商品销量的影响。

1. 观察法的适用情况

（1）对所研究的对象无法控制。
（2）在控制条件下，可能影响某种行为的出现。
（3）由于社会道德的要求，不能对某种现象进行控制。

观察法的成功取决于观察的目的与任务、观察与记录的手段以及观察者的能力和态度。由于观察法是在自然条件下进行的，不为被观察者所知，他们的行为和心理活动较少或没有受到"环境的干扰"，因此，应用这种方法有可能了解到现象的真实情况。

2. 观察法的主要缺陷

（1）在自然条件下，观察的结果难以进行检验和证实。
（2）在自然条件下，影响某种行为的心理活动因素是多方面的，因此难于对深层次的动机进行精确的分析。
（3）观察容易"各取所需"，即观察的结果容易受到观察者本人的兴趣、愿望、知识经验和观察技能的影响。

（二）实验法

实验法是指在控制条件下对某种心理现象进行观察的方法。在实验中，研究者可以积极干预被试者的活动，创造某种条件使某种心理现象得以产生并重复出现。这是实验法和观察法的不同之处。实验法分两种：实验室实验法和现场实验法。

1. 实验室实验法

实验室实验法是借助专门的实验设备，在对实验条件严加控制的情况下进行的一种方法。例如,测定消费者对广告的记忆率,就可以在实验室内运用音像、图片、文字等广告媒体,测定消费者的广告记忆效果。这种方法只适宜研究比较简单的心理现象。

2.现场实验法

现场实验法又称自然实验法,是指在商业营销环境中,有目的地创造某些条件或变更某些条件,给消费者的心理活动施加一定的影响或诱导,从中了解消费者的心理活动。由于实验的结果是在商业现场进行的,又是主动地、有目的地施加一些影响,因此,这种方法往往能够按照一定的研究目的取得比较准确的实验结果,是应用范围比较广泛的方法。

> **小案例**
>
> **现场实验法的应用**
>
> 某食品厂为了提高糖果的销量,认为应改变原有的陈旧包装,并为此设计了新的包装图案。为了检验新包装的效果,以决定是否在未来推广新包装,厂家取 A、B、C、D、E 五种糖果作为实验对象,对这五种糖果在改变包装的前一个月和后一个月的销量进行了检测,得到的实验结果见表 1-1。
>
> 表 1-1　　　　　　　　　　实验结果　　　　　　　　　　（单位:千克）
>
> | 糖果品种 | 实验前销量 Y | 实验后销量 Y_n | 实验结果 $Y_n - Y$ |
> |---|---|---|---|
> | A | 300 | 340 | 40 |
> | B | 280 | 300 | 20 |
> | C | 380 | 410 | 30 |
> | D | 440 | 490 | 50 |
> | E | 340 | 380 | 40 |
> | 合计 | 1 740 | 1 920 | 180 |
>
> 改变包装比不改变包装的销量增加,说明顾客不仅注意糖果的质量,也对其包装有所要求。因此断定,改变糖果包装以促进其销量增加的研究假设是合理的,厂家可以推广新包装。但应注意,市场现象可能受许多因素的影响,180 千克的销量增加,不一定只是改变包装引起的。

（三）调查法

调查法是消费心理学中运用得最多的一种方法。调查法是指在商业经营活动中,采取科学的手段和方式,通过面谈、电话、邮件等形式获取相关资料,在进行数据整理和分析的基础上,间接地了解消费者心理活动的方法。调查的方式可以根据调查目的而灵活采用。例如,了解消费者的购买动机,可以通过精心设计的问卷进行问卷调查;了解消费者对新产品的看法,可以召开消费者焦点座谈会进行资料收集;了解消费者对销售服务满意的情况,可通过广告征询、意见簿设置的形式进行;等等。常用的调查法为问卷调查法和访谈法。

1.问卷调查法

问卷调查法是以问卷的形式向调查对象提出问题,回收被调查者的答卷,进行统计、汇总、分析的方法。这种方法对问卷设计的技术要求很高。同时为了提高问卷回收率,可采用诸如向答卷者赠送小礼品等奖励的方式。

2.访谈法

访谈法是指调查人员通过对被调查者进行访谈,询问有关问题的方法。访谈调查的方式,可以采取面对面或通过电话的个人访问,也可以采取集体座谈;可以安排一次访谈,也可以进行多次访谈。这都应根据调查的目的和要求而定。通过访谈调查了解的问题回收率高,但对调查员的能力要求也较高。

> **小链接**
>
> **消费心理学的发展过程**
>
> 无论是西方还是东方,外国还是中国,对于消费者心理的研究都有着悠久的历史。我国春秋末期的著名商人范蠡(陶朱公)从分析消费需要入手,以"计然七策"经营商业;荀子提出生产要"养人之欲,给人以求",讲的是满足人们的消费需要。西方哲人亚里士多德则十分关注人们各种形式的"闲暇"消费,以及由此对个体和社会产生的影响。但是,世界上真正运用科学的原理与方法,从理论和实践两方面研究并最终创立消费者心理学这门学科,至今仅100多年的时间。它的历史发展过程大致可划分为以下三个阶段:
>
> **(一)萌芽时期(19世纪末至1930年)**
>
> 19世纪末至20世纪初,西方主要资本主义国家基本上进入了工业化大生产时代。尤其是美国,经过工业革命后,生产能力有了大幅提高,竞争加剧,出现了生产力增长速度逐渐超过市场需求增长速度的趋势。随着这一矛盾的加剧,市场上的商品急剧增加,形成了买方占主导地位的买方市场。有些经营者为了在竞争中取胜,开始着手研究消费者的心理需求,并采取相关的策略,如广告、推销等,把心理学的研究引向了营销领域。
>
> 1901年12月20日,美国心理学家斯科特(W.D.Scott)在美国西北大学做报告,提出广告工作应成为一门科学,心理学可以在其中发挥重要作用的见解,被认为是第一次提出了消费心理学的问题。随后,他陆续发表了12篇论文,经整理汇集成《广告论》一书,并于1903年正式出版。此书较为系统地谈及影响消费心理的各种因素,标志着消费心理学的雏形——广告心理学的诞生。1912年,德国心理学家雨果·闵斯特伯格的《心理学与经济生活》一书出版,此书着重阐述了商品销售中广告与橱窗陈列对消费者的影响,也是消费心理学的代表作之一。
>
> 总之,在20世纪30年代以前,虽然已有一些经济学家、管理学家和心理学家关注并着手从事对消费者心理与行为的研究,但研究范围比较狭窄,只是着眼于产品的销售问题,重点是广告和推销术,未能深入地触及满足消费者心理需求的研究层面,研究方法也仅从经济学或心理学中简单地移植过来,而且其研究也主要限于理论的层面,没有具体运用到市场营销实践中,因此,这些研究在当时并未引起社会的广泛重视。

(二)应用时期(1930年~1960年)

20世纪30年代的经济大危机使需求问题成为西方企业面临的头号问题。为了对抗危机,促进销售,提高竞争力,企业纷纷加强了广告、促销等方面的力量,市场逐步成为企业的焦点。第二次世界大战后,随着战后经济重建,军工企业转入民用,生产力得到极大发展,消费者收入水平大大提高,从而使消费者的主体地位得到提升,消费观念迅速变化,同时,也使企业间的竞争更加剧烈,市场由卖方市场变为买方市场,了解消费者的需求特点,把握消费者心理的变动趋势,成为企业赢得竞争优势的重要前提。从20世纪50年代开始,心理学在各个领域的应用取得了新的成果,这种发展为心理学在市场营销领域的应用提供了条件。最引人注目的莫过于关于消费者行为动机的研究。受弗洛伊德精神分析学说的影响,很多研究者试图探究消费者购买或不购买某种商品的深层动机。此外,美国心理学家马斯洛提出了"需要层次论",社会心理学家鲍恩开始研究参照群体对消费购买行为的影响。

(三)变革与发展时期(1960年至今)

在此阶段,世界已跨入电子时代。消费者行为研究的重点主要放在对新产品扩散过程中的消费者行为进行分析。1960年,美国心理学会成立了消费心理学分会,有会员约400人。它宣告了消费心理学作为一门真正独立的学科从此诞生了。此阶段相继问世的《广告研究》《市场研究》两种杂志,使消费心理学的研究成果得到更广泛的传播。这段时期比较有代表性的学者是:密执安大学的G.卡托纳,研究了影响消费者行为的期望和态度;哥伦比亚大学的P.F.拉扎斯费尔德,研究了"人格影响";哈佛大学的R.A.鲍尔研究了消费者在不确定性条件下的反应,特别是关于知觉到风险的研究;等等。

20世纪70年代消费者行为研究开始进入成熟阶段。在此阶段,研究人员愈加重视"费"与"利"的关系,下功夫提高消费者行为研究的质量,以期望对市场实践与理论做出更大贡献。消费者行为研究的理论基础不断坚实,资料比以往任何时候都丰富,结论也更清晰明确了。

20世纪80年代以来,除了研究深度和广度进一步扩展以外,还出现了如关于消费者满意与不满意的研究、发展品牌资产和建立长期可赢利顾客关系的研究等。

如今,消费心理学正处于一个面临变革而又充满生机的蓬勃发展时期,这意味着这门学科在现有基础上还有待进一步发展、完善,也意味着它还有着广阔的发展空间与前景。这门学科的研究范围将延伸到消费者潜在需求与售后服务领域;研究内容将呈现出多学科、跨文化和国际化的趋势;研究方法将趋于定量化;研究资料将趋于充足化;研究成果将更加丰富化,学科体系将更趋成熟。

在中国,从实践方面来看,我国在长期的商业活动历史中,商业经营者发展了许多"以诚相待""童叟无欺"等顺应消费者心理的经营思想,他们曾使经营者的经营获得很好的发展,这些商业精神也是值得现代社会继承和发扬的;从理论方面来看,在20世纪20年代消费心理学的初创阶段,我国学者孙科就曾以《广告心理学概论》为题撰文对该学科进行了介绍;吴应国翻译了斯科特的《广告理论》;藩寂20世纪30年代还在大学中介绍了《工商心理学》。20世纪80年代以来,我国开始系统地从国外引进有关消费心理与行为研究的成果。学术界发表和出版了大量相关文章、专著、译著和教材。国内各高校相关专业开设了这门课程。各种调研机构和企业纷纷开展消费者态度、居民家计、消费趋势等的调研与预测工作,及时地跟踪和分析消费者心理和行为的变化动态,并将有关理论、方法运用于市场营销实践活动。1986年,部分省、市成立了消费者协会;1987年中国消费者协会成立;1993年《中华人民共和国消费者权益保护法》颁布。

本章小结

本章主要阐述了与消费心理和行为研究相关的概念：消费、消费者、消费心理、消费行为等,讨论了消费心理学的研究对象、研究内容、研究方法,阐述了消费心理学的研究意义。

课后练习

一、概念强化

消费者　消费心理

二、简答题

1. 阐述消费者、消费心理、观察法和调查法的含义。
2. 简述消费心理学的研究对象和研究内容。
3. 为什么要研究消费心理学？
4. 研究消费心理的方法有哪些？

三、案例分析

"超级福满多"的推广活动

顶新国际集团武汉顶益食品有限公司(以下简称顶益公司)生产的"超级福满多"香辣牛肉面,是一种在质和量上经过改进后重新上市的产品。"超级福满多"较原先的"福满多"方便面,在量上,每包由过去的100克增加到125克；在质上,新的方便面在面内加了鸡蛋；在作料上,除了原来的一个调味包外,还增加了一个肉酱包。由于消费者对这种新上市的产品不了解,加之吃惯了康师傅、统一等老牌子方便面,因此,"超级福满多"方便面刚上市时,销售情况不佳。

为使消费者了解这种新产品,顶益公司在武汉地区的多所高校学生中,开展了一次较大规模的"超级福满多"方便面样品派送活动。

具体做法是：顶益公司派出大量人员，把"超级福满多"挨寝室送到每个学生手中（每人一包），得到方便面的学生要在派送人员的记录本上签名，并留下寝室号码和联系电话，以作信息反馈之用。方便面包装袋正面右上角印有"非卖品"几个大字，包装袋正面还印有以下字样："集空袋，送福气"。集2个"超级福满多"空袋，即可参加兑奖。奖品是牙膏、相册、饭勺等，任选一样。

这次促销活动效果的抽样调查结果表明：57%的学生认为这次活动是成功的或基本成功的，现在同学中说到吃面就首先想起"超级福满多"；另有28.5%的学生认为这次促销活动效果不明显，没有达到预期的目标；还有14.5%的学生认为这是一次失败的促销活动。

这次促销活动的成功之处主要有以下几点：

1."超级福满多"方便面是一种经过改进后重新上市的新产品，顶益公司选择样品派送这种促销形式比较适宜。

2.这次活动的派送对象是在校大学生，活动选在目标消费者集中、人口密度高、购买潜力大的学生宿舍进行，具有极强的针对性。另外，在校大学生不但目前是方便面的主要消费群体之一，而且他们在毕业后成家之前，可能仍然是方便面消费的重要群体。给大学生派送样品，不但能迅速开拓目前的市场，还可以培育未来市场。

3.样品有很多种派送方法，顶益公司挨寝室派送样品这种方法更好，可以把学生重复得到样品的可能性降到最低，以减少样品的浪费。

4.这一活动能够提高"超级福满多"在目标消费者中的知名度，创造出很高的商品试用率。

5.方便面属于使用期短、消耗快、购买频率高的日用消费品，非常适合样品派送促销。

6.顶益公司采取了一些有效措施防止派送人员私吞样品。

问题：

1.你认为"超级福满多"促销活动成功的心理基础是什么？

2.你认为大学生对"超级福满多"的做法有哪些个人的理解和认识？结合本案例，说明研究消费者心理对企业制定营销策略有什么影响。

实践与训练

[实训项目]

利用消费心理学的研究方法调查大学生手机消费的情况（可以进行手机售后服务调查、品牌喜好调查等）。

[训练目标]

1.培养学生实践的能力。

2.培养学生使用不同研究方法开展消费心理研究的能力。

[训练内容与要求]

　　以个人或小组为单位利用业余时间深入学生寝室或班级,记录消费者行为表现,并根据调查结果分析其消费心理。

[成果检测]

1.个人或小组写出观察分析报告。

2.在小组或班级内进行成果交流。

3.通过交流对彼此之间的调查成果进行评估。

第二章

消费者的心理活动过程

学习目标

【知识目标】

1. 掌握消费者的感觉、知觉的含义和特点
2. 掌握消费者的注意、记忆、想象、思维的含义和类别
3. 掌握消费者的情绪和意志的含义和类别

【能力目标】

1. 能够运用消费者的认知过程及特点分析消费者的消费行为过程
2. 能够运用消费者的情感过程及特点分析消费者的购买决策行为
3. 能够运用消费者的意志过程及特点分析消费者的购买决策行为

案例导入

"佳佳"和"乖乖"的不同命运

"佳佳"和"乖乖"是两种香脆小点心的商标,它们曾经掀起过一阵流行热潮。然而时至今日,率先上市的"佳佳"在轰动一时之后销声匿迹了,竞争对手"乖乖"却经久不衰。为什么会出现两种截然不同的命运呢?

"佳佳"的销售对象是恋爱中的青年男女以及失恋者,产品做成咖喱味并采用大包装。"乖乖"则以儿童为目标,产品做成甜味并采用小包装。可见,"佳佳"和"乖乖"有不同的销售对象、口味风格、包装大小。正是这些不同,决定了两个竞争者的不同命运。

首先,从消费者对商品的认知过程来看,消费者购买行为发生的心理基础是对商品已有的认知,但并不是任何商品都能引起消费者的兴趣。心理实验证明,商品只有某些属性或总体形象对消费者具有一定强度的刺激以后,才能被选为认知对象。如果刺激达不到一定的强度或超过了感觉阈限

的承受度，都不能引起消费者认知系统的兴奋。商品对消费者刺激强弱的影响因素较多。以"佳佳"和"乖乖"为例，商品包装规格大小、销售对象的选择、宣传语言的选择均对消费者产生程度不同的刺激。"佳佳"采用大盒包装，消费者对新产品的基本心理定式是"试试看"，偌大一包不知底细的食品，消费者往往不予问津;而销售对象限于恋爱中的青年男女以及失恋者，使一部分消费者在"与我无关"的心理驱动下，对"佳佳"视而不见，充耳不闻。"乖乖"的设计就颇有吸引力：一是产品采用小包装，消费者在"好坏不论，试试再说"的心理指导下，愿意一试;二是广告突出了"吃得开心，开心地吃"，正是消费者食欲刺激的兴奋点。两相对比，"乖乖"以适度、恰当的刺激，引起了消费认知，在市场竞争中，最终击败了"佳佳"。

其次，从消费心理活动的情感过程来看，积极的情感如喜欢、热爱、愉快，可以增强消费者的购买欲望；反之，消极的情感如厌恶、反感、失望等，会打消购买欲望。"佳佳"的口味风格（咖喱的辣味）与恋爱中的甜蜜不太相宜，再加上"失恋的人爱吃'佳佳'"这种广告词，给人以消极的情感刺激。因此，"佳佳"最终败下阵来也就不足为奇了。

点　评

消费心理研究指出，在购买活动中，不同消费者的不同心理现象，无论是简单的还是复杂的，都需要消费者对商品的认知过程、情感过程和意志过程这三种既相互区别又相互联系、相互促进的心理活动过程。在商品购买心理的认知过程和情感过程这两个阶段，"佳佳"都未能给消费者带来充分的良性情感刺激，而"乖乖"则给人以充分的积极的心理刺激，获得了消费者的青睐。消费者在意志过程的决断中舍谁取谁，已在不言中了。

第一节　消费者的感觉和知觉

人们认知客观事物的一般过程，往往是先有一个表面的印象，然后再运用自己已有的知识和经验，有联系地综合加以理解。可以说，人们对事物的认知过程，也就是人们对客观事物的个别属性的各种不同感觉加以联系和综合的反应过程。这个过程主要通过人的感觉、知觉等来完成。

一、感觉

（一）感觉的概念

感觉是人脑对直接作用于感觉器官的客观外界事物的个别属性的反映。心理学研究的成果显示：人对来源于内、外部的刺激做出最直接反应的是感觉器官。不同的感觉器官能感受不同的个别属性，如眼能看颜色，耳能听声音，鼻能闻气味，舌能尝味道，皮肤能感知冷与热、粗与细、压力与痛感；前庭器官感受平衡，肌肉、筋腱、关节感受运动状况，内脏感受饥饿、饱胀、渴、窒息、疲倦、疼痛。在商品购买活动中，感觉对消费者的购买行为具有很大的作用。消费者通过感觉器官可以接受大量的商品消息，经过大脑，产生对商品个别的、表面的、特性的感受，形成初步的印象。

线上导读：
跟着感觉走

（二）感觉的特点

1.感受性

感受性是指特定感觉器官对于外界刺激强度及其变化的感觉能力。人对有些刺激能够感受到，对另一些刺激则不能。过弱的刺激（比如落在皮肤上的尘埃）和过强的刺激（比如频率高于 2000 赫兹的声音）人往往感受不到。

心理学用"感觉阈限"衡量感受性的强弱，人们把能够引起感觉的、持续一定时间的刺激量称为感觉阈限。它分为绝对阈限和差别阈限。

刚刚能引起感觉的最小刺激量被称为绝对阈限。只有超过绝对阈限的刺激，人们才能感觉到它的作用。绝对阈限越小，感受性越高；反之，感受性越低。绝对阈限是制定营销策略时经常考虑的因素。例如，商店的软硬件建设要立足于能够对消费者构成刺激，使消费者能感觉到。

差别阈限是指刚刚能被觉察出来的两个同类刺激物之间的最小差别量。例如，一台 4 900 元的空调，降价 29 元，消费者小李不会有明显的感觉；一台 4 900 元的空调降为 4 700 元时，消费者小李才产生明显的感觉。那么降价 200 元，这是消费者小李的差别阈限。

德国生理学家韦伯是第一位系统研究感觉阈限的人，他提出了著名的韦伯定律，即差别阈限与原刺激物量的比值是常数，即感觉的差别阈限随原来刺激量的变化而变化，而且表现为一定的规律性，原刺激物强度越高，则差别阈限也越高，最小感觉的差别越大。

用公式来表示，就是 $\triangle \Phi / \Phi = C$，其中 Φ 为原刺激量，$\triangle \Phi$ 为此时的差别阈限，C 为常数，又称为韦伯率。

这一定律揭示了一种可能性，也就是说，如果事先知道 C 与 Φ 的值，便可预测处在原有刺激值上需要有多大的变化才可能被人们所觉察（$\triangle \Phi = C \times \Phi$）。

2.适应性

适应性是指由于刺激物对感受器官的持续作用，使其感受性发生变化的现象。即古语所云:入芝兰之室,久而不闻其香;入鲍鱼之肆,久而不闻其臭。长期接受某种刺激,感受性就会降低,甚至迟钝以致兴趣丧失。因此,在营销活动中特别要强调推陈出新。

3. 关联性

关联性是指某一器官的感受性因其他器官同时也受到的刺激而产生变化的现象。比如看到蓝色会觉得清凉,看到红色会感觉热烈。在市场营销中,商品设计、店铺装潢、商品陈列以及其他各环节都可运用感觉的关联性原理。

4. 感觉对比

感觉对比是指同一感受器官接受不同的刺激而使感受性发生变化的现象。比如有绿叶衬托的红花会格外鲜艳;吃了苦的再吃甜的,甜味就更明显了。这种现象提示商家在广告设计和卖场设计上应注意利用色彩的对比效果突出商品形象。

(三)感觉的类型

人的感觉主要有五种类型,分别是视觉、听觉、嗅觉、味觉、皮肤觉,其中皮肤觉是一种综合性的感觉,又可细分为温度觉、触觉和痛觉等。

(四)感觉在营销活动中的作用

1. 感觉使消费者获得对商品的第一印象

感觉是一切复杂心理活动的基础。消费者在感觉的基础上获得对商品的全面认识。感觉使他们对商品有了初步的印象,而第一印象的好坏往往决定着消费者是否购买某种商品。营销者的各种营销手段只有给消费者以良好的感觉时,才能发挥作用。

2. 对消费者发出的刺激信号强度要适应人的感觉阈限

由于每个人的感觉阈限不同,有的人感觉器官灵敏、感受性高,有的人承受能力强。营销者在调整价格和介绍商品时,向消费者发出的信号强度应当适应他们的感觉阈限。例如,消费者对商品的价格很敏感,有时商店为了推销商品,会降价出售,并标明原价和现价。降价的幅度对消费者而言是个刺激信号,这就需要考虑购买者的心理。降价幅度过小,刺激强度不够,购买不会踊跃;降价幅度过大,会令一些消费者怀疑商品是否有重大质量问题,反而不敢贸然购买。

3. 感觉是引起消费者某种情绪的信号

客观环境给予消费者感觉上的差别,会引起他们不同的情绪感受。例如,商场营业环境的布置、营销人员的仪容仪表等,都能给消费者以不同的感觉,从而引起不同的情绪。

(一)知觉的含义

人在感觉的基础上形成了知觉。知觉是指人脑对直接作用于感觉器官的客观事物的整体反映。它是对感觉信息加工和解释的过程。就像盲人摸象,盲人触摸大象的某一部分是不能了解大象整体情况的,只有在把大象的整个身体都摸完一遍并把不同的部分整合起来,才能得出对大象全貌的认识。知觉要借助于过去的经验,还有思维、记忆等的参与,因而知觉对事物的反映比感觉要深入、完整。产品、广告等营销刺激只有被消费者知觉才会对其行为产生影响。

(二)知觉的分类

(1)根据知觉反映的事物特性,可分为空间知觉、时间知觉和运动知觉。
(2)根据反映活动中某个器官所起的优势作用,可分为视知觉、听知觉和触知觉等。

(三)知觉的特点

1.整体性

知觉对象都是由许多部分综合组成的,但人们并不会把知觉的对象感知为许多个别的、孤立的部分,而总是把对象感知为一个整体,这就是知觉的完整性。例如,消费者购买服装时,不会只注意服装的面料、颜色或者款式,而是把多种因素综合在一起,构成一个服装整体感知印象。

2.选择性

人们对客观事物的感知是经过加工的,从而体现出知觉的能动性,亦即选择性。例如,当消费者面对琳琅满目的商品时,总是根据自身的实际情况有选择地对其中的一部分刺激物进行感知,其余事物则变成了背景。消费者形成何种知觉,既取决于知觉的对象,又与知觉时的情境和消费者先前的知识与经验密切联系。

3.理解性

人们总是运用过去所获得的知识和经验感知客观事物并解释它们,人的知识和经验越丰富,对事物的感知就越完整深刻。例如,具有电子专业知识的消费者在选购家用电器时,通过阅读商品说明书并进行调试比较,就能理解商品的原理、结构、性能、特点和品质,并做出正确的评判和选择。

4.恒常性

当物体的基本属性和结构不变,只是外部条件(如光源、角度和距离等)发生一些变化时,自己的印象仍能保持相对不变。知觉的恒常性能使人们正确地感知客观事物,并不会因某些条件的变化而改变对原有事物的印象。例如,当客人向我们告别远去时,虽然身影越来越小,但我们并不因此而感到客人的身体真的在缩小。

(四)知觉在营销活动中的作用

1.知觉的选择性帮助消费者确定购买目标

如果消费者带着既定购买目标开始购物,就能积极主动地在琳琅满目的商品中选择所要购买的商品。这是由于购买目标成为符合他们知觉目的的对象,其他商品相对而言成为知觉对象的背景。

2.知觉的理解性与整体性在广告中的应用

具有整体形象的事物比局部的、支离破碎的事物更具有吸引力和艺术性。例如,一幅宣传耳机的路牌图画广告,画面是一位健美的男青年身着运动衫和牛仔裤,头戴耳机,骑在自行车上微笑前行,两旁绿叶清风。这幅广告就运用了知觉的理解性和整体性特点,比只画上耳机配上文字说明效果好得多。

3.知觉的恒常性促进商品销售

通常有相当一部分消费者是品牌的忠诚者,因此知觉的恒常性可以成为消费者连续购买某种商品的一个重要因素。营销者可以通过名牌效应实行品牌策略带动其他商品的销售。

第二节 消费者的注意、记忆、想象与思维

一、注意

(一)注意的含义

注意是人的心理活动对一定对象的指向和集中。指向是指心理活动的对象和范围。集中是指心理活动倾注于被选择对象的稳定和深入的程度。与认知过程的其他心理机能不同的是,注意本身不是一种独立的心理活动,而是伴随着感觉、知觉、记忆、思维和想象同时产生的一种心理活动。注意这种心理现象是普遍存在的。注意与人们的其他心理活动密不可分,它伴随人们的认知、情感和意志等心理活动过程而表现出来。

(二)注意的形式

消费者在认知商品的过程中,往往表现出不同的注意倾向。根据消费者有无目的以及是否需要意志努力,可以将注意分为有意注意、无意注意、有意后注意三种形式。

1.有意注意

有意注意又称不随意注意,是有预定目的,需要经过意志努力而产生的注意。在有意注意的情况下,消费者需要在意志的控制之下。主动将注意力集中起来,直接指向特定的消费对象。因此,有意注意通常发生在需求欲望强烈、购买目标明确的场合。例如,急需购买某品牌汽车的消费者,会刻意寻找、收集有关信息,并在众多的同类商品中,把注意力直接集中于期望的品牌。这期间需要消费者付出意志努力,采取积极主动的态度,克服各种困难和障碍。与无意注意相比,有意注意是一种更高级的注意形态。通过有意注意,消

费者可以迅速地感知所需商品，准确地做出分析判断，从而缩短对商品的认知过程，提高购买效率。

2. 无意注意

无意注意又称随意注意，是没有预定目的，不加任何意志努力而产生的注意。消费者在浏览、观光时，经常会于无意之中不由自主地对某些消费刺激产生注意。刺激物的强度、对比度、活动性、新异性等，是引起无意注意的主要因素。例如，包装色彩鲜艳的商品，散发诱人香味的食物，巨大的广告，与背景反差明显的商品陈列，旋转不停的电动器具，闪烁变换的霓虹灯，造型奇特或功能新异的新产品等，都会因其本身的独有特征形成较强的刺激信号，引起消费者的无意注意。此外，消费者的潜在欲望、积极情绪等，也是形成无意注意的重要诱发条件。

3. 有意后注意

有意后注意指有预定目的，但不经意志努力就能维持的注意，它是在有意注意的基础上产生的。消费者对消费对象有意注意一段时间后，逐渐对该对象产生兴趣，即使不付出意志努力，仍能保持注意，此时便进入有意后注意状态。在观看趣味性、娱乐性广告或时装表演时，人们就经常会出现有意后注意。这种注意形式可使消费者不致因疲劳而转移注意力，并使注意相对稳定和持久，但通常只发生在消费者感兴趣的对象和活动上。

以上三种注意形式并存于消费者的心理活动中。它们之间既交替作用，又相互转化，如无意注意可以转化为有意注意，有意注意进一步发展转化为有意后注意。在交替与转化中，三种注意形式共同促进消费者心理活动的有效进行。

（三）注意在营销活动中的运用

1. 充分发挥注意的心理作用，引发消费需求

在企业的经营活动中可以充分发挥注意的心理作用，采取有效的刺激手段先引起消费者的无意注意，再帮助其实现由无意注意向有意注意的转换，从而引发消费需求。

2. 实行多角化经营，调节消费者在商品中的注意转换

由于有意注意时间太长会导致人的疲劳，商家可利用注意的转换规律使购买环境便于消费者选购商品并较长时间停留在商场中。比如，使经营集休息、购物、娱乐于一体，避免商品陈列的单一化、功能的简单化，满足消费者多个方面的需求，同时创造更多的营销机会。

3. 利用刺激物的某种属性引起消费者的注意

例如，在广告的设计制作中，巧妙地利用刺激物的图案大小、声响节奏、色彩搭配和位置变换等来引起消费者的注意。

4. 利用注意的分配与转移规律提高销售服务效能

优秀的营销人员，能够同时接待、照应几位消费者，有较宽的接待服务面。例如，全国劳模青岛海滨食品店金喜凤同志，接待消费者能做到"接一问二联系三"，这其中就利用注意的分配和转移规律。

二 记忆

（一）记忆的含义

线上导读:粉红色的回忆

记忆是过去经验在人脑中的反映,或者说是人脑对过去经验中发生过的事、出现过的物的反映。感知过的事物、做过的事情、体验过的情感都会在人的脑海中留下印象,形成经验。记忆在消费者的心理和行为活动中具有重要的作用。消费者通过感知获得商品信息,形成商品概念,并保留在脑海中成为知识和经验,用于消费决策时进行推理和判断。记忆包括识记、保持、回忆和再认四个环节。

1. 识记

识记是人们为了获取客观事物的深刻印象而反复进行感觉、知觉的过程。它是记忆过程的第一步。消费者要想形成对商品的记忆,就要运用各种感官去接触商品,在大脑中建立商品各种属性的联系,留下商品整体印象的痕迹,从而识记商品。

2. 保持

保持是巩固已识记的知识和经验的过程,也就是使识记材料较长时间保持在脑海中。保持既是识记的巩固又是实现回忆与认知的保证。消费者在购买商品前货比三家时,要记住所对比商品的各自特点;购买商品后的使用效果会保留在头脑中而成为消费经验,影响其以后的消费决策。

记忆的内容不能保持或提取有困难就是遗忘。研究表明:遗忘在学习之后立即开始,而且遗忘的速度由最初的"快"逐渐减慢;材料的性质、意义和数量会影响识记与保持的效果。通常图形、表格等较易识记与保持;有意义比无意义的材料更易识记与保持;材料越多,越难识记与保持。这些规律对广告制作、广告策划、商品研发等具有重要意义。

3. 回忆

回忆是在不同的情况下,恢复有关经验、记忆的过程,即过去曾认知过的事物不在眼前,但能把对它的认知回忆起来。例如,当消费者准备购买一套住房时,他就会调用大脑中的所有相关信息,综合分析,最终做出购买决策。

4. 再认

经历过的事、见过的物重新出现时能够识别出来,就是再认。例如,消费者能够很快认出购买过的商品、光顾过的商店、观看过的广告等。

上述四个环节彼此联系,相互制约,共同构成消费者完整统一的记忆过程。其中,没有识记就谈不上对消费对象内容的保持,而没有识记和保持,也不可能对接触过的消费对象回忆和再认。因此,识记和保持是回忆和再认的前提,回忆和再认是识记和保持的结果及表现,同时,通过回忆和再认还能进一步巩固加强对消费对象的识记和保持。

消费者在进行商品选择和采取购买行动时,就是通过识记、保持、回忆和再认来反映过去的经历和经验的。

（二）记忆的分类

记忆分为瞬时记忆、短时记忆和长时记忆三种。

1.瞬时记忆

瞬时记忆又称感觉记忆，是指客观刺激以极短的时间呈现并停止作用后，感觉信息在一个极短的时间被保存下来的记忆。瞬时记忆的保持时间是 0.25 秒～5 秒。

2.短时记忆

短时记忆是指客观刺激以极短的时间呈现并停止作用后，保持时间为 5 秒～2 分钟的记忆。

3.长时记忆

长时记忆是指信息经过充分的、有一定深度的加工后，在头脑中长时间保留的记忆。保留时间从 2 分钟到许多年甚至终身。

瞬时记忆接收外界的信息，短时记忆对其进行选择性编码后将它输入长时记忆，而长时记忆的信息可以在我们需要的时候被提取到短时记忆中。

（三）记忆在营销活动中的应用

记忆对消费者的认识发展具有十分重要的作用。消费者初步感知商品后，往往运用记忆把过去曾使用过的商品、体验过的情感回想起来，进一步加深对商品的认识。因此，商品的命名、商标、包装、广告都是企业加深消费者记忆的主要方面。特别是商品的商标，是消费者识别、购买商品的最主要依据。比如在广告中，把新产品与消费者熟悉的事物联系起来，便于消费者理解、增强记忆，提高信息传播效果；在商业促销活动中，让消费者免费品尝食品、试穿衣服、试驾汽车、鼓励消费者参与产品演示或示范活动等。

想象与思维

（一）想象

1.想象的含义

想象是指人脑改造记忆中的表象而创造新形象的过程。想象是在记忆的基础上，把过去经验中已经形成的联系再进行组合，从而创造出并没有直接感知过的事物的新形象。

2.想象的分类

按照想象是否具有目的性，可分为无意想象和有意想象两大类。

（1）无意想象

无意想象是指没有预定目的的想象。无意想象是在外界刺激的作用下，不由自主地产生的。例如，梦是一种无意想象；看到天上的浮云，想象出各种动物的形象，也是一种无意想象。

(2)有意想象

有意想象是指有预定目的的想象。根据观察内容的新颖性、独立性和创造程度,有意想象又可分为再造想象、创造想象、幻想。

①再造想象

再造想象是根据别人的描述或图样,在头脑中形成新形象的过程。再造想象能超越个人狭隘的经验范围和时空限制,获得更多的知识;使我们更好地理解抽象的知识,使抽象的知识变得具体、生动、易于掌握。

形成正确再造想象的基本条件包括:能正确理解词与符号、图样标志的意义;有丰富的表象储备。

②创造想象

创造想象是指不根据现有的描述,在大脑中独立地产生新形象的过程。创造想象具有两个特点:体现了个人的憧憬或寄托;不与当前的行动直接联系,且指向于未来。创造想象具有积极的意义:创造想象是创造力实现的必要条件,是科学预见的一部分;创造想象是激励人们创造的重要精神力量;创造想象是个人和社会存在与发展的精神支柱。

③幻想

幻想是指与个人愿望相联系的想象。它是创造想象的特殊形式,比如各种神话和童话中的形象。

3.想象在营销中的作用

(1)消费者在购物时会有许多的想象

消费者在购买决策和购买行为中,常伴有想象的心理活动,比如,想象自己穿上不同款式服装时会是什么样的风度和神采,或想象能买到以往买不到的商品。如果商家能实现他的想象,他将十分高兴,否则就会感到遗憾。因此,商品的设计与生产,在功能和外观样式上都应尽量做到引发消费者的美好想象。

(2)想象对于营销者的作用

营销者在商品的设计、摆放、介绍、展示等销售过程中,要运用想象的作用,突出新颖性、创新性,引导和激发消费者的想象,推动由想象转变为购买动机和行为的过程。

(二)思维

1.思维的含义

思维是人脑以已有的知识为中介,对客观事物本质特征的概括反映。它是大脑运用分析、综合、比较、抽象、概括等一系列活动,把握事物的特征和规律,在既定经验的基础上,认识和推断未知事物的过程,它是人的认识活动的最高阶段。通过思维,人们可以发现事物的本质属性和内部联系,这些仅靠感知是不能达到的。

2.思维在营销服务中的作用

每位消费者在思维的广阔性、深刻性、独立性、灵活性、逻辑性和敏捷性等方面,都会表现出种种差异。消费者对客观事物的认识不会停留在一般感知水平上,而要通过分析、比较、综合、抽象、概括等思维活动来透视事物的本质。顾客在选购商品时,常常是借助有关商品信息(感性认识),对商品进行比较、判断,通过思维来决定是否购买(理性认识)。

第三节　消费者的情绪和意志

小案例

益达的情感营销

作为箭牌旗下的高端口香糖品牌,益达一贯以时尚、健康的品牌形象,引领高级口香糖市场。自亮相中国市场以来,益达为国内消费者带来了源源不断的全新消费体验。有了益达不断的创新,口香糖不再仅仅是清新口气的工具,而成为保持口腔清洁的健康习惯。益达在中国首推无糖概念,并率先推出含木糖醇的无糖口香糖。

其实,很多人对益达印象深刻更多是因为其广告很有特点和吸引力,让人看过之后就很难忘记。广为熟知的"益达"口香糖广告语包括:

1.关爱牙齿,更关心你。

2.嘿,你的益达!不,是你的益达!

3.不管酸甜苦辣,总有益达。

"益达"通过成功的情感营销,使消费者感觉嚼的不仅是口香糖,更是关爱,广告理念适合年轻人这一庞大的消费群体。

所以,你的益达满了,你的情感满了么?

一　消费者的情绪过程

（一）情绪与情感

情绪与情感是人对客观事物的态度体验,是人脑对外界客观事物与主体需要之间关系的反应。情感过程是伴随着消费者的认识过程而发生和发展的。情绪和情感是以个体的愿望和需要为中介的一种心理活动。当客观事物或情境符合主体的需要和愿望时,就能引起积极的、肯定的情绪和情感。比如,渴求知识的人得到一本好书会感到满意,体验到愉快的情绪。当客观事物或情境不符合主体的需要和愿望时,就会产生消极、否定的情绪和情感。比如,买到的商品不如商家介绍的那么好,可能会感到不满意并产生愤怒与懊恼情绪。

情绪和情感使消费者的行为活动带上了感情色彩,对人们的购买决策有着重大影响。在消费实践中,能够满足消费者需要的商品和服务能促使消费者产生积极、肯定的情绪和情感,增强消费者的购买欲望,催化和促进人的惠顾行动,促进忠诚的购买行为。反之,消极的情绪和情感会阻碍和改变人的行动,使消费者放弃下一次的购买,甚至产生负面的"口碑效应",严重影响企业形象和产品形象。

(二)消费者情绪的分类

根据情绪发生的强度、速度、持续时间和稳定性等方面,情绪可以划分为激情、热情、心境和挫折。

1.激情

激情是一种猛烈的、迅速爆发的、短暂的情绪体验,如狂喜、暴怒、绝望等。激情具有瞬息性、冲动性和不稳定性的特点,发生时往往伴有生理状态的变化。消费者处于激情的情绪状态时,其心理活动和行为表现会出现失常现象,理解力和自制力也会显著下降,以致做出非理性的冲动性购买举动。

2.热情

热情是一种强有力的、稳定而深沉的情绪体验,如向往、热爱、嫉妒等。热情具有持续性、稳定性和行动性的特点,它能够控制人的思想和行为,推动人们为实现目标而长期不懈地努力。例如,一个艺术品收藏家或摄影爱好者,为了自己的爱好,可以长年累月购买收藏品或摄影器材,甚至不惜压缩其他生活开支乃至负债。

3.心境

心境是一种比较微弱、平静而持久的情感体验。它具有弥散性、持续性和感染性的特点,在一定时期内会影响人的生活,使语言和行为都染上某种色彩。在消费活动中,良好的心境会提高消费者对商品、服务、购物环境的满意程度,推动积极的购买行为。相反,不良的心境易增加消费者对消费活动的不满意程度,降低购买意愿。

4.挫折

挫折是一种遇到障碍后无法排除障碍时的情绪体验,如怨恨、懊丧、意志消沉等。挫折具有破坏性、感染性的特点。消费者处于挫折的情绪状态时,会对商品宣传、促销劝说等采取抵制态度,甚至迁怒于销售人员或采取破坏性报复行动。

二 影响消费者情绪与情感的因素

在购买活动中,消费者情绪和情感的产生和变化主要受以下因素影响:

(一)消费者的心理准备状态

商品越稀少,人们的需要越强烈,消费者购买速度越快,商品上市之后销售的速度就越快。如果消费者的心理准备不足,难以在短时间内调动起购物的情绪,购买行为也就难以实现。这就是营销者为什么要在新商品推广之前,进行大量广告宣传。这种做法有利于让消费者在购物前做好一定的心理准备,商品上市后消费者的情绪能够更好地被调动起来。但消费者心理是复杂的,服务人员应该善于理解消费者的情绪,绝不可强行推销,从而增加消费者对商品的厌恶感。

（二）消费者不同的个性特征

消费者的个性特征主要包括：个人的气质类型、选购能力和性格特征。这些个性特征会影响消费者购买活动的情绪体验。例如，某消费者选购能力差，在众多的商品中就会感到手足无措，这时候，怕麻烦的情绪袭上心头，就会产生放弃购买的心理。

（三）商品的属性

人的情绪和情感总是针对一定的事物而产生的。消费者的情绪首先是由他的消费需要能否被满足而引起和产生的，消费需要的满足要借助于商品来实现。所以，影响消费者情绪的重要因素之一，是商品的各方面属性能否满足消费者的需要和要求。

（四）购物环境

引起消费者情绪变化的购物环境因素主要有购物现场的设施、照明、温度、声响以及销售人员的精神风貌等。购物环境如果宽敞、明亮、整洁、优雅，会引起消费者愉快、舒畅、积极的情绪，反之，会引起消费者厌烦、气愤的情绪。

（五）服务人员的表情与态度

服务人员的"微笑"对消费者的影响极为重大。在服务行业，微笑服务已经成为基本的服务原则。服务人员接待消费者的时候，要热情待人、礼貌服务，以饱满的情绪和微笑的面容接待每一位消费者。

总之，消费者的情绪、情感既有稳定的持续表现，也有冲动、起伏的表现。在消费者活动中，其情感的产生与变化可以促使购买行为的实现，也可以阻碍购买行为的进行。所以，营销者要了解消费者对商品的情绪、情感发展过程和规律，在营销活动中为消费者创造良好的气氛，使商品、服务和设施等有利于激发消费者积极的购买情绪，这对处理好营销人员与消费者的关系，扩大商品的销售具有重大的现实意义。

> **小案例**
>
> ### 海底捞的情感营销
>
> 在低附加值的餐饮服务业，虽然家家都在喊"顾客至上"，但实际效果仿佛并不理想。而海底捞专注于每个服务细节，让每个顾客从进门到出门都体会到"五星级"的服务：停车有代客泊车，等位时有无限量免费水果、虾片、黄豆、豆浆、柠檬水提供，有免费擦鞋、美甲以及无线网络等服务，还有各种棋牌供大家娱乐；为了让顾客吃到更丰富的菜品，可点半份菜，怕火锅汤溅到身上而准备了围裙，为长发顾客递上束发皮筋，为戴眼镜顾客送上擦眼镜布，为手机套上塑料袋，当饮料快喝光时服务员会主动来续杯；洗手间有专人为顾客按洗手液、递上擦手纸巾；要求多送一份水果或者多送一样菜品，服务员会爽快答应。服务员不仅熟悉老顾客的名字，甚至记得一些人的生日以及结婚纪念日。
>
> "五星级"的体贴服务使得每一位顾客几乎都变成回头客和忠诚顾客，甚至帮助

海底捞到处宣传。为什么海底捞的员工那么努力工作,并愿意在工作之中付出情感?原因就在于管理者首先对员工付出了情感,给予他们多方面的照顾和信任。从海底捞的店长考核标准可以发现,根本找不到很多企业最为重视的营业额和利润,只有顾客满意度和员工满意度两个指标。

真情服务源自人性化管理,要让顾客感受到某种情感,并被打动,企业家及其团队不可能无中生有,必须要真真切切地具备真诚服务的热情。海底捞管理层认为:要想顾客满意必须先让员工满意,首先让员工感到幸福和自由,再通过员工让顾客感到幸福。顾客的需求五花八门,仅仅用流程和制度培训出来的服务员最多只能算及格。海底捞的每位员工是真心实意地为顾客服务,而这份真诚,则是源于董事长张勇将员工当作家人般对待。张勇认为:"人心都是肉长的,你对人家好,人家也就对你好;只要想办法让员工把公司当成家,员工就会把心放在顾客上。"

因此提升服务水准的关键不是培训,而是创造让员工愿意留下来的工作环境。在整个餐饮行业,海底捞的工资只能算中上等,但隐性福利比较多。员工住的都是正式小区或公寓,而不是地下室,空调、洗浴、电视、电脑一应俱全,可以免费上网,步行不足20分钟就能到工作地点。不仅如此,还专门雇保洁员给员工打扫宿舍卫生,员工的工作服、被单等也全部外包给干洗店。海底捞还在四川简阳建了寄宿学校,为员工解决头疼的子女教育问题,并将资深员工的一部分奖金,每月由公司直接寄给家乡的父母。

要让员工主动服务,还必须信任他们、给他们放权。海底捞的普通服务员都有免单权,只要员工认为有必要,都可以给客人免费送一些菜,甚至免掉一餐的费用。当然这种信任一旦发现被滥用,就不会再有第二次机会。要让员工感到幸福,不仅要提供好的物质待遇,还要有公平公正的工作环境。海底捞几乎所有高管都是服务员出身,没有管理才能的员工任劳任怨也可以得到认可,如果做到功勋员工,工资收入只比店长差一点。海底捞还鼓励员工创新,很多富有创意的服务项目都是由员工创造出来的,因为他们离顾客最近。海底捞让员工能够发挥自己的特长,从而在工作中获得乐趣,使工作变得更有价值。

海底捞情感营销的背后是企业的人性化管理,堪称劳动密集型企业尊重和信任员工的典范,善待并尊重员工,让他们有归属感,以一种"老板心态"而非"打工者心态"来工作。企业成员之间的信任和尊重,营造了愉快舒心的企业文化,促使员工变"要我干"为"我要干",变被动工作为主动工作,充满热情、努力让顾客满意的员工成为难以模仿的海底捞的核心优势,成就了网络笑谈中的"地球人已经无法阻止海底捞"式的优质服务。

三、消费者的意志过程

消费者的心理功能并不只限于对商品和服务的认识过程和一定的情感体验,还体现在有计划地实施购买决策。消费者保证其不受干扰,努力去实现预定的购买目标而采取的一系列活动,就是消费者的意志过程。

(一)意志的概念和特征

1.意志的概念

意志是有意识地确立目的,调动和支配行动,并通过克服困难和挫折,实现预定目的的心理过程。消费者的意志是确定购买目标,通过努力调节和支配其购买行为,最终实现需求满足的活动过程。

2.意志的特征

(1)有明确的购买目标。
(2)与排除干扰和克服困难相联系。
(3)涵盖调节购买行动的全过程。

消费者为实现购买目标采取的意志行动的过程,通常就是排除干扰和克服困难的过程。在意志行动的过程中,消费者要克服的困难或排除的干扰是多种多样的,这些困难或干扰既有内在因素造成的,也有外在因素造成的。例如,有的消费者喜欢购买名牌商品,但是有限的经济收入却不能使他的需求得到满足;有的消费者选择了满意的大件商品,但又遇到商品不能送货上门的问题。这就需要消费者通过意志努力,来完成购买行动。

(二)消费者的意志过程

通常,消费者的意志过程可以分为三个行动阶段。

1.做出购买决策阶段

做出购买决策阶段是消费者意志开始参与的准备阶段。这一阶段包括购买目标的确定、购买动机的取舍、购买方式的选择和购买计划的制订,这一阶段实际上是购买前的准备阶段。在确立目的的过程中,往往因为消费者想要达到的目的不止一个,而发生动机冲突。动机冲突一般有四类:双趋式冲突、双避式冲突、趋避式冲突和双重趋避式冲突。解决了动机冲突,确立了购买目标,接着就要制订购买计划,确定如何购买、何时购买、何处购买等问题。

2.执行购买决策阶段

执行购买决策阶段是把购买决策变为现实的购买行动的阶段,这一阶段需要消费者做出更大的意志努力,自觉地排除和克服各种因素的干扰,以便顺利地完成购买活动。

3.评价购买决策阶段

评价购买决策阶段是消费者意志行动过程的最后发展阶段。通过对商品的使用,消费者会体验执行购买决策的效果,通过体验,消费者将评价购买这一商品的行动是否明智。这种对购买决策的检验和评判直接影响消费者今后的购买行为:或者是重复购买,成为这种商品的"回头客";或者是拒绝再次购买。

消费者在购买商品时所产生的认识过程、情感过程和意志过程,是消费者购买心理过程统一的、密切联系的三个方面。认识过程、情感过程、意志过程三者之间互相制约、互相渗透、互相作用的过程是动态的。当消费者对某一商品的购买完成之后,又将根据新的需要,进入新的认识过程、情感过程和意志过程中,如此循环,以至无穷。

（三）消费者的意志品质

意志品质是消费者意志的具体体现。在购买行动中,常常可以观察到消费者的购买行为具有各种显著的特征。如有的人行为果断、快速、冷静、沉着、独立性强,而有的人则犹豫、彷徨、冲动、草率、独立性差,如果这些行动特点在一个人的行动中具有明确性和稳定性,那就成为这个人特有的意志品质。消费者的意志品质主要表现在以下几个方面:

1.意志的自觉性

意志的自觉性是指消费者对自己的消费需求有着清醒的认识,在自身消费需求的支配下,能根据自己的认识与信念,主动制订购物计划,并按计划寻找合适的消费目标。意志的自觉性使消费者在购买活动中不盲从和鲁莽,购买行动有条不紊,遇到困难也会理智分析、自觉调整购物计划,克服困难,最终实现购买目标。而与自觉性相对应的则是受暗示性,表现为消费者缺乏主见,易受他人和营销手段的影响,易发生冲动的购买行为。

2.意志的果断性

意志的果断性是指消费者能够明辨是非,迅速而合理地采取行动实现所做的决定。果断性较强的消费者在购买过程中往往善于捕捉机遇,积极、全面思考,正确、迅速决策,并坚定地执行决策。与果断性相对应的是犹豫性,表现为优柔寡断、犹豫不决,决策过程也容易时断时续,容易受到外界的干扰而发生变化,往往容易错过良好的购买时机。

3.意志的坚韧性

意志的坚韧性是指消费者在购物活动过程中表现出持久的耐力和顽强的毅力,在消费信念和决心的指引下,能在行动中长期保持充沛的精力(紧张度)和毅力(持续度),能够克服各种困难,直到实现消费目的。与坚韧性相对应的是脆弱性,往往表现为缺乏足够的耐力和品牌的忠诚,在遇到困难时,容易改变或中止自身的购买行为。

本章小结

本章的重点是消费者心理活动的过程。消费者的心理活动过程是心理活动发生发展的过程,包括认知过程、情感过程、意志过程。认识过程主要是由消费者的感觉、知觉、注意、记忆、想象和思维等心理活动组成的。情感过程主要由消费者的情绪和情感等心理活动构成。意志过程主要由意志的概念、消费者的意志过程和意志品质构成。三个心理过程紧密联系,共同在消费者的消费过程中发挥着影响和制约作用。

课后练习

一、填空题

1.感觉是人脑对直接作用于感觉器官的客观外界事物的(　　)的反映。
2.知觉的特点是(　　)、(　　)、(　　)。

3.记忆分为（　　）、（　　）、（　　）三种。
4.（　　）是人的心理活动对一定对象的指向和集中。
5.想象分为（　　）和（　　）两大类。

二、单项选择题

1.（　　）是人脑对直接作用于感觉器官的客观外界事物的个别属性的反映。
　　A.感觉　　　　　B.知觉　　　　　C.注意　　　　　D.集中
2.人的基本心理活动和首要的心理功能是（　　）。
　　A.情感　　　　　B.认识　　　　　C.意志　　　　　D.情绪
3.感觉是由感觉器官的刺激作用引起的（　　）。
　　A.主观反映　　　B.主观经验　　　C.变化　　　　　D.客观反映
4.由经验而产生的行为或行为潜能的持续不断的变化即为（　　）。
　　A.态度　　　　　B.记忆　　　　　C.注意　　　　　D.学习
5.在其他条件相同的情况下，人们的注意程度与广告版面大小之间的关系是（　　）。
　　A.没有关系　　　B.反比关系　　　C.不确定关系　　D.正比关系

三、多项选择题

1.引起消费者无意注意的因素包括（　　）。
　　A.声誉　　　　　B.公共关系　　　C.性情　　　　　D.广告
2.消费者的心理活动过程包括（　　）。
　　A.认识过程　　　B.情绪过程　　　C.情感过程　　　D.意志过程
3.记忆通常分为（　　）种。
　　A.瞬间记忆　　　B.短时记忆　　　C.长时记忆　　　D.无记忆
4.根据产生和保持注意有无目的和意志努力的程度，可以将注意分为（　　）。
　　A.有意注意　　　B.观察目标　　　C.情景再现　　　D.无意注意

四、简答题

1.简述感觉、知觉、思维、想象、情感和意志的概念。
2.在市场营销活动中如何运用感觉、知觉规律促进产品销售？
3.感觉与知觉之间的区别和联系是什么？
4.在购买活动中，影响消费者情绪、情感的因素有哪些？
5.简述在市场营销中如何运用想象的原理？
6.举例说明情感对消费者购买心理活动的影响。
7.什么是意志？它具有哪些品质？

五、案例分析

色彩营销：打动消费者好"色"之心

　　美国营销界总结出了"7秒定律"，即消费者面对琳琅满目的商品，只要7秒钟，就可以确定对这些商品是否有兴趣。在这短暂而关键的7秒之中，色彩的作用达到了67%。

　　瑞士雀巢公司的色彩设计师曾为此做过一个有趣的试验，他们将同一壶煮好的咖啡分别倒入红、黄、绿三种颜色的咖啡罐中,让十几个人品尝比较。结果,品尝者一致认为:绿色罐中的咖啡味道偏酸,黄色罐中的咖啡味道偏淡,红色罐中的咖啡味道更好。由此,雀巢公司决定用红色罐包装咖啡,果然赢得消费者的一致认同。可见,产品、品牌的颜色能给消费者留下鲜明、快速、深刻和非同寻常的印象,从而提升消费者对产品、品牌的认知,促使其购买。

世界两大饮料巨头可口可乐和百事可乐的营销大战中,色彩营销被演绎得淋漓尽致。无论是产品的外观设计,还是广告的情节设计,甚至各种印刷品广告,都必须要用红色和蓝色。"红色旋风"和"蓝色旋风"的品牌大战,见证了强势品牌的成功过程。

健力宝集团"爆果汽"饮料上市之时,打破传统饮品用色,针对目标消费群大胆定位,采用黑色个性包装。在超市的陈列架上,黑色的包装在众多的红、绿、蓝色包装中煞是扎眼,一经推出就吸引了不少消费者的眼球。暂且不说"爆果汽"的口感及后来命运如何,它的色彩营销在上市之初尝足了成功的喜悦。

生理学认为,人在接受信息的过程中,80%是靠眼睛获得,11%是靠听觉获得,3.5%靠触觉获得,其余的部分靠味觉和嗅觉获得。同时,心理学的研究也表明,人的视觉器官在观察物体时,最初的几秒钟内色彩感觉占80%,而形体感觉只占20%,2分钟后色彩占60%,形体占40%,5分钟后各占一半,并持续这种状态。可见产品的色彩给人的印象鲜明、快速、客观、明了、深刻。因此,对于冲动型、激情型顾客群体,鲜艳明了的产品会一下子激起他们的购买欲望,瞬间效应十分明显。

商品营销战跟随着五彩缤纷的世界在迅速变化,色彩营销成为品牌整合营销传播攻略中的核心策略,色彩是一把迅速开启消费者心智的钥匙。目前,中国企业也正在尝试着用色彩来打动消费者的好"色"之心!

问题:
(1)色彩营销如何影响消费者的行为?
(2)如何理解色彩营销的重要性?
(3)从案例中,你能得到什么启示?

实践与训练

实训项目一
现场观察和分析消费者消费心理活动的过程

[训练目标]
1. 培养学生现场观察分析的能力。
2. 培养学生根据消费者的不同购买行为差异开展营销活动的能力。

[训练内容与要求]
以个人或小组为单位,利用业余时间到销售现场实地观察,记录消费者现场购买行为的表现,并根据消费者的购买行为表现分析其消费心理活动过程。

［成果检测］

1.个人或小组写出观察分析报告。

2.在小组或班级内进行一次交流。

3.通过交流对彼此之间的调查成果进行评估。

实训项目二
对自己的一次购物经历进行描述并进行消费心理活动过程分析

［训练目标］

1.培养学生分析心理活动的能力。

2.培养学生根据消费者的不同购买行为差异开展营销活动的能力。

［训练内容与要求］

以小组为单位,每位成员描述自己的一次购物经历,然后先让小组成员对自己描述的购物经历进行消费心理活动过程分析,接着进行自我分析,并与小组分析相对照进行检验。

［成果检测］

1.在小组或班级内进行交流。

2.通过交流对彼此之间的分析进行评估。

3.个人或小组写出分析报告。

第三章

消费者的个性特征

学习目标

【知识目标】
1. 理解消费者的气质、性格与能力的概念
2. 了解消费者需要动机和购买行为的定义及其规律

【能力目标】
1. 能够阐述消费者个性心理特征的差异，消费者气质、性格及能力的概念、需要与动机的关系
2. 能针对消费者的个性心理差异，制定相应的营销策略

案例导入

个性对女性化妆品选择的影响

美国有一家广告代理商，列举了女性购买化妆品的几种主要的、典型的个性特征：

1. 善于社交：强调恰当修饰外表的社会重要性。
2. 自我表现：乐于自我表现以引起他人的注意。
3. 冲动：缺乏考虑，以感情变化左右自己的行为。
4. 条理性：非常爱整洁、干净，生活有规律。
5. 独立人格：更好地展示自己的与众不同。
6. 遵从：模仿名人或崇拜者。

7.快乐:对生活感到愉快和乐观。

8.地位能力:提高自己的社会地位,增强权威性。

这些不同的个性心理会直接影响女性对化妆品品牌的选择,是她们进行购买决策的主要因素。例如,遵从个性的消费者在购买化妆品时喜欢模仿名人或崇拜者的消费方式,所以名牌商标或由名人做广告的商品对她们有较大的吸引力;自我表现欲强的女性在选购化妆品时,更喜欢新潮的、流行的商品;崇尚社会地位,希望提高自己身份、能力的女性则偏爱经典的商品,不轻易更换她们所熟悉的品牌。

(资料来源:消费者行为报告)

点 评

人的行为是受其心理活动支配和控制的。所以,在市场营销活动中,尽管消费者的需求千变万化,购买行为千差万别,但都建立在心理活动过程的基础上。从营销的角度看,营销者不应试图去改变消费者的个性,而应在了解个性特征及其对行为影响的基础上,使营销策略适应消费者的个性特征。

个性是指个人在先天素质的基础上,在后天社会实践的塑造后形成的稳固的、本质的、内在的社会特征的总和。个性心理是指个体的人在社会的心理活动过程中表现出来的经常的、稳定的、本质的心理特征的总和。个性心理特征包括气质、性格、能力。

第一节 消费者的个性

一  个性的含义及特征

(一)个性的含义

个性在心理学中又称为人格(Personality)。有关个性的理论研究非常广泛,有些研究者强调基因和早期童年经历的影响,有些学者则强调广泛的社会和环境影响,有些学者将个性看作一个整体,有些学者则关注具体特性。个性的本质非常复杂,心理学家对它的定义也不尽相同。这里我

线上导读:你有FREESTYLE吗?

们引用希夫曼和卡组克(Schiffman&Kanuk)的定义：个性是指决定和反映个人如何适应环境的内在心理特征，包括使某一个体与其他个体相区别的具体特质、属性、特征、因素和态度等多个方面。

个性作为个体带有倾向性的、比较稳定的、本质的心理特征的总和，是个体独有的并与其他个体区别开来的整体特性。正如自然界没有两片完全相同的树叶，人类没有两张完全相同的面孔一样，世界上也没有两个人具有完全相同的个性。在消费实践中，正是个性的绝对差异性，决定了消费者心理特征和行为方式的千差万别，同时显示出每个消费者独有的个人风格和特点。例如，面对新的消费时尚，有的消费者追随潮流，从众趋同；有的则固守己见，不为潮流所动。选购商品时，有的消费者审慎思考，独立决策；有的则盲目冲动，缺乏主见。这些纷繁复杂、各个相异的行为表现，正是消费者个性作用的结果。

（二）个性的特征

个性作为反映个体基本精神面貌的、本质的心理特征，具有稳定性、可变性、整体性、独特性等基本特性。这些特性在消费者的个性心理中同样明显地显现出来。

1.稳定性

个性的稳定性是指经常表现出来的表明消费者个人精神面貌的心理倾向和特点具有稳定不变的倾向。偶尔的、一时的心理现象，如外向开朗的人有时表现沉闷，不能说明消费者个性的全部特征和面貌。

2.可变性

随着环境的变化、年龄的增长和消费实践活动的改变，个性也是可以改变的。正是个性具有可变性的特点，才使消费者的个性具有发展的动力。

3.整体性

个性的整体性是指消费者的各种个性倾向、个性心理特征以及心理过程不是彼此分割、孤立的，而是有机地联系在一起，紧密结合、相互依赖，形成个性的整体结构。

4.独特性

个性的独特性是指在某一个具体的、特定的消费者身上，由独特的个性倾向以及个性心理特征组成的独有的、不同于他人的精神风貌。正是这些独有的精神风貌，使不同消费者的个性带有明显的特殊性。

二　个性的构成

从内部结构看，个性主要由个性倾向性和个性心理特征两部分组成。所谓个性倾向性，是指个人在与客观现实交互作用的过程中，对事物所持的看法、态度和倾向，具体包括需要、动机、兴趣、爱好、态度、理想、信念、价值观等。个性倾向性体现了人对社会环境的态度和行为的积极特征，对消费者的影响主要表现在心理活动的选择性、对消费对象的不同态度体验以及消费行为模式上。

个性心理特征是能力、气质、性格等心理机能的独特结合。其中能力体现个体完成某种活动的潜在可能性特征,气质显示个体心理活动的动力特征,性格则反映个体对现实环境和完成活动的态度上的特征。上述三者的独特结合,构成了个性心理的主要方面。研究消费者的个性心理与其行为的关系,主要是研究不同消费者在能力、气质、性格方面的差异及其在消费行为中的反映。

第二节 消费者的气质、性格和能力

一、气质

气质是指人与生俱来的典型而稳定的个性心理和行为特征,也就是那些由遗传和生理因素决定的心理和行为特征。心理学中所说的气质和日常人们所说的气质的含义是不同。日常生活中人们所说的气质一般是指一个人的风格、风度以职业上的某些特点等,而心理学中的气质是指人生来就具有的典型、稳定的心理特征,表现出一个人心理活动的动力特点。所谓心理活动的动力特点,是指心理活动及行为进行的速度、强度、灵活性、指向性等特点。

气质类型是人生来就具有的,它使人的心理活动抹上了独特色彩,使内容相同的活动显示出不同的气质特点。小孩出生后,就会表现出明显的气质差别。如有的爱哭爱闹,四肢活动较多,有的比较安静,较少哭闹等。这些差异说明人的气质主要是由神经系统的先天特征造成的。

(一)气质的类型

一般认为,典型的气质类型有多血质、胆汁质、黏液质和抑郁质。各个气质类型的具体表现如下:

1. 多血质(活泼型)

多血质的人心理特征表现为热情、有活力,适应性强,机智灵活,反应迅速,办事重兴趣,富于幻想,外部表露明显,情感丰富但不够深刻和稳定,不愿做耐心细致的工作。

2. 胆汁质(兴奋型)

这种气质的人心理特征表现为兴奋、直率、精力旺盛。他们能以很高的热情埋头事业,兴奋时,决心克服一切困难;精力耗尽时,情绪又一落千丈,心理过程具有迅速而突发的色彩。他们的抑制能力通常较差,反应迅速而不灵活。

3.黏液质(安静型)

黏液质的人心理特征表现为平静、稳重、反应缓慢、沉默寡言、情绪不易外露、注意力稳定但不易转移,因循守旧,善于忍耐。他们的情绪兴奋度不高,外部表现少,反应速度缓慢,做事较踏实、慎重、细致但不够灵活。

4.抑郁质(弱型)

抑郁质的人心理特征表现为沉静、易相处、人缘好、办事稳妥可靠、做事坚定、能克服困难,但比较敏感,易受挫折、孤僻、寡断,疲劳不容易恢复,反应缓慢,情绪体验深刻,但很少外露。

(二)消费者的气质表现

当不同气质特点的人们以消费者的身份购物的时候,会在购买过程中显现不同的气质色彩,出现不同的购买心理和行为。

1.多血质(活泼型)的消费者

多血质的消费者,在消费行为上通常表现为观察敏锐,反应敏捷,积极主动,善于同营销人员交谈,积极地提出问题并寻求解答,有时还会主动征询其他在场顾客的意见,表现得十分活跃,行为中常带有深厚的感情色彩。接待这类消费者,一是营销人员应主动介绍、与之交谈,诱导其购买动机,注意与他们联络感情,以促使其购买;二是在与他们的"聊天"中,应给以指点,使他们专注于商品,结合他们的兴趣爱好,广泛地提供信息,并尽快转化为购买行为,缩短购买过程。

2.胆汁质(兴奋型)的消费者

胆汁质的消费者好凭自己的主观意见和兴趣办事,在消费行为上通常表现为:不善比较,缺乏深思熟虑,容易贸然购买,但买后又后悔。接待这类消费者时,营销人员动作要快捷,态度要耐心,应答要及时。可适当向他们介绍新颖奇特、标新立异的商品,增强感情色彩,运用瞬时或短时记忆,调动他们的情绪,要眼明手快,及时应对,使消费者能"速决速买"。

3.黏液质(安静型)的消费者

黏液质的消费者,在消费行为上通常表现为比较冷静、慎重、细致、认真,能够理智分析做出购买决策。他们善于控制自己的感情,不易受外界各种因素的干扰,例如,广告、各种促销行为等,喜欢在观察和比较后做出购买决策,对自己熟悉的产品积极购买,对新产品持谨慎态度。接待这类消费者要避免过多提示,与其进行温和的、有节度的交流,尊重他们的选择;给予他们挑选商品的时间,接待时要更有耐心;介绍商品时要态度温和,取得他们的信任,引导其做出购买决策。

4.抑郁质(弱型)的消费者

抑郁质的消费者,在消费行为上通常表现为敏感、考虑周全、不会轻易相信别人,容易察觉到别人不易察觉到的地方,他们的购买行为缺乏主动性,很容易出现购买后又后悔的心理。接待这类消费者要态度和蔼、有耐心,出言谨慎,尽量营造一种宽松和谐的气氛,消除他们的戒心;详细介绍商品,以消除其疑虑,促成买卖;对他们的反复询问,应予以理解。

 **性格**

性格和气质一起构成了人们独特的心理风貌，是个性心理研究最核心的内容。性格是指一个人对现实稳定的态度和习惯化的行为方式所表现出来的个性心理特征。它是人们心理活动、心理面貌本质属性的结合，是人们个性心理最生动的表现。

（一）性格的特征

性格反映了一定的独特性，它是由多个侧面和不同的层次构成的复杂综合体。总的来说，构成这种复杂心理现象的结构特征主要有以下四个方面：

1.态度特征

态度特征是指个体在对现实生活各个方面的态度中表现出来的一般特征。一个人对社会、集体、人生、工作、学习、消费、家庭、交往等方面的稳定的态度反映出一个人的性格特征。例如，一个人对待集体或社会是热情还是冷淡；对待自己是自尊、自信还是自卑、自负；对待他人是谦虚还是骄傲，是善良还是虚伪；对待工作是勤劳还是懒惰；等等。

2.理智特征

理智特征是指个体在认知活动中表现出来的心理特征。在感知方面，是主动观察型还是被动感知型；在理性、思维方面，是主动还是被动，是独立思考还是依赖他人，是深刻还是肤浅；等等。

3.情绪特征

情绪特征是指个体在控制自己情绪方面所体现出来的稳定性格。比如情绪的乐观或悲观，开朗或郁闷。再比如个人受情绪感染和支配的程度，情绪受意志控制的程度，情绪反应的强弱、快慢，情绪起伏波动的程度，主导心境的性质等。

4.意志特征

意志特征是指个体在自己行为方面所体现出来的稳定性格。比如意志的坚定或动摇，自觉或被迫，持久或短暂，果断或犹豫，勤奋或懒惰，严于律己或放任自流等。

人的性格特征体现在消费上，就体现为消费者对企业产品、企业品牌的消费态度是什么，理智方面表现得如何，稳定的情绪是什么，以及行动力方面是否果断、持久。一旦消费者对某企业或者某品牌形成了消费性格，那这种性格就会比较持久可靠，而营销者的营销努力，就是要让消费者形成对企业有利的消费性格。

（二）气质与性格的关系

性格有时易与气质混为一谈，实际上二者既有联系，又有区别。气质主要指个体情绪方面的特征，是个性内部结构中不易受环境影响的比较稳定的心理特征；性格则除了情绪特征外，还包括意志特征，是个性结构中较易受环境影响的可变的心理特征。

性格与气质相互影响，互为作用。气质可以影响性格特征的形成和发展速度以及性格的表现方式,从而使性格带有独特的色彩。性格则对气质具有重要的调控作用,它可以在一定程度上掩盖或改造气质,使气质的消极因素受到抑制,积极因素得到发挥。

(三)性格与消费者的购买行为

消费者的性格是在购买行为中起核心作用的个性心理特征。消费者之间不同的性格特点会体现在各自的消费活动中,从而形成千差万别的消费行为,具体表现可作多种划分。

1.从消费的态度方面划分

(1)顺应型

顺应型消费者的性格比较随和,一般没有特殊的癖好,消费观念属大众型,受邻居、朋友、同事等群体因素的影响较大,比较容易接受广告与其他促销手段的宣传,在购买时愿意接受服务人员的引导和推荐。

(2)节俭型

节俭型消费者崇尚节俭,生活简单但有条理,不太重视商品的品牌和知名度,但看重商品的质量与实用性。对于营销人员的推荐和介绍一般保持较为客观的分析态度,习惯购买中低档商品。

(3)自由型

自由型消费者消费态度较随意,在选购商品时表现出较大的随机性,而且选择商品的标准也往往多样化。他们既讲究商品的质量,也追求商品的外观;与营销人员接触时态度比较随和,能够接受营销人员的推荐和介绍,但不会依赖营销人员的意见和建议,一般有较好的选购技巧。

(4)保守型

保守型消费者性格较内向,严谨、固执,喜欢传统的消费方式,习惯购买传统的和有过多次使用经验的商品,对于新商品不太愿意去尝试。

2.从购买行为方式的角度划分

(1)习惯型

习惯型消费者习惯参照以往的购买和使用经验来购买商品。当他们熟悉并偏爱某种品牌的商品后,会经常购买,这就形成了惠顾性购买行为,不会轻易改变自己的观点和行为,受流行趋势的影响较小。

(2)随意型

随意型消费者的购买行为比较随意,无固定的模式。

(3)被动型

被动型消费者在选购商品时对商品没有固定的偏好,缺乏自信和主见,希望得到营销人员的推荐和介绍,可能缺乏商品的知识和购买经验,营销人员的帮助对其购买行为往往会产生较大的影响。

(4)挑剔型

挑剔型消费者在选购商品时往往根据自己的主观意愿,不愿与他人商量,对营销人员或其他消费者持怀疑和戒备心理,观察商品细致入微,选购时较为小心甚至挑剔。

 三 能力

除了气质和性格以外,与人的个性心理特征相联系的还有能力。能力是指人为完成某种活动所必须具备的直接影响活动效率的个性心理特征,包括实际能力和潜在能力。实际能力是指人目前已经具备的表现出来的能力,潜在能力是指还存在于人的内心深处没有被挖掘出来的能力。心理学研究表明,人人都具有巨大的潜在能力,但大多数人的潜在能力因为种种原因而没有被完全开发出来。

(一)能力的分类

按照不同的划分标准,能力可分为以下几种:

1.按照能力的倾向性划分

按照能力的倾向性划分,能力可分为一般能力和特殊能力。

(1)一般能力

一般能力是指个体完成一切基本活动都必须具备的能力,如表达能力、记忆能力、思维能力、想象能力、言语能力、观察能力、注意能力、理解能力等。

(2)特殊能力

特殊能力是指从事某种专门活动所必须具有的能力,又称专门能力。它是一般能力(智力)的某些特殊方面的独特发展。如数学能力、文学能力、艺术表演能力、管理能力、音乐能力、会话能力等都属于特殊能力。

一般能力和特殊能力相辅相成,紧密相连。一方面,特殊能力的发展以一般能力的发展为前提,某种一般能力在某种活动领域得到特别的发展,就可能成为特殊能力的组成部分。另一方面,在特殊能力得到发展的同时,一般能力也得到了发展。心理学中把各种能力的独特结合称为才能。

2.按照能力的性质划分

按照能力的性质划分,能力可分为模仿能力和创造能力。

(1)模仿能力

模仿能力又称再造能力,是指能使人迅速地掌握知识、适应环境,仿造现已存在的某种事物的能力。如临摹字画,仿效他人的言谈举止等。

(2)创造能力

创造能力是指发现和创造新事物、产生新的思想的能力,这种能力符合创造活动的要求。

这两种能力有着密不可分的关系。模仿能力是创造能力的前提和基础。人们常常是先模仿,然后再进行创造。

3.按照能力的功能划分

按照能力的功能划分,能力可分为认知能力、操作能力和社交能力。

(1)认知能力

认知能力是指人们学习、理解、研究、分析和概括的能力,是人们认识客观世界,获得各种各样知识的最重要的心理条件。

(2)操作能力

操作能力是指人们操作、运动、制作的能力,如劳动能力、艺术表演能力、体育运动能力、实验操作能力等。操作能力是在操作技能的基础上发展起来的。操作能力与认知能力密不可分。不通过认知能力积累一定的知识和经验,就不会有操作能力的形成和发展。反过来,操作能力不发展,人的认知能力也不可能得到很好的发展。

(3)社交能力

社交能力是人们在社会交往活动中表现出来的能力,如组织管理能力、语言的感染能力、决策能力、调解纠纷能力、处理意外事故能力等。这种能力对促进人际交往和信息沟通有着十分重要的作用。

(二)能力在消费方面的表现及内容

不同的能力会使消费者表现出不同的消费决策、消费体验。能力在购买中的协同表现称为消费者的购买能力。这种能力在购买中的应用主要体现在以下几个方面:

1.基本消费能力

(1)感知辨别商品的能力

感知辨别商品的能力是消费者购买行为的先导。由于生理、心理机能和生活环境方面的差异,以及购买经验和商品知识的不同,消费者感知辨别商品的能力大相径庭。同一件商品,有的消费者难以感知辨别,有的消费者却能迅速、准确地感知。

(2)分析评价商品的能力

分析评价商品的能力是消费技能中较为复杂的一种技能,不但包括获得信息、分析信息的能力,而且包括以自己的标准来判断信息的能力。分析评价商品的能力较差的消费者很难对商品信息和相关因素做出正确的评价,然后选择自己最满意的一家购买商品。而分析评价商品的能力较强的消费者能货比三家,用自己的评判标准来评价计划购买的商品,能够快速买到自己中意的商品。

(3)购买决策能力

消费者的思维特点、气质类型是影响购买决策能力的重要因素。而消费者对商品的认识程度、经验、使用习惯及卷入深度是影响购买决策能力的首要因素。消费者对商品的认识越多,卷入越深,购买决策过程就会越快。

(4)想象力和记忆力

想象力和记忆力是消费者必须具备和运用的基本能力。消费者在购买商品时会发挥自己的想象力,激发美好的情感和购买欲望;在选购商品时会通过自己以往的购买、使用经验及对商品知识的记忆来感知所要购买的商品。

2.特殊消费能力

特殊消费能力是指消费者购买和使用某些专业性商品所具有的能力,常常表现为以专业知识为基础的消费技能。如对古玩字画、钢琴、轿车、音响、高档照相器材等高档消费品的购买和使用,就应具备相应的专业知识及分辨力、检测力、鉴赏力等特殊的消费技能。

除了专业性商品消费外,特殊消费能力还包括某些一般能力高度发展而形成的优势能力,如审美能力、创新能力等。在消费过程中,有些消费者具有强烈的创造欲望和非凡的创造能力,他们会对商品进行再加工和再创造,通过这种方法来展示自己的个性和追求。如许多消费者在服饰、美容美发、礼品选择方面有着自己独特的创新和理解,热衷于自己动手设计、制作,在充分表现独特个性和品位的同时,体现出较高的创造力。

第三节　消费者的需要、购买动机、购买决策与购买行为

一　消费者的需要

(一)消费者需要的概念和特性

需要是个体由于缺乏某种生理或心理因素而产生内心紧张,从而形成与周围环境之间的某种不平衡状态。消费者的需要包含在人类一般需要之中,它反映了消费者某种生理或心理体验的缺乏状态,并直接表现为消费者对获取以商品或服务形式存在的消费对象的要求和欲望。需要作为一种心理状态,具有以下几个特征:

线上导读:明明白白去消费

1. 多样性

由于消费者性别、年龄、民族和个性心理特征等不同,在需要的内容、层次、强度和数量方面是千差万别的。

2. 层次性

消费者的需要可以划分为高低不同的层次,一般是低层次需要满足后不断向高层次需要发展。

3. 发展性

消费者需要的形成与发展与社会生产及自身情况紧密相关。顾客的需求还常常受到时代精神、风尚、环境等因素的影响,时代发展变化了,顾客的需求和爱好也会不同。

4. 伸缩性

需要的伸缩性又称需求弹性,消费者的需要是个多变量的函数,要受到内外多种因素的影响和制约,可多可少,可强可弱。如消费者购买商品,在数量、品种等方面会随收入和商品价格的变化而变化。

5.可诱导性

消费者的需要是可以引导和调节的。通过引导可以使消费需求发生变化和转移,潜在的欲望会变为现实的行动,未来的消费也可以成为即期消费。例如,由于新产品的问世,或受广告宣传的影响,人们会由不准备购买或不准备现在购买,转化为产生强烈的购买冲动。

(二)消费者需要的分类

按需要的层次划分,消费者需要可分为以下几种:

1.生理需要

为维持个体生存和人类繁衍而产生的需要称为生理需要,如对食物、氧气、水、睡眠等的需要。

2.安全需要

安全需要即在生理及心理方面为免受伤害,获得保护、照顾和安全感而产生的需要,如希望身体健康,希望在安全、有序的环境中生活,希望有稳定的职业和得到生活上的保障等。人的生理需要得到满足后,安全需要就会发展起来,并越来越具有相对重要性。

3.归属和爱的需要

归属和爱的需要即希望给予或接受他人的友谊、关怀和爱护,希望得到某些群体、阶层或社会的承认、接纳和重视。如乐于结识朋友,交流情感,表达和接受爱情,融入某些社会团体并参加他们的活动等。这种需要是在上面两个层次的需要得到基本满足后发展起来的。

4.尊重的需要

尊重的需要即希望获得荣誉,受到尊重和尊敬,获得较高评价,得到一定的社会地位的需要。一个人能否具有足够的能力、自信、价值与尊重的需要能否得到满足密切相关。

5.自我实现的需要

自我实现的需要即希望充分发挥自己的潜能,实现自己的理想和抱负的需要。自我实现是人类最高级的需要,它涉及求知、审美、创造、成就等内容。这是人的最高形态的需要。

马斯洛认为,上述五种需要是按次序逐级上升的。当下一级需要获得满足之后,追求上一级的需要就成为行动的动力了。未满足的需要将支配意识,并调动有机体的能量去获得满足。人总是由低层次的需要向高层次的需要发展,它是逐步地从无到有、从弱到强。如充饥、御寒属于较低层次的需要,而受人尊重、自我实现属于较高层次的需要。通常情况下,消费者必须满足较低层次的需要,不断向高层次的需要发展。但在特殊情况下,需要层次的顺序也有可能变化,即消费者跨越低层次的需要去满足高层次的需要,也可能在高层次的需要被满足之后,转而寻求低层次需要的满足。

此外,按需要的对象划分,消费者需要又可分为物质需要和精神需要;按需要的形式划分,消费者需要还可分为生存、享受和发展需要。

（三）消费者需要的具体内容

消费者需要一般是指对商品的要求，这种需要包括以下几个方面：

1.对商品使用价值的要求

消费者需要的基本内容就是商品的物质属性，即使用价值。消费者对商品使用价值的要求表现在对商品基本功能、外观、品种、质量、安全性能等方面。

2.对商品时代特征的要求

人们在消费时喜欢选择时尚的、为当代人接受的商品，过时的商品会逐渐被淘汰直至结束其生命周期。因此，生产厂家要对产品进行更新换代，生产引导时尚潮流的商品，不断满足消费者对商品时尚性的要求。

3.对商品社会象征性的要求

社会象征性的商品使消费者得到了某种心理上的满足，如受人尊敬、社会地位和声望提高等。所以不少消费者购买商品时并不看重其实用价值，而是看重商品所具有的社会象征性。

4.对良好服务的要求

商品流通的全过程都包括了服务，企业竞争的重要手段就是提高其服务品质，这样才能使企业立于不败之地。

5.对商品审美功能的要求

消费者对商品审美功能的要求是一种持久的、普遍存在的、高层次的追求，爱美是人的天性，企业除了在商品的性能、实用性方面满足消费者的需要外，还应在商品的造型、色彩、装潢和风格等方面满足消费者的需要。

二、消费者的购买动机

（一）消费者购买动机的概念

购买动机是指直接驱使实行某项购买活动的内在推动力，它反映了消费者生理上和心理上的需要，是消费者购买行为心理活动的重要阶段。动机是推动人们去从事某种活动，达到某种目的，指引活动满足一定需要的意图、愿望和信念。动机是人们行为的内在动力，是人们从事某种活动的直接原因。购买动机是在需要的基础上产生上的，当需要有了明确的目标时，才转化为动机，由于人们需要的多样性和个体心理发展的不同水平，人们的动机也是不同的、极其复杂的。动机作为一种内在的心理状态，不能被直接观察到和被测量出来，一般要根据人们的行为方式或自我陈述来了解动机。营销者应认真研究并掌握消费者购买动机的调查方法，明确消费者购买行为的真正原因，有的放矢地做好营销工作。

（二）消费者购买动机的作用

动机作为行为的直接动因，在消费者的购买行为中具有多方面的作用。

1. 发动作用

动机能够引发和驱使人去行动。消费者的任何购买行为都是由动机支配的。具有明确动机的消费者比动机模糊的消费者具有更高的购买意愿。实际上，必须提出和动机相应的目的，只有在这种情况下，动机才能唤起消费者的购买行为，起到发动作用。

2. 指向作用

动机具有维持行为趋向一定目标的作用。消费者可以同时具有多个动机，其中有些与某种特定的方向和预期的目标一致，有些互相冲突，有些动机可以同时满足，有些不能同时满足。最终主导动机使消费者的购买行为沿着某种特定的方向向预期的目标进行。

3. 维持作用

动机的实现往往需要一定的时间过程。在这个过程中，消费者动机将贯穿行为的始终，不断激励消费者排除各种因素的干扰来直接实现购买目标，完成购买过程，否则会中止购买行为。

4. 强化作用

行为结果对引起该行为的动机的再次产生具有加强或减弱的作用。动机会因好的行为结果重复出现或得到加强，而再次导向购买行为；动机也会因不良的行为结果而减少或削弱，导致消费者购买兴趣的减弱或消失。如许多消费者认牌购货的行为就是这一作用的反映。

（三）消费者购买动机的类型

消费者的购买活动都是由购买动机推动的。但是，消费者的购买动机是复杂的、多层次的，在消费者的购买活动中起作用的，通常不只是一种购买动机，而是多种动机综合作用。消费者购买动机可以从不同的角度进行划分。

1. 一般性购买动机

一般性购买动机是针对消费者购买商品的原因和驱使力而言的。具体分为生理性购买动机和心理性购买动机两大类，它对进一步分析消费者在购买活动中表现出来的具体购买动机具有重要意义。

（1）生理性购买动机

生理性购买动机是指消费者由于生理本能的需要而产生的购买动机。消费者为了满足、维持、保护、延续、发展自身，会产生激励其购买能满足其需要的商品的动机，而这些动机多数是建立在生理需要的基础上的，具有明显、稳定、简单、重复、个体之间差异小等特点。

（2）心理性购买动机

心理性购买动机是指消费者由于心理需求而产生的购买动机。由于消费者心理活动的复杂性，心理性购买动机较生理性购买动机更为复杂多变，难以掌握。它是人所特有的，具有深刻、隐匿、多样化、个体之间差异大等特点。需要指出的是，在现代社会，单纯受生理性购买动机或心理性购买动机驱使采取购买行为的消费者已不多见,通常是两类动机交织在一起,共同组成消费者的购买动机。

2. 具体的购买动机

在实际购买活动中,消费者购买商品或服务的心理是非常复杂的,因而形成了形形色色的具体的购买动机。

(1)求实购买动机

所谓求实购买动机是以追求商品或服务的使用价值为主要目的的购买动机。它是消费者中最有普遍性、代表性的购买动机。具有这种购买动机的消费者特别注重商品的实际效果、功能和质量,讲求经济实惠和经久耐用,而不大注意商品的外观。

(2)求新购买动机

所谓求新购买动机是以追求商品的新颖、奇特、时尚为主要目的的购买动机。具有这种购买动机的消费者特别重视商品的款式、颜色、造型是否时尚或与众不同,而不太注意商品的使用效果和价格高低。

(3)求美购买动机

所谓求美购买动机是以追求商品的艺术价值和欣赏价值为主要目的的购买动机。具有这种购买动机的消费者特别重视商品本身的色彩美、造型美、艺术美,以及对人体的美化作用、对环境的装饰作用、对人的精神生活的陶冶作用,而对商品本身的使用价值不太重视。

(4)求廉购买动机。

所谓求廉购买动机是以追求商品价格低廉,希望以较少货币支出获得较多物质利益为目的的购买动机。具有这种购买动机的消费者特别重视商品的价格,对价格变化特别敏感,对处理价、优惠价、特价、折价的商品特别感兴趣。求廉购买动机是一种比较普遍的购买动机。

(5)从众购买动机

所谓从众购买动机是指受众多消费者购买行为的影响,而盲目跟随的购买动机。这种类型的消费者经常以相关群体中大多数成员的行为为准则,以同众人一致作为追求的目标。他们往往缺乏市场信息和选购经验,以为从众可以避免个人决策失误,有安全感。

总之,消费者的具体购买动机是复杂多样的,其表现形式因人而异、因时而异。每一种购买动机不是孤立地产生和发挥作用的,往往是几种购买动机交织在一起,共同起作用,推动消费者的购买行为,只不过在不同的场合下,各种动机的作用有主次罢了。

 **消费者的购买决策**

(一)消费者购买决策的概念

消费者购买决策是指消费者谨慎地评价某一产品、品牌或服务的属性,然后选择、购买能满足某一特定需要的产品的过程。

广义的消费者购买决策是指消费者为了满足某种需要,在一定的购买动机支配下,在可供选择的两个或者两个以上的购买方案中,经过分析、评价、选择并且实施最佳的购买方案,以及购后评价等一系列活动过程。它是一个系统的决策活动过程,包括需求的确定,购买动机的形成,寻求解决方案,选择和确定最佳方案,进行购后评价等环节。狭义的消费者购买决策是指为实现满足需要的特定目标,消费者在购买过程中对商品或服务进行评价、选择、判断和决定的过程。

(二)消费者购买决策的内容

对于顾客的购买行为,有一种叫作5W1H的研究方法:

1. What——购买何商品

即确定购买的对象。商家要研究顾客购买什么,以决定生产什么。

2. Why——为什么购买

即确定购买的动机。顾客为什么购买呢?是为了自己消费还是馈赠亲朋好友,如果是为了自己消费,有的商家会尽量简化包装;如果要馈赠亲朋好友,包装上则可能要讲究一些。

3. When——何时购买

即确定购买时间。要研究顾客购买决策过程中的时间规律,以适当调整营销对策。比如节假日商品,往往在节假日到来之前是最旺销的时候。这个时候,为了适应购买的时间特征,应建立临时的分销渠道,或者摆出临时摊位。

4. Where——何处购买

即确定购买地点。这涉及不同的营销渠道的选择问题,购买地点可以多样化。比如,要是顾客愿意到中间商那里去购买,那么商家就可以借助中间商实施商品分销;如果顾客愿意到专卖店去购买,商家就可以进专卖店,采取直销的形式;如果顾客愿意在家里购买,那么商家就可以采用网上分销的形式。这样就出现了多样化的分销渠道。

5. Who——何人购买

即确定购买的人。通常要考虑几种不同的角色,比如倡导者、决策者、购买者、使用者。

6. How——如何购买

即确定购买方式。这要根据顾客的要求来组织营销活动。比如顾客是愿意一次性付款还是分期付款,是要求送货还是自己提货,这些都是应该考虑的。

消费者做出的购买决策一般会具备三个前提:第一,对厂商有信任感;第二,对支付有安全感;第三,对产品有好感。

(三)消费者购买决策的方式和类型

受诸多因素的影响,不同的消费者购买决策过程的复杂程度不同,其中最主要的是参与程度和品牌差异的大小。同类产品不同品牌之间的差异越大,产品价格越昂贵,消费者越是缺乏产品知识和购买经验,面对的购买风险越大,购买过程就越复杂。例如,洗发水、

水果与专业照相器材之间的购买复杂程度显然是不同的。消费者购买决策的方式可分为以下几种:

1. 集体决策

在购买过程中,消费者通过社会化渠道搜集信息,然后进行商议,凭借社会的和集体的智慧做出决策。由于科技的发展、个人和家庭情况的不同,当消费者很难对购买对象做出最终决策时,这就需要向销售人员及其他消费者咨询或通过其他方式来了解商品,做出决策。

2. 家庭决策

对于重大的购买行为,家庭成员一起商议,凭借集体的智慧和经验做出决策。如重要的商品和耐用消费品的购买由家庭成员共同决定,而日常生活用品的购买通常由个人决定。

3. 个人决策

消费者利用自己所掌握的信息和个人经验,凭借自己的聪明才智做出决策。如日常生活用品的购买,消费者往往凭自己的经验直接做出决策。

(四)消费者购买决策的过程

特定心理机制驱动了消费者的购买决策,它是按照一定程序发生的心理与行为活动过程。

消费者的购买决策过程,也就是消费者购买行为形成和实现的过程。研究购买过程的目的是鼓励营销人员将注意力集中于购买过程,而不是购买决策。购买决策过程的五个阶段如图3-1所示:

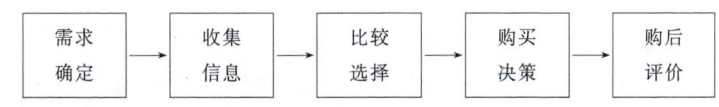

图 3-1 购买过程的五个阶段

图3-1表示的只是顾客购买过程中所经历的一般步骤,但顾客可能会越过或颠倒其中某些阶段,尤其在低度介入产品的购买中更是这样。一位购买固定品牌牙膏的女性会越过收集信息和比较选择阶段,直接进入对牙膏的购买决策阶段。

1. 需求确定

顾客购买过程的起点是诱发需求。顾客的需求是在内外因素的刺激下产生的。当顾客对某种商品或某种服务产生兴趣后,才可能产生购买的欲望。

对于顾客来说,除了传统的诱发因素会引起顾客的购买动机以外,文字的表述、图片的设计等视觉和听觉因素也会诱发顾客购买。因此营销人员应了解这些需求是由哪些刺激因素诱发的,进而巧妙地设计促销手段去吸引更多的顾客,诱导他们的需求欲望。

2. 收集信息

收集信息、理解行情,是顾客购买决策过程的第二个阶段。这个阶段的作用就是汇集商品的有关资料,为下一步的比较选择奠定基础。

收集信息的渠道主要有四个:

(1)个人渠道

它是指通过家庭、朋友、邻居、熟人获得信息。这种信息在某种情况下对购买者的购买决策起着决定性的作用。营销人员绝不可忽视这一渠道的作用。一件好的商品,一次成功的销售可能带来若干新的顾客;一件劣质产品,一次失败的销售可能使商家几个月甚至几年不得翻身。

(2)商业渠道

它是指通过广告、推销员、经销商、展销会等获得信息。面向顾客的信息传递主要依靠广告和检索系统中的产品介绍,包括在信息服务商网页上所做的广告、中介商检索系统上的条目以及企业主页上的广告和产品介绍。

(3)公共渠道

它是指通过大众传播媒体获得信息。顾客实际上就是最好的传播媒体,营销人员可以通过微信公众号等顾客传播工具提升自己产品和服务的社会声誉,最大限度地获得顾客的认同。

(4)经验来源

它是指个人所储存、保留的信息,包括购买商品的实际经验、对顾客的观察等。

3. 比较选择

顾客需求的满足是有条件的,这个条件就是实际支付能力。为了使消费需求与自己的购买能力相匹配,比较选择是购买过程中必不可少的环节。顾客对各条渠道汇集而来的资料进行比较、分析、研究,了解各种商品的特点和性能,从中选择最为满意的一种。一般说来,顾客的综合评价主要考虑产品的功能、可靠性、性能、样式、价格和售后服务等。通常,一般消费品和低值易耗品较易选择,而对耐用消费品的选择则比较慎重。

4. 购买决策

顾客在完成了对商品的比较选择之后,便进入到购买决策阶段。顾客购买决策是指顾客在购买动机的支配下,从两件或两件以上的商品中选择一件满意商品的过程。

一般意义上的决策是指为了达到某一预定目标,在两种以上的备选方案中选择最优方案的过程。购买决策则是顾客作为决策主体,为实现满足需求这一特定目标,在购买过程中进行的评价、选择、判断、决定等一系列活动。

5. 购后评价

顾客购买商品后,往往通过使用,对自己的购买选择进行检验和反省,重新考虑这种购买是否正确,效用是否理想,以及服务是否周到等问题。这种购后评价往往决定了顾客今后的购买动向。

商界中流传一句话:"一个满意的顾客就是我们最好的广告。"在这里,"满意"的标准是产品的价格、质量和服务与顾客预料的符合程度。产品的价格、质量和服务与顾客的预料相匹配,则顾客会感到心理的满足,否则,就会产生厌烦心理。购后评价是顾客发泄内心情绪的一条非常好的渠道,同时也为厂商改进工作提供了大量第一手资料。

为提高企业的竞争力,最大限度地吸引顾客,企业必须虚心倾听顾客反馈的意见和建议。厂商可以在订购单的后边附上一张意见表。顾客购买商品后,可以填写自己对厂商、产品、整个销售过程的评价。厂商对顾客的评价进行收集,通过计算机的分析、归纳,可以迅速找出工作中的缺陷和不足,及时改进自己的产品性能和售后服务。

 消费者的购买行为

(一)消费者购买行为的概念

狭义的消费者购买行为是指消费者为满足个人或家庭生活需要而发生的购买商品、获得商品使用权的过程;广义的消费者购买行为是指购买决策形成以后,商品从销售者转移到消费者手中的过程。

购买行为是整个消费者行为过程中最关键的环节。它对市场有决定性的影响。购买行为是复杂的,购买行为的产生受到其内在因素和外在因素的相互促进、相互影响。因此对消费者购买行为的研究有着非常重要的现实意义。

(二)消费者购买行为的特点

在现实生活中,消费者的购买行为往往以单独的个体形式出现。消费者行为中的共同特点或基本特点,主要表现在以下几个方面:

1.目的性

从产生消费需要开始,消费者的购买行为就已形成,经过一定的心理活动产生动机,然后引发购买行为,这一切都是围绕这一目的进行的。

2.差异性

若消费者个人的内部因素(如年龄、职业、收入、文化程度、民族、宗教等)产生变化以及外界条件发生变化,其购买行为也会发生变化,形成一定的差异。

3.连续性

消费者往往不能通过一次的购买行为达到预期的目的,必须重复或连续购买,这就形成了购买行为的连续性。如新房装修选用木质产品的目标所带来的购买行为就具有连续性的特点。这种连续性大多是前一次行为的深化。

4.周期性

有些商品,消费者要等到其使用价值基本消耗完毕才重新购买,如电话与家用电器;有些商品,消费者需要季节购买或节日购买,如一些时令服装、节日消费品;有些商品,消费者需要常年购买、均衡消费,如食品、副食品等生活必需商品。这就表现出消费者购买的周期性。

5.可控性

消费者的购买行为分为间接控制和自我控制。间接控制来自外界,自我控制来自消费者自身。外界的环境因素变化和消费者自身都会引导、修正和改变消费者的购买行为。

认清消费者购买特点的意义是十分重大的,这对企业制定营销策略,规划企业经营活

动,为消费者提供满意的商品和服务非常有利。

（三）消费者购买行为的类型

1.根据购买态度与要求划分

（1）习惯型

习惯型购买行为是指消费者并未深入收集信息和评估品牌,只是习惯于购买自己熟悉的品牌,在购买后可能做出评价也可能不做出评价。

（2）理智型

理智型购买行为是指消费者在购买商品时感情色彩较少,以理智为主,经过周密的分析和思考后,才做出购买决定。在购买商品时,不易受广告或他人的影响,挑选商品时耐心、细致、认真。

（3）冲动型

冲动型购买行为是指消费者的个性心理是心境变化快,情绪易激动。在购买行为上往往表现出冲动式的购买,易受外界因素的影响,凭直觉快速购买,购买后常常感到后悔。

（4）从众型

从众型购买行为是指消费者常常会受其他人同一购买趋向的影响,只要有很多人购买,便认为产品一定不错,从而不对所要购买的商品进行分析、比较。在购买布料、服装、日常生活用品时,这种从众心理表现得尤为突出。

（5）经济型

经济型购买行为是指消费者特别重视价格,对于价格的反应特别灵敏。购买时无论是选择高档商品,还是中低档商品,首选的是价格,他们对低价促销非常感兴趣。一般来说,这类消费者的购买行为与自身的经济状况有关。

2.根据购买目标的选定程度划分

（1）不确定型

不确定型购买行为是指消费者行为多属尝试性购买,购买时没有固定的喜好,购买行为与消费者的心理状态和商店内外部环境有关。

（2）半确定型

半确定型购买行为是指消费者在进入商店前,具体目标还不明确,但已有一个大致的购买目标,最后是否购买要经过选择比较来完成。如一位消费者要购买电视机,但选择什么品牌、款式、性能、型号等均不确定,他需要对同类商品进行了解、比较、评估,经过较长时间的考虑才能完成。

（3）确定型

确定型购买行为是指消费者在进入商场前,对所要购买的商品的品牌、价格、性能、种类等已有明确的要求,他们购买目标明确,一旦商品满足他们的需求,就会毫不犹豫地购买,可见,这一购买行为是在非常明确的目标指导下完成的。

本章小结

本章的重点是消费者的气质、性格、能力的概念；不同消费者在气质、性格、能力方面的差异；消费者需要、购买动机、购买决策和购买行为的定义及其规律。

消费者的个性心理特征包括气质、性格和能力三个方面。营销人员应学会分析消费者的气质特征，这样才能更好地理解消费者行为和活动的特点；营销人员应学会分析消费者性格类型及其特征，有针对性地制定不同的营销策略；营销人员应学会分析消费者的能力结构，全面将消费者的能力因素导入营销全过程。

消费者购买行为的心理因素是需要和动机。本章介绍了消费者的需要、动机和行为三者之间的关系，并指出消费者的购买决策，就是为了实现购买目标，对购买最佳方案做出决策的过程；消费者的动机是直接去使消费者进行某种活动的内在驱动力。

课后练习

一、填空题

1. ( )是典型而稳定的个性心理特征,必然会影响消费者购买行为。
2. 兴趣、气质、性格、( )等个性心理特征,是构成消费者购买行为重要的( ),也是消费者心理学的重要原理。
3. ( )是指人的个性中表现出来的鲜明、集中、重要的心理特征,具体解释是指人对现实的态度及其行为方式。
4. ( )是指消费者生理和心理上的匮乏状态,即感到缺少些什么,从而形成与周围环境之间的某种( )。
5. ( )是引起个体活动,维持已引起的活动,并促使活动朝向某一目标进行的内在作用。
6. 消费者购买决策是指消费者谨慎地评价某一产品、品牌或服务的属性并进行( )、( )能满足某一特定( )的产品的过程。

二、单项选择题

1. 使人对某件事物或活动给予特别注意和关注,并具有向往心情的个性心理特征是( )。
   A.气质　　　　　B.能力　　　　　C.性格　　　　　D.兴趣
2. 个性心理特性的核心是( )。
   A.气质　　　　　B.性格　　　　　C.能力　　　　　D.兴趣
3. 一个人作为消费者的时候,他的所思所想是( )。
   A.消费行为　　　B.消费心理　　　C.消费过程　　　D.消费习惯

4.作为个性心理特征之一的兴趣,其形成的主要因素是(　　)。
　　A.先天素质　　　　　　　　　　B.后天影响
　　C.性别　　　　　　　　　　　　D.年龄
5.商业广告传播功能的主要表现是(　　)。
　　A.传播商业信息　　　　　　　　B.增强商品影响力
　　C.吸引消费者的注意　　　　　　D.提高消费者的兴趣
6.动机的作用不会表现为(　　)。
　　A.始发作用　　　　　　　　　　B.导向作用
　　C.维持作用　　　　　　　　　　D.理解作用

三、多项选择题

1.反映个性差异的特征包括(　　)。
　　A.理想　　　　　　　　　　　　B.能力
　　C.气质　　　　　　　　　　　　D.性格
2.人的兴趣的复杂性与多样性主要是由于需要的以下特点决定的(　　)。
　　A.多样性　　　　　　　　　　　B.发展性
　　C.可变性　　　　　　　　　　　D.主观性
3.心理活动过程包括人的(　　)。
　　A.意志过程　　　　　　　　　　B.认识过程
　　C.情绪过程　　　　　　　　　　D.情感过程
4.消费者需要的特征是(　　)。
　　A.选择性　　　　　　　　　　　B.发展性
　　C.层次性　　　　　　　　　　　D.相关性

四、简答题

1.消费者的气质有哪些类型?气质在消费领域中的实践意义是什么?
2.消费者购买行为中的性格是如何表现的?
3.什么是能力?能力有哪些类型?在购买活动中,消费者的能力是如何体现的?
4.人有哪些需要?需要对消费有何意义?
5.什么是动机?影响消费者动机的因素有哪些?
6.什么是消费者的购买决策?它包括哪几个阶段?
7.什么是消费者购买行为?它包括哪些类型?

五、案例分析

宝马的定位

　　不同消费者有着不同的个性,不同个性的消费者对产品有着不同的需求,有些消费者甚至把产品品牌当作自我个性的延伸。企业创建品牌的关键是了解消费者的个性——他们的自尊、希望、追求、动机、行为。宝马在创建品牌时,正是不折不扣地照着这些去做的,宝马以消费心理学的数据为基础,确定了三大细分市场,分别向其提供3、5、7系列车型。

宝马3系列是宝马车中最便宜的系列。据分析,这一车型的买主具有以下特点:年轻,具有高收入潜力和积极的生活方式,是独立的思想者,攀比心理不强,希望拥有一个能表现自我的品牌。根据购买者的这种个性,创建品牌个性和价值时,宝马公司为宝马3系列确定了以下内容:年轻、动感、快乐和运动性。

宝马5系列所针对的客户具有以下特点:年龄在30岁以上,居中层或中层以上的管理职位,喜欢挑战,观念超前,寻找一个既能提供良好性能和驾驶体验,又能体现豪华设计特点的品牌。因此,与该细分市场相适应的品牌价值是创新、专业和个性。

宝马7系列所针对的客户具有以下特点:行业中的成功人士,具有独立性。相应的品牌价值被选定为高档、独立和自主。

问题:

1. 宝马3、5、7系列车型的定位依据是什么?
2. 如果根据不同群体的生活方式来进行品牌定位,你认为宝马汽车还可以开发具有哪些特点的汽车产品?

实践与训练

实训项目一
进行一次模拟推销策划

[训练目标]

1. 培养学生分析消费者需求心理过程的能力。
2. 培养学生激发消费者购买动机的能力。

[训练内容与要求]

1. 模拟推销统一绿茶,根据马斯洛的需要层次理论来说明这种产品能满足消费者各个层次的需要。
2. 如何激发推销对象的购买动机并使之变成行动。

[成果检测]

1. 每人写出一份模拟推销方案并给出相应的分析说明材料。
2. 依每人的推销方案和分析材料进行评估。

实训项目二
现场观察和分析消费者的购买决策

[训练目标]

1. 培养学生现场观察分析的能力。

2.培养学生根据消费者的不同购买决策开展营销活动的能力。

[训练内容与要求]

1.以个人或小组为单位利用业余时间对打算进行一项重要购买活动的消费者进行调查,请他列出其做出决策之前参考的所有信息资源的序列表,并标出哪一种信息对他的决策起了关键性的影响。

2.分析商场营销人员针对不同类型消费者的接待方法是否正确?为什么?

[成果检测]

1.个人或小组写出观察分析报告。

2.在小组或班级内进行一次交流。

3.通过交流对彼此之间的调查成果进行评估。

第四章 社会因素与消费心理

学习目标

【知识目标】

1. 掌握政治因素、经济因素、消费习俗及消费流行对消费心理的影响
2. 掌握文化与亚文化的特点并了解其对消费心理的影响
3. 掌握消费流行的相关内容及其对消费心理的影响

【能力目标】

1. 分析消费习俗对消费心理的影响
2. 研究消费流行对消费心理的影响

案例导入

看美国人、欧洲人和中国人怎么买车

星期六早晨走进汽车销售公司,一边吃着免费提供的汉堡,一边听销售员殷勤唠叨,不一会,交钱、拿车钥匙、开车走人。这是大多数美国人的购车方式,很多美国人买车,就像吃麦当劳那样随意。

当大多数欧洲人有了买车的想法后,他们会漫步到经销商那里订购,订购的车将在数个星期之后被送到。整个过程就像坐在左岸的酒吧里那般慢条斯理,有些许的诗意和悠闲。

在中国,很多人买车前会先温习功课:排量多少,哪国产的,有什么特点,发动机什么型号、什么性能……有一天笔者竟然听到一群年轻人在聊吉利美人豹时,谈笑间就分析了中国汽车产业的结构和未来竞争态势。

渐渐地,中国经销商开始普及试车,这增加了买车的时间成本,但并没有对购买决策有什么实质帮助。事实上,大多数人试完车后,还是会回家上网搜索和反复研究试车报告。

回过头来想一想,美国方式的潇洒中,多少体现着消费冲动。太多的美国人可能驾驶着一辆自己原本不需要的车离开车行。比如,希望买银色时尚型的跑车,却开走了一辆酷似邮政车的绿色玩意儿。他们可能被业务员的怂恿所诱惑,买了2 000美元的汽车导航系统,而实际需要的只是一副能头顶蓝天的廉价天窗。

欧洲人通过订购表现出了悠闲、贵族气质。据《福布斯》杂志报道,60%法国制造的雷诺车是订购的,而通用汽车在德国的Opel品牌有52%是经过订购销售的。

在美国这个讲求实效的国度里,人们大多不会愿意为一辆新车等上几个星期,通用汽车在北美的销售中,订购所占的比例只有10%。

当然,在中国也有订购汽车的,但我们的订购更多的是象征和宣传。例如某新型车,从发布价格之时就宣布接受订单无数,可还没过上半年就开始促销降价了,让我们善良的消费者们究竟该相信谁呢?

其实,说穿了,美国人、欧洲人和我们的买车方式存在着差别,但不是差距。那只是适合与不适合的差别,是汽车文化不同造成的差别,不存在可比性。

人们生活在社会中,其消费行为必然要受到各种社会因素的影响。我们要了解各种主要的社会因素对消费行为的影响,从而更好地认识和掌握消费行为。

第一节　政治法律、经济与消费心理

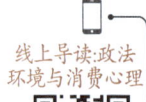

线上导读:政法环境与消费心理

政治与法律环境是影响消费心理的基础性因素。良好的政治法律环境是消费者正常消费的前提,也是消费者消费信心来源的重要保证。它一方面对消费心理与行为产生导向性激励;另一方面对消费心理与行为产生制度性约束。政治与法律相互联系,共同影响着消费心理。

 **政治环境与消费心理**

政治环境是指影响消费心理的政治形势和状况以及国家方针政策的变化对消费心理带来的或可能带来的影响。

(一)政治局势

政治局势是指企业营销所处的国家或地区的政治稳定状况。一个国家的政局稳定与否,会给消费者带来重大的影响。如果政局稳定,人民安居乐业,就会给消费者的消费行为创造良好的环境。相反,政局不稳,社会矛盾尖锐,秩序混乱,就会影响经济发展和市场的稳定,这种政局的不稳定会给消费者的消费行为带来极大的风险,从而抑制其消费心理。

(二)方针政策

各个国家在不同时期,根据不同需要会颁布一些有关经济发展的方针政策,这些方针政策会对消费者的心理取向、消费信心产生直接或者间接影响。如人口政策、能源政策、物价政策、财政政策、货币政策等,都会对消费者的购买活动带来影响。例如,国家通过降低利率来刺激消费的增长;通过征收个人收入所得税调节消费者收入的差异,从而影响人们的购买;通过增加产品税,对烟、酒等产品的征税来抑制人们的消费需求。

(三)国际政治环境

国际政治环境主要包括:
(1)国际政治局势。
(2)国际关系。
(3)目标国的国内政治环境。

在国际贸易中,不同的国家也会制定一些相应的政策来干预外国企业在本国的营销活动。主要措施有:
(1)进口限制。
(2)税收政策。
(3)价格管制。
(4)外汇管制。
(5)国有化政策。

 **法律环境与消费心理**

法律环境是指国家或地方政府所颁布的各项法规、法令和条例等,它是营销活动的准则,只有依法进行的营销活动,才能受到国家法律的有效保护。消费者可以运用法律武器

来保护自身的合法权益。近年来,为适应经济体制改革和对外开放的需要,我国陆续制定和颁布了一系列法律法规,例如,《中华人民共和国产品质量法》《中华人民共和国商标法》《中华人民共和国专利法》《中华人民共和国广告法》《中华人民共和国食品安全法》《中华人民共和国环境保护法》《中华人民共和国反不正当竞争法》《中华人民共和国消费者权益保护法》等。

法律环境影响消费心理,对市场消费需求的形成和实现具有一定的调节作用。企业研究并熟悉法律环境,既有助于把握消费心理,完善自身的管理和经营,也可运用法律手段保障自身权益。因此,研究消费心理活动规律,必须了解国家或政府颁布的有关贸易投资、行业标准、产品召回等方面的法律法规。

消费者权益保护法是调整在保护公民消费权益过程中所产生的社会关系的法律规范的总称。一般情况下,我们所说的消费者权益保护法是指1993年10月31日颁布、1994年1月1日起施行的《中华人民共和国消费者权益保护法》。该法的颁布实施,是我国第一次以立法的形式全面确认消费者的权利。此举对保护消费者的权益,规范经营者的行为,维护社会经济秩序,促进社会主义市场经济健康发展具有十分重要的意义。

三 经济环境与消费心理

经济环境是指对企业具有宏观环境影响力的经济方面的因素,包括经济发展状况、人们的收入和消费状况、消费者储蓄和信贷的情况以及社会商业的发展状况等。从目前我国情况来看,影响消费心理的经济因素主要包括消费者收入水平、消费结构、消费者储蓄和信贷等直接影响消费心理的因素,以及经济发展水平、经济体制、地区与行业发展状况、城市化程度等间接影响消费心理的因素。

(一)消费者收入水平

消费者收入水平是决定消费者购买力的最直接的因素。消费者收入是指消费者个人从各种经济来源所得到的全部货币收入,通常包括个人的工资、奖金、退休金、红利、租金等。但消费者可能并不是把全部收入都用来购买产品或服务,购买力只是收入的一部分。因此,在研究消费者收入时,应着重分析消费者的个人可支配收入及个人可任意支配收入的水平。

市场容量的大小,归根到底取决于消费者购买力的大小;消费者的需要能否得到满足,主要取决于其收入的多少。其中实际收入和名义收入并不是完全一致的。收入分配不仅会影响消费者的支出能力,而且会影响收入的区域或社会阶层分布,从而影响区域市场或各社会阶层的潜在消费规模。世界各国之间收入水平和分配差距很大,某些国家内部各地区之间的收入水平和分配也存在明显差距。消费者的任何消费行为都受到收入状况的直接影响。当消费者的收入水平越低、收入来源越不稳定时,消费者的消费欲望也随之降低,消费心理活动也越低沉,对生活的稳定感、安全感也越淡薄,体现在日常生活中,对消费品的购买与选择就越表现为突出的求廉心理,反之,则表现为对消费品的购买与选择越趋向于求名、求新、求美的心理欲望。

> **2020年4月中国消费者信心指数报告**
>
> "中国消费者信心指数"通过全国范围有代表性的大样本调查和大数据舆情分析,了解消费者对总体经济发展(消费者总体信心)和国家多个重要消费领域的满意程度和未来预期(消费者分类信心),进而反映和预测中国宏观经济发展和消费变化的趋势,实现跨地区、跨人口、跨时间的对比,辅助各级政府、各类企业等决策主体进行决策。其中,2020年3月的大样本调查共收回问卷12 342份,有效问卷11 316份。抽样过程中,首先将31个省、自治区和直辖市分成东部、西部、南部、北部、中部五个区域,依据国家统计局和第六次人口普查的相关数据,综合各地区、性别、年龄的人口分布情况作为样本抽样数额的参考,计算出消费者总体信心指数及消费者分类信心指数。
>
> 一、当期总体满意指数及未来一年、未来五年总体预期指数
>
> 根据大样本调查结果,当期消费者的总体满意指数为132.79,未来一年的总体预期指数为135.10,未来五年总体预期指数为150.28。
>
> 二、当期分类满意指数及未来一年、未来五年分类预期指数
>
> 大样本问卷调查了消费者对住房、教育、医疗保健、食品、烟酒、服装鞋帽、家居用品、日常娱乐、旅游、交通、线上购物、线下购物和环境13个领域的满意程度和未来预期。根据调查结果,结合消费者分类满意指数、分类预期指数和各个分类在消费者日常生活中所占的比重,计算出当期消费者的分类满意指数为132.16,未来一年的分类预期指数为124.69,未来五年的分类预期指数为133.94。相对来说,当期人们对线上购物最为满意,满意指数为147.75;对烟酒最不满意,满意指数为115.92。未来一年的预期指数结果显示,消费者对环境的预期相对最积极,预期指数为137.68;对烟酒的预期相对最消极,预期指数为91.33。最后,谈及对未来五年的展望时,消费者预期最积极的是环境,预期指数为148.05;相对来说,预期最消极的是烟酒,指数为94.39。
>
> (资料来源:北京大学国家发展研究院)

(二)消费结构

消费结构是指消费者在各种消费支出中的比例和相互关系。西方的一些经济学家常用恩格尔系数来反映这种变化。恩格尔系数是食品支出总额占个人消费支出总额的比重。国际上常常用恩格尔系数来衡量一个国家和地区人民生活水平的状况。根据联合国粮农组织提出的标准,恩格尔系数在59%以上为贫困,50%~59%为温饱,40%~50%为小康,30%~40%为富裕,低于30%为最富裕。19世纪德国统计学家恩格尔根据统计资料,对消费结构的变化得出一个规律:一个家庭收入越少,家庭收入中(或总支出中)用来购买食物的支出所占的比例就越大,随着家庭收入的增加,家庭收入中(或总支出中)用来购买食物的支出比例则会下降。推而广之,一个国家越穷,每个国民的平均收入中(或平均支出中)用于购买食物的支出所占比例就越大,随着国家的富裕,这个比例呈下降趋势。

简单地说,消费者所在的家庭的恩格尔系数越小,就说明这个家庭经济越富裕,消费者消费能力越强,反之,如果消费者所在的家庭的恩格尔系数越大,就说明这个家庭的经济越困难,消费者消费能力越弱。

(三)居民储蓄和消费信贷

居民储蓄和消费信贷状况是影响消费者现时购买力和潜在购买力的重要因素。一般情况下,居民储蓄的增加,会相对减少现时的购买力,但又预示着潜在购买力的增加。而消费信贷的增加,则会刺激消费者的现时购买力。

(四)经济发展水平

消费心理要受到一个国家或地区的整个经济发展水平的影响,它从总体上制约着消费心理活动的范围。经济发展水平不同直接影响着消费品的供应数量和供应质量,形成不同的生活环境,在此基础上的消费心理也不同。罗斯托的经济成长阶段论按照科学技术、工业发展水平、产业结构和主导部门的演变特征,将一个地区、一个国家,甚至全世界的经济发展历史分为六个"经济成长阶段",即传统社会阶段、为起飞创造前提阶段、起飞阶段、向成熟推进阶段、高额群众消费阶段和追求生活质量阶段。凡属于前三个阶段的国家称为发展中国家,而属于后两个阶段的国家则称为发达国家。

经济发展水平较高的国家和地区的消费者,强调产品款式、性能和特色。经济发展水平较低的国家和地区的消费者,侧重于产品的功能和实用性。

第二节 文化、亚文化与消费心理

一 文化概述

(一)文化的内涵

线上导读:文化环境与消费心理

文化属于历史的范畴,每一个社会都有相应的社会文化,并随着社会物质生产的发展变化而不断演变。广义上的文化是指人类社会历史实践过程中人类所创造的物质财富和精神财富的总和。狭义上的文化是指社会的意识形态以及与其相适应的文化制度和组织机构。

(二)文化的特征

1. 民族性

任何文化总是依附在一定民族基础上而存在的,世界上任何一个民族都有自己的文化。在全球经济一体化的趋势下,文化的民族性仍然能够保持。

2.习得性

文化人类学研究表明,与遗传的生物特征(如肤色)不同,文化是后天习得的。

3.共享性

文化特征、信念和价值观都不是某个社会成员独有的,它们是一个社会的大多数成员所共有的。

4.稳定性与发展性

文化一经形成,就会以特有的稳定性保持相当长的时间,甚至百年、千年不变。当然文化的稳定性并不是指文化特点不会发展变化。科学技术的发展、人口的变化、资源的短缺、战争等因素都有可能导致文化的演变。

二 文化与消费心理

在特定的文化环境下,消费者之间通过相互认同、模仿、感染、追随、从众等方式,形成共有的生活方式、消费习俗、消费观念、态度倾向、偏好禁忌等。

中国是一个拥有五千年历史的文明古国,形成了自己的文化传统与价值观,其中以下观念对于中国消费者的消费心理有非常重要的影响。

(一)家庭伦理观念

儒家思想及伦理观念在中华民族的社会道德传统中有着根深蒂固的影响,而儒家的伦理观念是以基本的血缘关系为基础的。因此,中国消费者历来非常重视家庭成员之间以及家族之间的关系。以家庭为中心的中国消费者在重大消费活动中往往由家庭共同决策、共同购买和使用。此外,传统的中国家庭都非常重视子女,很多消费决策亦是围绕子女进行的。

(二)"面子"思想

中国社会几千年的文化积淀,形成了各式各样的行为规范和传统礼仪习惯。这些规范和习惯为社会大多数人所共同遵循和认同,谁违背了就会"有失面子",而这是中国消费者最忌讳的。在很多人的心目中,"面子"重于一切,为了保住和增加"面子"可以不惜任何物质代价。在上述观念的影响下,中国消费者在涉及"面子"的消费活动中格外小心谨慎,注意遵从各种礼仪规范,尽量不失自己的"面子"或伤别人的"面子",甚至为"不失体面"而不顾自身的经济状况,进行超前超高消费、攀比消费、炫耀消费。

(三)注重人情与关系

中国社会注重人与人之间的感情关系,包括亲情、友情、爱情、亲友关系、同学同乡关系、同事关系、上下级关系等。在人际交往中,往往把人情视为首要因素,以维系人情作为行为方式的最高原则。这一观念反映在消费活动中,表现为人情消费在消费支出中所占比重较大,且总额有逐年增长的趋势。

 亚文化概述

(一)亚文化的内涵

亚文化是文化的细分和组成部分。其中若干个社会成员因民族、职业、地域等方面具有某些共同特性,而组成一定的社会群体或集团。同属一个群体或集团的社会成员往往具有共同的价值观念、生活习俗和态度倾向,从而构成该社会群体特有的亚文化。

(二)亚文化消费者群的特点

(1)他们以一个社会子群体出现,每个子群体都有各自独特的文化准则和行为规范。
(2)子群体与子群体之间在消费行为上有明显的差异。
(3)每个亚文化群都会影响和制约本群体内各个消费者的个体消费行为。
(4)每个亚文化群还可以细分为若干个子亚文化群。

(三)亚文化消费者群的分类

通常可以按种族、民族、阶层、宗教信仰、地域、受教育程度等因素将消费者划分为不同的亚文化群。

亚文化对消费心理的影响将在第三节中进行讲解。

第三节 消费习俗与消费心理

 消费习俗

(一)消费习俗的概念

所谓的习俗就是指风俗习惯。消费习俗是人们社会生活习俗中的重要习俗之一。它是指一个地区或民族的人们在长期的经济活动与社会活动中由于自然的、社会的原因所形成的独具特色的消费习惯,主要包括人们对信仰、饮食、婚丧、节日及服饰等物质与精神产品的消费习惯。

(二)消费习俗的特点

消费习俗作为社会风俗的重要组成部分,具有以下特点:

(1)长期性。一种习俗的产生和形成,要经过若干年甚至更长时间,而形成了的消费习俗又将在长时期内对人们的消费行为产生潜移默化的影响。

(2)社会性。某种消费活动在社会成员的共同参与下,才能发展成为消费习俗。

(3)地域性。消费习俗通常带有浓厚的地域色彩,是特定地区的产物。

(4)非强制性。消费习俗的形成和流行,不是强制发生的,而是通过无形的社会约束力量产生作用。约定俗成的消费习俗以潜移默化的方式产生影响,使生活在其中的消费者自觉或不自觉地遵守这些习俗,并以此规范自己的消费行为。

(三)消费习俗与亚文化

线上导读:消费习俗与消费心理

1.民族亚文化中的消费习俗

一个社会文化中,不同民族可分为若干亚文化群。如中国有汉族、回族、藏族、蒙古族等亚文化群;美国有爱尔兰人、波多黎各人、波兰人、华人等亚文化群。民族亚文化可以影响消费行为,如东、西方民族的生活习惯、价值观念等就大相径庭。如美国人的价值观是个人中心论,他们强调个人的价值、个人的需要、个人的权利,他们努力改变客体以满足主体的需要,因此,在消费行为上喜欢标新立异,不考虑别人的评价。而中国人不习惯于成为社会中独特的一员,而习惯于调节自身以适应社会,消费行为上常常考虑社会习惯标准以及别人怎么看自己、评价自己。我国拥有56个民族,各个民族都有自己的发展历史,有自己的民俗民风等,由此形成了各民族独具特色的消费行为。如维吾尔族的四楞小花帽、藏族的哈达、海南黎族姑娘的短裙、蒙古族的长袍,无一不表现出民族独特的习俗。

2.人种亚文化中的消费习俗

人种亚文化亦称种族亚文化。如白种人、黄种人、黑种人。人种是同一起源并在体质形态上具有某些共同遗传特征的人群。由于各色人种有发色、肤色、眼色的不同,有体形、眼、鼻、唇的结构上的差异,这都会对消费行为产生影响。

3.地理亚文化中的消费习俗

自然环境是人们物质文化生活的必要条件之一。地处山区与平原、沿海与内地、热带与寒带的民族在生活方式上存在的差异,是显而易见的。如有的以大米为主食,有的以面粉为主食;有的爱吃辣,有的爱吃甜;有的吃羊肉抓饭,有的喝酥油奶茶。在埃及东部撒哈拉地区的人,洗澡不用水而是用细沙,甚至牲畜的内脏也只用沙擦洗一下就食用。严重缺水的自然环境,造成了以沙代水的生活习俗。地理亚文化对人们的衣、食、住、行方面的习俗影响明显,对生活在不同地理环境中的不同国家、地区和民族的消费习俗具有约束和决定作用。

4.宗教亚文化中的消费习俗

宗教是支配人们日常生活的外在力量在人们头脑中幻想的反映。随着人类历史的发展,宗教在不同民族里又经历了极为不同和极为复杂的人格化,它是一种有始有终的社会历史现象。有着不同的宗教信仰(佛教、天主教、伊斯兰教等)和宗教感情的人们,就有不同的文化倾向和戒律,存在着不同的信仰性消费习俗和禁忌性消费习俗。印度教中把牛看成是"圣牛",宁老死不能宰杀;伊斯兰教禁酒,忌食猪肉,不用猪制品;佛教教义中严禁宰杀生灵,主张吃素。凡此种种形成的习俗,都与宗教的信仰或教规有关。

5.职业亚文化中的消费习俗

由于人们在社会中所从事的作为主要生活来源的工作,其性质、劳动环境和要求的知识技能等不同,形成了消费行为的差异。如同是购买上班穿的服装,演员选择的标准可能是新颖美观,突出个性;从事体力劳动的消费者,倾向选择结实耐穿、物美价廉的衣服;办公室工作人员则可能考虑大方庄重、舒适方便。

6.节日亚文化中的消费习俗

节日能使人们产生强烈的社会心理气氛,使人们产生欢乐感,从而吸引人们纷纷购买节日用品,以此来满足物质需要与精神需要。节日期间,人们的消费欲望强烈,本来平时不想买的产品也买了。节日激发人们的交往活动,为了增进感情、表达心意,人们探访时往往互赠礼物,互祝喜庆,各得吉祥之意。儿童在节日里是最欢快、最幸福的,父母与亲朋好友为了使孩子高高兴兴地过节,就要买些孩子爱吃的食物、爱穿的衣物和喜爱的玩具。在欧美,最大的节日是圣诞节。虽法定在12月25、26两日放假,实际上从12月中旬延续到次年1月中旬都在节日的气氛中度过。节日除购买食品以外,还要购买大量生活用品,这个时期总是销售的旺季。圣诞节的特殊消费食品有核桃、花生仁、各种干果、甜食、圣诞老人型糖果等。装饰品有彩蛋,木蛋,草制品,各种人物、花、鸟、兽等小工艺品,加上彩灯、圣诞蜡烛等。用于节日的各种产品必须赶在节前运到,节日一过,错过了销售时令,再好的东西也卖不出去了。针对不同民族的传统节日,工商企业应组织好节日产品供应,掌握产品主销地的地理环境、风俗习惯、生活方式、价值观念等主要因素,据此进行节日产品设计、生产和销售,更好地满足各民族多方面的节日习俗爱好。

二、消费习俗对消费心理的影响

从消费习俗的类型可以看出,消费习俗涉及的内容非常广泛,虽然随着生产的发展,社会的进步,新的消费方式给消费习俗带来了冲击,但其固有的特点仍然对消费心理产生一系列的影响。

1.消费习俗给一些消费心理带来了某种稳定性

消费习俗是长期形成的,对社会生活的影响很大,据此而派生出的一些消费心理也具有某种稳定性。消费者在购买产品时往往会形成习惯性购买心理。比如,临近端午节,人们就会购买粽子;临近中秋节就会购买月饼等。

2.消费习俗强化了一些消费者的心理行为

由于消费习俗带有地方性,很多人产生了一种对地方消费习俗的偏爱,并有一种自豪感,这种感觉强化了消费者的一些心理行为,直接影响消费者对产品的选择,并不断强化已有的消费习俗。如各地人对本地饮食文化的喜爱;各民族人民对本民族服饰的偏好等。

3. 消费习俗使消费心理的变化减慢

在日常生活的社会交往中，原有的一些消费习俗有些是符合时代潮流的，有些是落伍的，但是由于消费心理对消费习俗的偏爱，消费习俗的变化比较困难；反过来，适应新消费方式的消费心理变化也减慢了，变化时间延长了。有时生活方式变化了，但是由于长期消费习俗引起的消费心理仍处于滞后状态，迟迟跟不上生活的变化。

> **小案例**
>
> 可口可乐以红颜色的包装进入中东市场时，遭到阿拉伯国家人民的一致反对及抵制，因为其不了解当地红颜色与伊斯兰的教义相违背的风俗习惯。
>
> 日本的某企业开发出的一种婴儿用品"尿不湿"刚进入市场时，很难销售，主要是日本妇女普遍被传统的观念束缚，怕自己的婆婆骂自己懒，因此不愿购买这种产品。

第四节 消费流行与消费心理

一、消费流行

（一）消费流行的概念

流行是指在一定时期内社会上迅速传播或风行一时的事物，也称为时兴、时尚或时髦等。流行产生的原因往往十分复杂，可能由于科技的进步，也可能是舆论媒体和影视娱乐业的影响，还可能是消费观念和消费环境的变化。消费流行是社会流行的一个重要组成部分，是指在一定时期和范围内，大部分消费者呈现出相似或相同行为的一种消费现象。具体表现为大多数消费者对某种产品或消费时尚同时产生兴趣和购买意愿，从而使该产品或消费时尚在短时间内成为众多消费者狂热追求的对象，消费者通过对所崇尚事物的追求，获得一种心理上的满足，此时这种产品即为流行产品，这种消费趋势也就成为消费流行。

（二）消费流行的特点

1.突发性和集中性

消费流行往往没有任何前兆，令人始料未及，随后迅速扩张，表现为大批消费者的集中购买。

> **小案例**
>
> **互联网零食：让坚果消费成为一种时尚和流行**
>
> 三只松鼠全渠道销售 5.08 亿元（天猫店 4.35 亿元），百草味全网销售 2.52 亿元，良品铺子全网销售 1.53 亿元，这是排名前三的零食电商品牌 2016 年"双十一"的销售额。短短一天，三家零食电商的销售额就突破了 9.13 亿元的规模。日渐兴起的零食电商们，正以迅雷不及掩耳之势掠夺着休闲食品这座大金矿。
>
> 如果进一步研究，我们会发现在这排名前三的品牌中，除了成立于 2012 年的三只松鼠是纯粹的电商品牌之外，其他的品牌基本都是从传统渠道转型而来。以百草味为例，它成立于 2003 年，在 2010 年全面转型线上之前它已经在休闲食品行业深耕了 7 年。线下渠道的积累加上线上运营的快速决断，让它成了"传统转型电商"的成功案例。
>
> 竞争迫使三只松鼠、百草味和良品铺子引领了休闲食品行业的创新，但更为"可怕"的，是它们正在颠覆国人的休闲食品消费习惯。
>
> 最直接的，是它们让互联网食品消费成为一种时尚，并且成功实现了品牌化。以前，坚果零食在人们印象中还是"贵族化"的食品。这三家以坚果为主打的零食电商用更加亲民的价格走进年轻群体，逐渐让坚果消费成为一种时尚、一种流行。
>
> **一、三只松鼠品牌的 IP 和娱乐化**
>
> 2017 年 1 月 11 日，三只松鼠宣布其 2016 年年销售额突破 55 亿元，净利润达 2.63 亿元，拥有 3 100 名员工，4 000 万用户，以及超过 35 万平方米的仓储。与此同时，三只松鼠开始了线下的布局。
>
> 2016 年 9 月 30 日，三只松鼠第一家线下店"三只松鼠投食店"在芜湖开业；2016 年 12 月 23 日，第二家投食店在蚌埠开业；2017 年 1 月 18 日，第三家投食店在苏州开业；春节前的这两天，第四家投食店在南通开业。2017 年，三只松鼠要在线下开 100 家投食店。
>
> 零食电商玩家的战场已经变了。除了线下投食店，三只松鼠未来最大的战略是要做 IP。为此，三只松鼠已经在动漫、电影、影视剧等方面有不少投入，而且将全力建造涵盖吃、喝、玩、乐、美的连锁化小型商业综合体"松鼠小镇"，将其 IP 形象完整地呈现，以此实现从 IP 到产业的连接，完成商业变现。
>
> **二、百草味推新品，进入品牌化时代**
>
> 自 2010 年年底入驻天猫商城，百草味开启了互联网商务新纪元，年销售额也已

超过20亿元。尤其值得一提的是,2016年8月,百草味与中国枣业第一集团达成并购协同战略,率行业之先成功上市。

2016年是百草味品牌战略转型的关键一年。抱抱果从定位、命名到设计大大颠覆传统做产品的思路。拥有"抱抱"这一独特内核,抱抱果就比传统枣夹核桃多了人格化共情能力与独特内容的孵化能力和社交引爆能力,它甚至超越了百草味这个母品牌IP,而拥有了超级IP属性。

抱抱果推出后仅2个月,百草味再度重磅推出混合果仁产品——"仁仁果",产品以年轻时尚的形象打出"人人有机会活出真我"的新主张,大有延续"抱抱果"火热的态势,继300°大开口夏威夷果后,再次引领坚果2.0潮流。

据了解,百草味未来也将继续走IP化爆款路线,而这些互联网超级零食的火爆,也标志着百草味大单品战略已迈出成功的第一步。拥有超级IP属性的抱抱果正以互联网休闲零食大单品的身份,驱动百草味开启高级品牌化时代。

三、良品铺子:互联网时代的食品零售

与其他光鲜的O2O创业团队"打法"不同,良品铺子没有天价融资,也没有在一线城市疯狂烧钱,而是从2006年武汉第一家实体店开始,逐渐进军江西、湖南、四川、河南市场,一路扩张至2 100多家线下门店(截至2016年"双十一"),2015年全渠道销售额超过45亿元,2016年预计突破60亿元。

2012年良品铺子组建电商团队,2013年进入电商高速增长年,注册独立电商公司,在组织、人员、资源和渠道上进行全方位拓展,最开始采用坚果品类"价格战"方式迅速占领市场。2015年实现线上盈利,2016年进入产品驱动年。良品铺子的公开数据显示,良品铺子2012年线上销售仅有1 500万元,2013年近8 000万元,2014年4.2亿元,2015年飙升至12亿元,近两年线上交易呈现4～5倍的年均增长。

在良品铺子的食品袋上,有这样一行字——委托单位:湖北良品铺子食品工业有限公司。事实上,良品铺子的车间内,除了部分分包外,不生产一颗零食,产品和原料来自11个国家、160多家合作工厂,与互联网企业颇为相似。

良品铺子O2O有一套自己的思路,其将O2O分为两类:一是基于门店化的O2O实践,即"门店互联网+";二是社交电商,这是良品铺子O2O的重要战略布局。该公司制订计划:2018年销售收入达到100亿元,成为全国最大的休闲食品企业。

互联网品牌卖的不仅是产品,还有服务与文化。比如三只松鼠的"萌"文化,百草味的"趣味"文化,它们用360°面面俱到的服务向消费者提供了前所未有的贴心服务。三只松鼠的一句"主人"就让消费者"爽翻了";百草味的"开箱器""回收舱""亲嘴巾""3D互动卡片"等周边产品让消费者感受到了前所未有的趣味消费文化……

而向互联网转移的同时,"品牌"二字就变得更加重要,因为谁也不会再像超市买零食一样乱买一通了。以上这些对于目前仍然以线下销售为主打的零食品牌来说,是一个非常危险的信号。这也意味着,"电商"突围,成了继连锁化经营之后越来越主流的休闲食品售卖模式。

所以,它们确实正在逐渐改变国人的零食消费习惯,就像苹果改变了人们对于手机的定义,这种力量,未来将不可估量。

2. 短暂性

人们对某种事物的热情很难经久不衰,因此绝大多数消费流行注定也是短暂的。从某种意义上讲,流行也就意味着短暂。因为人们对流行产品的追求除了功能的实用外,更主要的是获取精神上的满足。因此,追求流行,也就是感受新事物,获得新体验,消费者重复购买的可能性不大。

3. 周期性

曾经流行过的产品,经过一定的时间,又可能再度流行。这在产品世界是一种十分普遍的现象。这种情况可能是受到某些因素的诱导,也可能是人们审美观念的复古。

消费流行作为一种市场现象,在整个社会中随处可见。我国自改革开放以来,曾经出现过几次大的消费流行,如"西装热""彩电热""装修热"等。随着经济的发展,人民生活水平的不断提高及商业促销活动的推动,不仅使消费流行风潮越来越多,而且也使消费流行的节奏越来越快。此起彼伏的消费流行为企业超前把握消费潮流与趋向提供了可能,从而有利增强企业营销活动的主动性。

(三)消费流行的分类

消费流行涉及的范围十分广泛。从性质上看,有吃、穿、用的产品的流行;从范围上看,有世界性、全国性、地区性和阶层性的消费流行;从速度上看,有一般流行、迅速流行和缓慢流行;从时间上看,有短期季节流行、中短期流行和长期流行等。归纳起来,消费流行的方式一般有以下三种:

1. 滴流

滴流即自上而下依次引发的流行方式。它通常以权威人物、名人明星的消费行为为先导,而后由上而下在社会上流行开来。如中山装、列宁装的流行等。

2. 横流

横流即社会各阶层之间相互诱发横向流行的方式。具体表现为,某种产品或消费时尚由社会的某一阶层率先使用、领导,而后向其他阶层蔓延、渗透,进而流行起来。如近年来,外资企业中白领阶层的消费行为经常向其他社会阶层扩散,从而引发流行。

3. 逆流

逆流即自下而上的流行方式。它是从社会下层的消费行为开始,逐渐向社会上层推广,从而形成消费流行。如牛仔服原是美国西部牧牛人的工装,现在已成为下至平民百姓、上至美国总统的风行服装。领带源于北欧渔民系在脖子上的防寒布巾,现在则成为与西装配套的高雅服饰。

流行不管采取何种方式,其过程一般是由"消费领袖"带头,而后引发多数人的效仿,从而形成时尚潮流。引发流行除了上述榜样的作用外,还有产品的影响,宣传的影响,外来文化与生活方式的影响等。

> 小案例
>
> ### 消费流行"自讨苦吃"
>
> 吃苦瓜、喝苦丁茶、刮痧、拔火罐、攀岩……温州人现代生活中花钱买点"苦头"吃,正悄悄成为消费时尚。乐于此道者称,这不失为健康生活方式的一种新选择。
>
> 现如今,人们吃惯了大鱼大肉,吃够了甜酸咸辣,追求饮食质量和营养搭配的市民纷纷热衷素食、野菜和绿色食品,不知不觉间,不少温州人开始了对苦味的求索。苦瓜、苦菜、莴笋、银杏、野生菇、苦丁茶、橄榄汁……以"苦"取胜的饮食品种数不胜数。特别是以往无人问津的瓜菜中的"苦味之冠"——苦瓜,近年来身价日高,一些原先吃不惯苦味的市民竟然吃上了"瘾",苦菜等过去在乡村才看得见的野菜更是大受城市市场欢迎;而银杏虾仁、苦瓜肉片、野生蘑菇汤等苦味菜肴成了餐桌上的新宠,将口苦变作口福。
>
> 温州人的保健项目越来越多,人们在这方面的消费能力也越来越强,花钱买健康、花钱买青春已是家常便饭。但不难看出,与"苦"结缘的项目渐受青睐。如拔火罐、刮痧等,甚至推拿、桑拿,都是先吃点苦头后感觉轻松的,经历一番"痛苦",换来轻松和健康,何乐而不为?
>
> 人们打发休闲时光也流行"自讨苦吃"。有些人放着现成的车子不坐,倒去租来双人自行车或山地车,周末花上数小时骑到郊县风景区,再骑回来,累出一身汗、蹬得屁股痛,却可一路欣赏风景,还能舒展筋骨、锻炼身体,心情舒畅,乐此不疲。如今时尚的休闲项目多数与舒服过不去,例如,年轻人喜爱的探险、攀岩、漂流……无不与吃苦头有瓜葛,但在惊恐、劳累、刺激中挑战自我的活动,令人欲罢不能。
>
> 苦也罢,累也罢,"自讨苦吃"的生活乐在其中,许多人认为这是对当今健康生活的新诠释。

二、消费流行的发展阶段

无论何种方式的消费流行,都有其兴起、高潮和衰落的过程。这一过程常呈周期性发展,具体分为酝酿期、高潮期、普及期和衰退期四个阶段。

(一)酝酿期

处于流行酝酿期的产品由于其特色和优越的性能,开始引起有名望、有社会地位及具有创新意识的消费者的注意,进而演变为某种由心理因素形成的兴趣,直至采取购买行为,并对社会产生示范作用。

(二)高潮期

新产品由于早期被采用,加之企业的促销努力,引起大众的注意和兴趣,被一般的消费者所认同,许多追求时尚的消费者竞相效仿,迅速掀起流行浪潮,对市场形成巨大的冲击,进入流行的高潮期。

(三)普及期

当消费流行在一定时空范围内成为社会成员的共同行为和最普遍的社会消费现象时,消费流行进入普及期。

(四)衰退期

当市场大量普及,消费者缺乏新奇感时,就会引起消费兴趣转移,流行产品就会较快消失,进入消费流行的衰退期。

消费流行的这一周期性现象对企业具有重要意义。生产经营企业可以根据消费流行的不同阶段,采取相应的策略。酝酿期,通过预测洞察消费者需求信息,做好宣传引导工作。高潮期则大量提供与消费流行相符的产品上市。普及期内,购买流行产品的消费者数量会大大增加,产品销售量急剧上升,此时企业应大力加强销售力量。衰退期则应迅速转移生产能力,抛售库存,以防遭受损失。

三 消费流行与消费心理相互影响

(一)消费心理对消费流行的影响

1.个性意识的自我实现对消费流行的影响

渴望变化,追求新、奇、特,愿意表现自我等都是人对个性意识追求的具体表现。消费流行正是这种追求的结果。每当一种新产品或新的消费方式出现时,就会以它独特的风格引起消费者的注意,产生兴趣,形成消费流行。自我表现欲望越强的,求新、求变的愿望越迫切。随着时间的变化,人们对原有的产品或消费方式开始产生心理上的厌倦,为了消除这种厌倦感,必然追求新的产品和消费方式,如此循环往复、永无止境。

2.从众和模仿心理对消费流行的影响

流行是社会上一部分人在一定时期内能够一起行动的心理倾向。任何一种消费行为要形成消费流行,必须在一定时空范围内被多数人认同和参与。而在社会实践活动中,人们往往认为凡是流行的、合乎时尚的,都是好的、美的,于是纷纷效仿,加入到潮流中来。个体在行为上为服从群体并与群体中多数人保持一致的从众心理和个体自觉接受群体行为规范的模仿心理,是消费流行产生的重要心理条件。消费流行的带头人为从众者提供了模仿的榜样,从众者通过模仿带头人的消费行为,加入到消费流行的潮流中来。在当今社会,由于社会活动的广泛性,引起人们仿效的榜样数不胜数。影视明星、体育明星、政府首脑、时装模特、企业界领袖等,他们的着装打扮、言行举止,通过各种传媒的宣传,都会引起从众者的仿效。也正是在这种从众心理的作用下,消费流行才可能在更广大的范围内流行开来。这种从众心理是人们寻求社会认同感和社会安全感的重要表现,所以,服从多数人的心理和个体自觉接受社会行为规范的倾向,就成为消费流行产生和发展的重要条件。但值得注意的是,在从众心理作用下产生的购买行为大多是比较盲目的。"赶时髦"之所以被一些人理解为贬义词,其原因就在于从众心理的盲目性使消费者出现经济上、精神上的损失。

> **小链接**
>
> **煽起客户的攀比之心,从众成交**
>
> 我们知道,很多人都具有从众心理,若销售人员能巧妙利用客户的从众心理,煽起客户的攀比之心,那么成交也就变得相当容易了。这就是我们所说的从众成交法。从众成交法,是指销售人员利用客户的从众心理,促使客户立刻购买产品的方法。社会心理学研究表明,从众行为是一种普遍的社会心理现象。客户之间的相互影响和相互说服,效果可能要大于销售人员的说服。利用客户的从众心理促成交易,是一种较为简单的方法。
>
> **一、从众成交法的适用性**
>
> 一般而言,客户在购买产品时,不仅会考虑自身的需要,还会顾及社会规范,服从社会的某种压力,并以大多数人的行为作为自己行为的参照。从众成交法正是利用了客户的这种心理,营造一种众人争相购买的气氛,促成客户迅速做出购买决策。例如,一位销售人员对他的客户说:"刘总,这种金银花茶目前很受消费者欢迎,本市几家大酒店都订了我们的货,每天的用量在20箱左右。如果贵酒店也愿意订购的话,我们可以每天送货上门。"又如,一位推销饮水机的销售人员对客户说:"花经理,这种冷热饮水机目前在一些大城市非常流行,特别适合于大公司的办公室使用。既方便、实用,又能增添办公室的豪华气派和现代感,与贵公司齐名的××公司、××公司等,办公室里都换上了这种饮水机。"
>
> **二、从众成交法的优点和缺点**
>
> 从众成交法具有自己独特的优点,其优点主要表现在以下几个方面:
>
> 1.从众成交法运用得好,可以大大提高工作效率,因为借助已成交的一批知名客户去吸引另一批潜在客户,无疑能增强销售人员的成交说服力,从而招来更多的具有从众心理的客户,有利于销售人员促成大量成交。
>
> 2.从众成交法有利于销售人员给客户一种压力与紧迫感,促使客户尽快下决心购买。
>
> 当然,从众成交法也有局限,其缺点主要表现在以下几个方面:
>
> 1.若遇到了个性较强、喜欢表现的客户,从众成交法会起到相反的作用。

2.从众成交法不利于销售人员正确地传递推销信息。销售人员把客户的注意力吸引到有多少人购买产品上了,既不利于推销信息的传递,也不利于及时反馈相关的购买信息。

三、运用从众成交法应注意的问题

运用从众成交法促成交易时,应注意以下几个方面的问题:

1.用实物证明。销售人员在向客户做介绍时,最好在推销现场向客户出示实物证明,如合同文本、用户感谢信等,以提高客户对产品的信赖和购买兴趣,增强客户交易信心。

2.所列举的人物要与产品有关。运用从众成交法促成交易时,销售人员所列举的人物、事迹、经验必须与推销的产品有密切的关系。

3.利用从众成交法时,要找知名人士或权威人士作为说服宣传的列举对象。销售人员向客户列举的人不能任意虚构,而应为公众所熟悉,最好为客户所崇拜,倘若推销工作没有通过名人、明星、专家、教授等人物做说服宣传,那么,客户的从众心理就会降低。

4.销售人员可以寻找具有影响力的重要客户,把推销重点放在说服重要客户上,在取得重要客户合作的基础上,影响、带动和号召客户购买。

5.运用从众成交法时,要讲究职业道德,不能欺骗客户。

客户对未经别人试用的新产品往往持有怀疑态度,而比较信任有人使用并有相当好处的产品。因此,销售人员要明白,从众成交法成功的关键在于所列举的人必须具有一定的社会影响力。这样,才能增加客户对产品的信任,更加顺利地促成交易。

3.攀比心理对消费流行的影响

攀比心理是一种争强好胜,与他人攀比,赶上并超过他人的心理。如果两个消费者之间无论是社会地位,还是经济收入、文化品位,都相差无几,只不过在某些方面"略逊一筹"或"略胜一筹"而已。这时攀比心理和攀比行为就会不可避免地发生。也正是这种攀比心理和攀比行为,进一步推动了消费流行的发展,使消费流行先后进入不同的发展阶段。

当然影响消费流行的因素还有很多,如经济发展水平、政策、法律、市场的影响,促销工作等。这些因素对消费流行的形成和发展的影响往往不是单一的,通常是几种因素综合作用的。

(二)消费流行对消费心理的影响

1.消费流行引起消费者认知态度的变化

通常情况下,当一种新产品或新的消费方式出现时,由于消费者对它不熟悉、不了解,往往会抱有怀疑和观望的态度,然后,通过学习、认知过程来消除各种疑虑,决定购买与否。但是,由于消费流行的出现,大部分消费者的认知态度会发生变化,怀疑态度取消,肯定倾向增强,学习时间缩短,接受时间提前。

小链接

欧美人对动物内脏很反感,专家做了个实验:他们找来了40个家庭主妇,将之分为两组。专家告诉第一小组的20个家庭主妇,运用传统的方法怎样把动物的内脏做成菜,怎样做才好吃。而对于第二小组的20个家庭主妇,专家则和她们座谈,在聊天中告诉她们动物内脏富含哪些矿物质,对人体有哪些好处,并赠送了相应的菜谱。一个月后,第一小组只有3%的家庭主妇开始食用动物内脏,第二小组则有30%的家庭主妇开始食用动物内脏。

2.消费流行引起消费者心理的反向变化

在正常的生活消费中,消费者往往要对产品进行比较和评价后,再决定是否购买。但是,在消费流行浪潮的冲击下,常规的消费心理会反向的变化,如一些流行产品明明价格很高,消费者却毫不计较;相反,原有的产品,尽管价格低廉,却无人问津。

3.消费流行引起消费者心理驱动力的变化

就消费者的购买行为而言,直接引起驱动和支配行为的心理因素是需要和动机。在通常情况下,这些购买动机是相对稳定的。但是,在消费流行的冲击下,顾客多对流行产品产生盲目的购买驱动力。

4.消费流行引起消费者消费习惯与偏好的变化

由于消费者长期使用某种产品,对该产品产生特殊的好感,习惯地、反复地购买该产品,还会在相关群体中进行宣传,形成惠顾动机。但是,在消费流行的冲击下,惠顾动机也会动摇,"喜新厌旧",转而购买流行产品。在消费流行的冲击下,消费者由于生活习惯、个人爱好所形成的偏好心理,也会发生微妙的变化,社会风尚的无形压力会使消费者自觉或不自觉地改变原有的消费习惯和消费偏好。

本章小结

本章主要介绍了社会因素对消费心理的影响。政治环境是指影响消费心理的政治形势和状况以及国家方针政策的变化对消费心理带来的或可能带来的影响。政治因素主要包括政治局势、方针政策和国际政治环境。法律环境是指国家或地方政府所颁布的各项法规、法令和条例等,它是营销活动的准则,只有依法进行的营销活动,才能受到国家法律的有效保护。经济环境是指对企业具有宏观环境影响力的经济方面的因素,包括经济发展状况,人们的收入和消费状况,消费者储蓄和信贷的情况以及社会商业的发展状况等。

消费习俗是指一个地区或民族的人们在长期的经济活动与社会活动中由于自然的、社会的原因所形成的独具特色的消费习惯。具有长期性、社会性、地域性、非强制性的特点。

消费流行是指在一定时期和范围内,大部分消费者呈现出相似或相同行为的一种消费现象。随着社会的发展,消费观念将不断变化,消费内容也将越来越丰富。

课后练习

一、填空题

1. 消费流行是（　　）在消费活动中的反映。随着社会发展,消费流行发展的趋势是（　　）、（　　）、（　　）。
2. （　　）是社会时尚在消费活动中的反映。
3. （　　）是决定消费者购买力的最直接的因素。
4. （　　）和（　　）是影响消费者现时购买力和潜在购买力的重要因素。
5. 个体在行为上为服从群体并与群体中多数人保持一致的（　　）心理和个体自觉接受群体行为规范的模仿心理,是（　　）产生的重要心理条件。

二、单项选择题

1. 消费文化心理素质的提高引导消费走向（　　）。
   A. 文明消费　　　　B. 理性消费　　　　C. 兴趣消费　　　　D. 感性消费
2. 消费流行产生的直接原因是（　　）。
   A. 消费者收入　　　B. 个性　　　　　　C. 历史背景　　　　D. 社会文化背景
3. 同属一个群体或集团的社会成员往往具有共同的价值观念、生活习俗和态度倾向,从而构成该社会群体特有的（　　）。
   A. 消费习俗　　　　B. 消费流行　　　　C. 亚文化　　　　　D. 地域差别
4. 随着交通事业的不断发展,将会有所减弱的消费习惯是（　　）。
   A. 文化习惯　　　　B. 地域性习惯　　　C. 亚文化习惯　　　D. 从众心理
5. （　　）是指一个地区或民族的人们在长期的经济活动与社会活动中由于自然的、社会的原因所形成的独具特色的消费习惯。
   A. 消费习俗　　　　B. 消费流行　　　　C. 地域性习惯　　　D. 文化习惯

三、多项选择题

1. 稳定性较强的消费习俗包括（　　）。
   A. 节日消费习俗　　B. 宗教消费习俗　　C. 文化消费习俗　　D. 流行消费
2. 导致消费习惯产生的原因包括（　　）。
   A. 经济原因　　　　B. 气候原因　　　　C. 职业原因　　　　D. 生理原因
3. 消费流行的方式一般包括（　　）。
   A. 滴流　　　　　　B. 横流　　　　　　C. 逆流　　　　　　D. 潮流
4. 影响消费者心理的社会因素包括（　　）。
   A. 经济因素　　　　B. 文化因素　　　　C. 消费流行　　　　D. 消费习俗

四、简答题

1. 经济因素如何影响消费心理?
2. 简述消费流行发展所经历的阶段。

3.消费习俗如何影响消费者行为?
4.消费流行如何影响消费者行为?

五、案例分析

如何让香包在市场上真正飘香

"彩线轻缠红玉臂,小符斜挂绿云鬟。"古人为了确保孩子的健康,用中药制成香袋拴在孩子的衣襟和肩衣上,在初夏的端午节前后开始佩戴。款式精美的香包,不仅给节日增添了无限的情趣,也有清香、驱虫、避瘟、防病的功能。经世代相传,端午节佩戴香包就成了中国传统习俗之一。

某地有一个村庄,该村妇女心灵手巧,手工缝制的香包淳朴深厚,原生态文化韵味十足。但香包长期以来"藏在深闺人未识",其商业价值并未充分挖掘。该村的村干部一直想在手工香包上面做些文章,一方面丰富该村留守妇女的生活,另一方面让留守妇女能够通过自己灵巧的双手增加家庭收入。

但是,生产容易销售难。每逢端午节就会有该村妇女将自己制作的香包拿到集市上挑杆叫卖,却很少有人问津,这极大地打击了该村妇女继续手工制作香包的信心。

马上又要到端午节了,该村的村干部最近通过报纸上的新闻报道发现,现如今城里人又重新开始追捧传统节日里的一些旧风俗了,尤其是对于一些手工工艺制品,甚至有人说:"只有手工的才是传统的。"他们觉得时机到了,于是决定组织本村留守妇女重拾这门手艺,带领她们增收致富。

可是,仅凭热情和决心是不行的。村里面好像没有人专门学过市场经营方面的知识,很多妇女对于能不能把香包卖出去都没有信心,村干部们心里也没底。

问题:

(1)社会文化会对消费者心理与行为产生怎样的影响,会不会为打开该村手工香包市场带来商机?

(2)请提出一些营销建议,谈谈如何让香包像西方的玫瑰一样也成为一种流行消费。

实践与训练

实训项目一
调查消费者收入对家电(如冰箱)选购的影响

[训练目标]

1.培养观察消费者的能力。

2.培养运用实际调查解决问题的能力。

[训练内容与要求]

1.对某家电商场进行消费者调查,主要是了解消费者个人收入水平与家电产品选购的联系。
2.调查可采用问卷法或访谈法进行。
3.对调查结果进行分析,还要注意影响消费者选购的其他因素。

[成果检测]
1.写出调研与分析报告。
2.依个人表现与分析报告进行评估打分。

实训项目二
通过大学生个性消费的调查分析为某品牌手机制定销售策划书

[训练目标]
1.了解个性心理对消费的影响。
2.完成产品营销策略的制定。

[训练内容与要求]
1.设计有关大学生个性消费心理的调查问卷。
2.利用大学生个性消费心理进行该手机的销售策划。

[成果检测]
1.根据所学内容写出某品牌手机的销售策划书。
2.在班级内开展交流,同学之间互提意见和建议。

第五章

消费者群体与消费心理

学习目标

【知识目标】

1. 了解各类消费者的消费心理和购买特征
2. 掌握社会阶层对消费心理的影响
3. 掌握不同年龄与性别对消费心理的影响

【能力目标】

1. 具备观察不同年龄、性别、职业等消费群体消费心理的能力
2. 具备针对不同消费者群体消费心理开展营销活动的能力

案例导入

三位女性的消费

小雨今年 27 岁,在一家外企工作,月收入万元左右,平时喜欢逛街购物,和朋友喝喝茶、打打网球。结婚后每月要还房贷 2 500 元,"当初看房、买房、签合同都是我一手搞定,老公提了几个意见供参考,以我为主!"爽朗的小雨平时很爱玩,每年还要出去旅游两次,爱美的她也喜欢买些漂亮的衣服首饰给自己,现在要还房贷还打算买车,她表示每个月都会给自己定一个硬性的存款任务,不再像以前那样大手大脚花钱。

张博是北京某高校大三的学生,是个典型的时尚女生,爱美、爱逛街,自己一个月的生活费是 1 500 元,其中包括 800 元的伙食费、150 元的电话费和公交费、550 元的其他消费。现在的大学生都比较追求潮流,她的好多女同学每月会花 100 多元去做头发、美容,每月至少要逛两次服装店,衣服也买个不停。但是在文化消费方面,女大学生也不含糊,据了解,大部分大二、

大三的学生都会花一部分钱买书,因为要考四、六级,若是考研、考公务员花费就更多了,一交就是几百,甚至上千。

40多岁的程女士是一家私营企业的老板,经过十多年的奋斗,她拥有了如今的成功事业,由于平时工作压力很大,每到周末、假期,她都尽可能出去转转,好好休息几天,旅游、购物是其中很重要的一部分。程女士在日常消费中最注重产品的品质和品牌,CHANEL等名牌是她的最爱。除了购物外,程女士对健身美体等休闲活动也情有独钟,游泳、跳操甚至瑜伽都是她的"保留"项目,既是为了健康也可以保持体形。

点　评

小到日用品,大到房、车,女性在购买活动中的主导作用越来越重要。案例中的三位女性消费者年龄不同,职业不同,在购买行为中表现也不同,但仔细分析又有共性。商家只有研究消费者群体的特点才能在营销策略的制定上更具有操作性,本章所要分析的正是消费者群体对消费行为的影响。

第一节　社会阶层与消费心理

物以类聚,人以群分。不同的社会阶层、社会群体,购买行为是不一样的,同一阶层、同一群体的购买心理、购买行为是大致相同的。

一　社会阶层概述

(一)社会阶层的概念

社会阶层是指社会上的个体和家庭,因社会经济角色、条件、地位不同及相应生活方式和价值观念的差异而区分出的不同层次。处于同一社会阶层的人们,在生活方式、价值观念、社会地位等方面就比较接近。相反,属于不同的社会阶层的人,其生活方式、价值观念、社会地位等方面存在着比较大的差异,社会阶层具有等级性,即有高低之分,一些阶层要高于另一些阶层。在不同的社会形态里,社会阶层的界限和等级是不同的。传统社会里,各个阶层的界限比较清楚,等级性较强;在流动性大的现代社会中,阶层之间的界限不断变化，有时比较模糊。一个人的一生中，其所属的社会阶层会发生变化。例如，就收入不同所划分的阶层而言，既可能从下层进入上层，也可能由上层跌入下层。

（二）社会阶层划分的依据

社会阶层不是受单一因素的影响，而是同时受职业、收入、教育、财富等多种因素的影响。社会阶层的划分一般要考虑下列几方面的因素：

1.职业

职业是社会阶层划分中普遍使用的一个变量，许多国家都有职业排行榜的资料，即对不同职业的评分。在日常生活中，人们也常以职业为线索来评价一个人的地位和背景。

2.收入

个人或家庭的收入（一般为月平均收入或年收入）是评定社会阶层的一个重要依据，而且，有关收入的数据容易获得，评价方法比较简单。随着经济的发展，人们的收入普遍提高，收入差距却逐渐拉大，如我国所谓的"工薪阶层"，同为"工薪阶层"，由于各个单位的经济效益不同，其收入差距非常悬殊。另外，我国一些人的隐性收入也占了不小的比例，因此，在进行收入统计时很难获得准确的资料。

3.教育

在发达国家，职业类型和收入高低与所受教育的程度密切相关。过去，我国由于收入分配的不合理，脑体倒挂现象的普遍存在，教育水平与收入的相关程度不是很高。但随着知识经济的到来，技术的复杂化和职业的专门化，受过高等教育的各类专业人才越来越被高薪重用，他们凭借自身的知识和能力，在为社会创造大量价值和财富的同时，也获得了优厚的经济回报，其社会地位大为提高。如今，受教育的程度已经成为划分社会阶层的一个重要因素。

4.财产

财产包括不动产（如房屋等）和一些具有地位象征的物品（如汽车等）。在许多发达国家，住房及其居住地区，是社会地位的一项重要指标。什么样的住房，坐落在城市中心还是郊区或是滨海，邻居由哪些人构成，这些都是必须考虑的因素。随着我国住房改革和房地产事业的发展，住房情况将成为社会阶层划分中的重要因素。一些代表或象征社会地位的物品，是现阶段一般公民所支付不起的高档产品，有的人便以拥有此类产品来标榜自身地位的优越。

（三）社会阶层的特点

（1）同一社会阶层的人，其行为要比来自两个不同社会阶层的人的行为更加相似。

（2）人们以自己所处的社会阶层来判断各自在社会中的地位。

（3）某人所处的社会阶层并非由一个变量决定，而是受到职业、所得、财富、教育和价值观等多种变量的制约。

（4）个人能够在一生中改变自己所处的社会阶层。

线上导读：《泰坦尼克号》新解

二 社会阶层对消费心理的影响

（一）社会阶层方面的三种消费心理

（1）基于希望被同一阶层成员接受的"认同心理"，人们常会依循该阶层的消费行为模式行事。

（2）基于避免向下降的"自保心理"，人们大多抗拒较低阶层的消费模式。

（3）基于向上攀升的"高攀心理"，人们往往会喜欢采取一些超越层级的消费行为，以满足其虚荣心。

（二）不同社会阶层消费者的心理与行为差异

不同社会阶层的消费者在心理与行为上表现出明显的差异。具体表现在以下几个方面：

1. 不同社会阶层的消费者对信息的利用和依赖程度存在差异

处于最底层的消费者通常信息来源有限，对误导和欺骗性信息缺乏甄别力。出于补偿的目的，他们在购买决策过程中可能更多地依赖亲戚、朋友提供的信息。中层消费者比较多地从媒体上获得各种信息，而且会更主动地从事外部信息搜集。随着社会阶层的上升，消费者获得信息的渠道会日益增多。

2. 不同社会阶层的消费者在购物场所的选择上存在差异

不同社会阶层的消费者喜欢光顾的商店类型明显不同。高阶层的消费者乐于到高档、豪华的商店去购物，因为在这种环境里购物会使他们产生优越感和自信，得到一种心理上的满足；而低阶层的消费者在高档购物场所则容易产生自卑、不自信和不自在的感觉，因而他们通常选择与自己地位相称的商店购物。

3. 不同社会阶层的消费者在购买指向上存在差异

美国商业心理学家和社会学家将美国社会划分为六个社会阶层，各阶层消费者的购买指向和消费内容都会有所不同。

（1）上上层

上上层由少数商界富豪或名流家族等组成。他们是名贵珠宝、古董、著名艺术品的主要购买者，也是高档消遣、娱乐方式的主要消费者。

（2）上下层

上下层主要由工商界人士、政界显要人物或经营特殊行业而致富的人等组成。他们大都经过艰苦奋斗而由中产阶级进入上流社会，因而有着强烈的显示自我的愿望，渴望在社会上显示其身份、地位。他们是私人别墅、游艇、游泳池及名牌产品的主要消费者。

(3)中上层

中上层由各类高级专业人员(如律师、医生、大学教授、科学家等)组成。他们偏爱高品质、高品位的产品,注重产品与自己的身份地位相匹配。他们大都拥有良好的住宅条件、高级时装、时尚家具等。

(4)中下层

中下层由一般技术人员、教师和小业主等组成。他们喜欢购买大众化、普及性的产品,对价格较为敏感,努力保持家庭的整洁和舒适。

(5)下上层

下上层由生产工人、技工、低级职员等组成。他们整日忙于工作和生活,很少有精力和兴趣去关心社会时尚的变化,喜欢购买实用价廉的产品。

(6)下下层

下下层属于贫困阶层,几乎没有受过教育,收入属于社会最低水平。他们通常没有固定的购买模式,是低档产品的主要消费者。

4.不同社会阶层的消费者对消费创新的态度存在差异

不同社会阶层的消费者之间的差别还表现在对消费创新的态度上。

由上述分析可见,不同社会阶层的消费者无论在获取信息、购买方式、产品投向或消费态度上都有着明显差别。

(三)同一社会阶层消费者行为的差异

虽然同属一个社会阶层的消费者,在价值观念、生活方式及消费习惯等方面都表现出基本的相似性,但由于各个消费者在经济收入、兴趣偏好和文化水准上存在着具体差别,因而在消费活动中也会表现出不同程度的差异。

美国学者考尔曼通过对汽车与彩色电视机市场的分析,认为在同一阶层中,人们的收入水平存在三种情况:一种是"特权过剩"类,即他们的收入在达到本阶层特有的居住、食品、家具、服装等方面的消费水平之后,还有很多过剩部分;一种是"特权过少"类,即他们的收入很难维持本阶层在住房、食品、家具、服装等方面的消费水准,几乎没有剩余部分;还有一种,他们的收入仅能够达到本阶层的平均消费水平。

考尔曼用"特权过剩"与"特权过少"的概念来解释某些消费现象。例如,在美国曾有一段时期,各阶层消费者都等量购买彩色电视机,从表面看对彩电的购买与社会阶层无关,但经认真分析后发现,购买彩电的消费者大都是各阶层的"特权"家庭;同样,购买小型汽车的人大都是各阶层的贫困族。由此可以看出,即使在同一阶层内,人们的消费行为也存在一定差异。

社会阶层的差别是客观存在的,处于不同社会阶层的人,在需求特点和购买行为方面存在着较大的差异。处于同一社会阶层的消费者也会在消费上存在差异。

第二节 家庭与消费心理

家庭作为社会结构的基本单位,与消费活动有着极为密切的关系。据统计,大约80%的购买决策与购买行为是由家庭制定和实施的。家庭不仅对其成员的消费观念、生活方式、消费习惯有重要影响,而且直接制约着消费支出的投向、购买决策的制定与实施。为此,有必要深入研究家庭对消费心理的影响。

一、家庭

家庭是指建立在婚姻关系、血缘关系或继承、收养关系基础上,由夫妻和一定范围亲属结合组成的一种社会生活组织单位。

二、家庭生命周期与消费心理

家庭生命周期是指家庭随着其成员年龄逐步增长而经历的各个生活阶段。国外有研究人员将家庭生命周期描绘成八个阶段。

1. 单身期

处于这一阶段的消费者刚刚开始职业生涯,收入一般较低。但由于没有什么财务负担,因而可任意支配的收入较高。他们的消费观念紧跟潮流,注重娱乐产品和基本的生活必需品的消费。

2. 新婚期

新婚期是指结婚不久还没有小孩的家庭。通常夫妻双方都在工作,他们的可支配收入较高。他们具有比较大的需求量和比较强的购买力,耐用消费品的购买量高于处于家庭生命周期其他阶段的消费者。

3. 满巢第一阶段

满巢第一阶段指孩子不到6岁的家庭。处于这一阶段的消费者往往需要购买住房和大量的生活必需品,常常感到购买力不足,对新产品感兴趣并且倾向于购买有广告的产品。

4. 满巢第二阶段

满巢第二阶段指孩子年龄在 6~12 岁的家庭。这一阶段夫妻双方的工资都有所增长,经济情况开始变好。他们已经形成比较稳定的购买习惯,极少受广告的影响,倾向于购买大规格包装的产品。

5. 满巢第三阶段

满巢第三阶段指孩子进入青少年时期的家庭。这一阶段家庭的经济条件在进一步改善,同时孩子的教育费用在上升。处于这一阶段的消费者经济状况尚可,消费习惯稳定,可能购买富余的耐用消费品。

6. 空巢第一阶段

空巢第一阶段指孩子已经开始独立生活,但夫妇仍在工作的家庭。由于开支缩减,家庭的可支配收入达到最高水平。处于这一阶段的消费者经济状况最好,可能购买娱乐品和奢侈品,对新产品不感兴趣,也很少受到广告的影响。

7. 空巢第二阶段

空巢第二阶段指子女独立生活,且夫妇已经退休的家庭。这时候夫妻双方凭借退休金维持生活,收入和社会地位都有所降低。消费更趋谨慎,倾向于购买有益健康的产品。

8. 老年独居者

老年独居者指丧偶的老年单身家庭。这一阶段的消费者收入水平最低,而且医疗开支增加,经济情况较差。消费量减少,集中于生活必需品及医疗产品的消费。

三 家庭成员与消费心理

(一)家庭成员决策分工

家庭成员的消费通常以家庭为单位,但在购买某些具体产品的决策方面,每个家庭成员所起的作用会有所不同。一般情况下概括为以下五种:

(1)提议者。首先想到或提议购买某一产品的人。
(2)影响者。直接或间接影响购买决策或挑选产品的人。
(3)决策者。有权单独或与其他家庭成员共同做出决策的人。
(4)购买者。亲自到商店从事购买活动的人。
(5)使用者。使用所购产品或服务的人。

线上导读:新嫁娘与新家庭

（二）家庭成员与消费心理

1. 夫妻角色与消费心理

在一般的家庭中，丈夫、妻子是产品购买的主要决策者，不同的家庭中，夫妻在产品购买决策中的影响作用是有很大差别的。

在具体购买活动中，夫妻购买决策的形式也因所购产品的类型不同而有所不同。一般情况下，妻子对食品、化妆品、服装、生活日用品、室内装饰用品等产品的购买有较大决策权，而在购买家电、家具、汽车、住房等大件产品时，丈夫所起的作用就要大一些。此外，夫妻在产品特性选择方面的影响作用也存在差异。美国的戴维斯发现，对于"何时购买汽车"的决策，有68％主要受丈夫的影响，只有3％主要受妻子的影响，而有29％的情形是夫妻双方的影响力相当。另一方面，对于"购买什么颜色的汽车"这个决定，25％是受丈夫的影响，25％是受妻子的影响，50％是双方共同决定的。

2. 子女与消费心理

子女在家庭购买中，也占有相当重要的地位。特别在我国的将来，子女在消费活动中居于重要地位，并对购买决策具有重大影响。子女的影响程度由下列因素决定：

(1) 子女在家庭中的地位

许多研究表明，孩子说话的口气越是肯定，他们的父母就越是以孩子为中心，孩子在家庭中的地位越高，对家庭购买决策的影响也越大。

(2) 子女所在家庭类型

一般情况下，城市家庭中的父母比农村家庭中的父母更注意听取子女的意见；经济条件好的家庭比经济条件差的家庭更能满足子女的要求；民主气氛浓厚的家庭比专制的家庭在购买决策时受子女的影响更大。

(3) 子女的年龄

年龄是影响子女参与消费决策的一个重要因素。除不具备表达意见能力的婴幼儿以外，多数家庭在购买与子女有关的产品时会征求他们的意见。尤其是独生子女家庭，这一倾向更为明显。而随着产品知识和购买经验的积累，子女在选购一些他们熟悉的产品时，往往会取代父母而成为家庭购买的决策者。

第三节 不同年龄、性别群体的消费心理

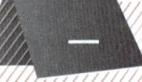

一 不同年龄群体的消费心理

（一）少年儿童消费者群体的消费心理

少年儿童消费者群体是由14岁以下的消费者群体组成的。这部分消费者在人口总

数中所占比例较大。他们一般由父母养育和监护,自我意识尚未完全成熟,道德观念有待完善,缺乏自我控制力,没有独立的经济能力,因此,具有特定的心理和行为。这部分消费者又可根据年龄特征分为儿童消费者群体(11岁以下)和少年消费者群体(12~14岁)。

1. 儿童消费者群体的消费心理

儿童消费者群体是指从出生婴儿到11岁的消费者。儿童的心理发展过程可分为婴儿期、幼儿期和童年期三个阶段。在这三个阶段中,儿童的心理出现三次较大的质的飞跃,即开始了人类的学习过程,逐渐有了认识能力、意识倾向、学习、兴趣、爱好、意志及情绪等心理现象,还学会了在感知和思维的基础上解决简单的问题。表现在消费活动中有以下几种情况:

线上导读:
熊孩子造牛市

(1)消费需求逐渐由本能的生理性发展为有自我意识的社会性的消费

儿童在婴幼儿时期,消费需求主要表现为生理性的,且纯粹由他人帮助完成。随着年龄的增长,儿童的消费需求逐渐由本能发展为有自我意识加入的社会性需求。

(2)消费行为从模仿型消费逐渐发展为带有个性特点的消费

儿童的模仿性很强,消费行为也是如此。但随着年龄的增长,这种模仿性的消费逐渐被带有个性的消费所替代。有了对所接触到产品的评价意识,也开始强调与众不同,要有比其他的小朋友更好的玩具。

(3)消费心理从感性消费逐渐发展为理性消费

儿童的消费,多处于感情支配阶段,消费情绪极不稳定。以至于见什么要什么,父母不给买就大哭大闹,且多喜新厌旧。但随着年龄的增长,儿童接触社会环境的机会增多,有了集体生活的锻炼,意志得到了磨炼,消费情绪逐渐趋于稳定,消费心理也趋于理性。

2. 少年消费者群体的消费心理

少年消费者群体是指12~14岁的消费者。与儿童相比,他们的生理和心理都有了较大的变化,生理上呈现第二个发育高峰,心理上有了自尊与被尊重的要求。总之,少年期是依赖与独立、成熟与幼稚、自觉与被动交织在一起的时期。在消费心理方面具有以下特征:

(1)与成人相比独立性强

有成人感,这是少年消费者自我意识发展的显著心理特征。在主观上他们认为自己已经长大成人,就应该有成人的权利与地位,反映在消费心理方面,则是不愿受父母过多干涉,希望按自己的意愿行事,要求自主独立地购买所喜欢的产品,喜欢在消费品的选择方面与成年人相比较。

(2)购买行为的倾向性开始确立,购买行为趋于稳定

少年消费者由于对社会环境的认识不断加深,知识不断丰富,兴趣趋向稳定,鉴别能力提高。随着购买活动次数的增加,购买行为趋于习惯化、稳定化,购买的倾向性也开始确立。

(3)消费观念开始受社会群体的影响

少年消费者由于参与集体学习、集体活动,接触社会的机会增多,受社会环境的影响逐渐增加,其消费观念和消费爱好由主要受家庭影响逐渐转变为受同学、朋友、老师、明

星、书籍及大众传媒等社会因素的影响。

少年儿童象征着未来,所以无论在哪个国家,少年儿童在家庭和父母的心目中都有着突出的地位,形成了一个庞大的消费群体。各种儿童服装、食品、智力玩具及其相关服务琳琅满目,且越来越精致、高档。厂商针对少年儿童的广告也是铺天盖地,少年儿童消费品市场被许多厂商看好,被认为是不可忽视的、潜力巨大的市场,研究与掌握少年儿童的消费心理特征,有助于开拓这方面的市场,提高企业营销效益。

(二)青年消费者群体的消费心理

青年消费者群体是指由少年向中年过渡时期的人群,在我国,青年一般指 15～35 岁的人。

1.青年消费者群体的特点

(1)青年消费者群体人数多,是一个庞大的消费群体。

(2)青年消费者群体具有巨大的购买潜力。青年消费者已具备独立购买产品的能力,具有较强的自主意识。尤其是参加工作以后有了经济收入的青年消费者,由于没有过多的负担,独立性更强,购买力也较高。

(3)青年消费者群体的购买行为具有扩散性,对其他各类消费者都会产生深刻的影响。他们的购买意愿大多为家庭所尊重,年轻的父母以独特的消费观念和消费方式影响下一代的消费行为,且对他们的长辈也会产生极大的影响。

2.青年消费者群体的消费心理

青年消费者群体的消费心理特征具体表现为以下几个方面:

(1)追求时尚,表现个性

青年人思维活跃,富于幻想,勇于创新,渴求新知,追求新潮,积极向上。这些心理特征反映在消费心理方面就是追求新颖与时尚,力图站在时代前列,领导消费新潮流,体现时代特征。他们总是对新产品有极大的兴趣,喜欢更换品牌,体验不同的感受。青年消费者往往是新产品或新的消费方式的尝试者、追求者和推广者。

(2)突出个性,表现自我

处于青春时期的消费者自我意识迅速增强。他们追求个性独立,希望形成完善的自我形象。反映在消费心理上就是愿意表现自我个性与追求,非常喜欢个性化的产品,有时还往往把所购买的产品同自己的理想、职业、爱好和时代特征,甚至自己所崇拜的明星和名人等联系在一起,并力求在消费活动中充分表现自我。

(3)追求实用,表现成熟

青年消费者的消费倾向从不稳定向稳定过渡,因而在追求时尚、表现个性的同时,也注重产品的实用性和科学性,要求产品经济实用,货真价实。由于青年人大多具有一定的文化水准,接触信息较多,因而在选择与购买过程中盲目性较少,购买动机及购买行为表现出一定的成熟性。

(4)注重情感,冲动性强

青年消费者处于少年到成年的过渡阶段,思想倾向、兴趣爱好等还不完全稳定,行动易受感情支配。上述特征反映在消费活动中,表现为青年消费者易受客观环境的影响,感情变化剧烈,经常发生冲动性购买行为。同时,直观选择产品的习惯使他们往往忽略了综合选择的必要,款式、颜色、形状和价格等因素都能单独成为青年消费者的购买理由,这也是冲动购买的一种表现。

(三)中年消费者群体的消费心理

中年消费者群体一般是指35岁至退休年龄阶段的消费者。中年消费者群体人数众多,负担重,大多处于购买决策者的位置,且购买的产品既有家庭日用品,也有个人、子女、父母的穿着类产品,还有大件耐用消费品。因此,了解、把握中年消费者群体的心理特征,对企业制定正确营销决策具有重要意义。

1.理智性强,冲动性小

中年消费者阅历广,购买经验丰富,情绪反应一般比较平稳,多以理智支配自己的行动,感情用事的现象不多见。注重产品的实际效用、价格和外观的统一,从购买欲望形成到实施购买往往是经过多次分析、比较后才做出判断,随意性小。

2.计划性强,盲目性小

中年消费者处于青年向老年的过渡阶段,大都是家庭经济的主要承担者。尽管他们的收入不低,但肩负着赡老育幼的重任。因此,生活经济负担重,经济条件的限制使他们养成了勤俭持家、精打细算的消费习惯,以量入为出作为消费原则,消费支出计划性强,很少有计划外开支和即兴购买。

3.注重传统,创新性小

中年消费者正处于"不惑"和"知天命"的成熟阶段,青年消费者身上的一些特点在他们身上逐渐淡化,他们内心既留有青年时代的美好岁月,又要做青年的表率。因此,希望以稳重、老练、自尊和富有涵养的风度有别于青年。反映在消费方面,就是不再完全按照自己的兴趣爱好选择产品或消费方式,而是更多地考虑他人的看法,以维护自己的形象,与众人保持一致。如选择服装,他们宁可压抑自己个人爱好而随俗,也不愿意让人感到自己花样翻新和不稳重。

(四)老年消费者群体的消费心理

老年消费者群体一般指年龄在60岁以上的消费者。随着社会生活环境的改善和卫生、保健事业的发展,世界人口出现老龄化的趋势,老年人在社会总人口中所占的比例不断增加。老年人是一个特殊的消费群体,老年消费市场是一个全世界都在关注的市场。老年消费者在生理和心理上同青年消费者、中年消费者相比发生了明显的变化。

1.消费习惯稳定,消费行为理智

老年消费者在几十年的生活实践中,不仅形成了自身的生活习惯,而且形成了一定的购买习惯。这类习惯一旦形成就较难改变,并且会在很大程度上影响老年消费者的购买行为;反过来,这也使老年型产品市场变得相对稳定。由于年龄和心理的因素,与年轻人相比,老年人的消费观较为成熟,消费行为理智,冲动型热情消费和目的不明的盲目消费相对要少。对消费新潮的反应显得较为迟钝,他们不赶时髦,而是讲究实惠。

2. 消费追求实用性

老年消费者一般退休后,收入有所下降,他们心理稳定性高,过日子精打细算,其消费已不像青年人那样富于幻想,重视感情,购买产品常常把产品的实用性放在第一位,强调质量可靠、方便实用、经济合理和舒适安全。至于产品的品牌、款式、颜色和包装是次要的。

3. 消费追求便利,要求得到良好的售后服务

老年消费者的生理机能有所下降,他们总希望购买场所交通方便些,产品标价和产品说明清楚些,产品陈列位置和高度适当,便于挑选,购买手续简便,服务热情、耐心、周到。也要求产品能够易学易用、方便操作,减少体力和脑力的负担。

4. 消费需求结构发生变化

随着生理机能的衰退,老年消费者的需求结构发生了变化,保健食品和医疗保健用品的支出增加。在穿着类和其他奢侈品方面的支出大大减少。满足个人的嗜好和兴趣的产品支出有所增加。

5. 较强的补偿性消费心理

在子女成家立业,没有了过多的经济负担后,部分老年消费者产生了较强的补偿性消费心理,在美容、衣着打扮、营养食品、健身娱乐和旅游观光等产品的消费方面,有着与青年人类似的强烈消费兴趣,以补偿那些过去未能实现的消费愿望。

二 不同性别群体的消费心理

(一)女性消费心理

女性消费者在购买活动中起着特殊的作用。女性不仅对自己所需的消费品进行购买,而且在家庭中承担了母亲、女儿、妻子和主妇等多种角色,因此,也是绝大多数儿童用品、老年用品、男性用品和家庭用品的购买者。据有关资料表明,在家庭用品购买中,女性完全占支配权的占到了51.6%,与家庭协商做一半主的占到44.5%,合计达到96.1%。所以,聪明的厂家和商家都十分重视研究女性消费者的购买心理,"摸准女人的心思,赚女人的钱"。由于女性消费者在消费活动中处于特殊的地位,因而形成了独具特色的消费心理。

1. 爱美心理

爱美心理是女性消费者普遍存在的一种心理状态。这种心理反映在消费活动中,就是无论是青年女性还是中年妇女,都希望通过消费活动既能保持自己的青春美,又能增加修饰美。因此,在挑选产品时,格外重视产品的外观和形象,并往往以此作为是否购买的依据。

2.情感性心理

女性消费者在个性心理的表现上具有较强的情感性特征,即感情丰富、细腻,心境变化剧烈,富于幻想和联想。这种特征反映在消费活动中,就是在某种情绪或情感的驱动下产生购买欲望从而进一步产生购买行为。这里导致情绪或情感萌生的原因是多方面的,如产品品牌的寓意、款式色彩产生的联想、产品形状带来的美感及环境气氛形成的温馨感觉等都可以使女性萌发购买欲望,甚至产生冲动性购买行为。在给丈夫或男友、子女、父母购买产品时,她们的这种心理特征表现得更加强烈。

3.攀比炫耀心理

一些女性消费者希望比别人富有或有地位,因此,除了满足自己的基本生活消费需求或使自己更美、更时髦之外,还可能通过追求高档次、高质量和高价格的名牌产品或在外观上具有奇异、超俗、典雅和洒脱等与众不同的特点的产品,来显示自己的优越地位和某种超人之处。

4.注重产品的实用性

由于女性消费者在家庭中的地位及从事家务劳动的经验体会,她们对产品的关注角度与男性有所不同。她们在购买生活日常用品时,更关注产品的实际效用,关心产品带来的具体利益。

5.注重产品的便利性

现代社会,中青年妇女的就业率很高,她们既要工作又要担负着家庭的大部分家务劳动。因此,她们对日常生活用品的方便性具有强烈的要求。每一种新的、能减轻家务劳动强度、节省家务劳动时间的便利性消费品,都能博得她们的青睐。

6.有较强的自我意识和自尊心

女性消费者一般都有较强的自我意识和自尊心,对外界事物反应敏感。在日常消费活动中,她们往往以选择的眼光、购买的内容及购买的标准来评价自己和别人。她们希望得到别人的认可和赞扬,肯定自己的判断力和鉴别力。购买活动中,营业员的表情、语调介绍及评价等,都会影响女性消费者的自尊心,进而影响其购买行为,她们一般不能容忍营业员怀疑自己的常识和能力。

7.购买产品比较挑剔

很多女性消费者视购物为自己的本分和专长,并以此为乐趣。由于所购买的产品种类繁多,选择性强,竞争激烈,加之女性特有的认真及细腻等特点,她们在购买产品时往往千挑百选,直到找不出什么"毛病"了,才会下决心购买。另外,女性消费者通常具有较强的表达能力、感染能力和传播能力,善于通过说服、劝告和传话等方式对周围其他消费者的购买决策产生影响。

（二）男性消费心理

1.消费动机形成迅速、果断,具有较强的自信性

男性的个性特点与女性的主要区别之一就是具有较强的理智性、自信性。他们善于控制自己的情绪,处理问题时能够冷静地权衡各种利弊因素,能够从大局着想。有的男性则把自己看作是能力、力量的化身,具有较强的独立性和自尊心。这些个性特点也直接影响他们在购买过程中的心理活动。因此,决策形成要比女性果断迅速,并能立即产生购买行为,即使是处在比较复杂的情况下,如当几种消费动机发生矛盾冲突时,也能够果断处理,迅速做出决策。特别是许多男性不愿"斤斤计较",购买产品也只是询问大概情况,对某些细节不予追究,也不喜欢花较多的时间去比较、挑选,即使买到稍有毛病的产品,只要无关大局,也不去计较。

2.消费动机具有被动性

就普遍意义讲,男性消费者不像女性消费者经常料理家务,照顾老人、小孩,因此,购买活动远远不如女性频繁,购买动机也不如女性强烈,比较被动。在许多情况下,购买动机的形成往往是由于外界因素的作用,如家里人的嘱咐、同事朋友的委托、工作的需要等,动机的主动性、灵活性都比较差。我们常常看到这样的情况,许多男性顾客在购买产品时,事先记好所要购买的产品品名、式样、规格等,如果产品符合他们的要求,则采取购买行动,否则,就放弃购买行动。

3.消费动机感情色彩比较淡薄

男性消费者在购买活动中心境的变化不如女性强烈,不喜欢联想、幻想,他们往往把幻想看成是未来的现实。相应的,感情色彩也比较淡薄。所以,当动机形成后,稳定性较好,其购买行为也比较有规律。即使出现冲动性购买,也往往自信决策准确,很少反悔退货。需要指出的是,男性消费者的审美观同女性有明显的差别,这对他们动机的形成也有很大影响。例如,有的男性认为,男性的特征是粗犷有力,因此,他们在购买产品时,往往对具有明显男性特征的产品感兴趣,如烟、酒等。

本章小结

本章主要介绍了不同社会阶层、不同年龄、不同性别对消费者消费心理的影响。社会阶层是指社会上的个体和家庭,因社会经济角色、条件、地位不同及相应生活方式和价值观念的差异而区分出的不同层次。社会阶层不是受单一因素的影响,而是同时受职业、收入、教育、财富等多种因素影响。不同的社会阶层、社会群体,购买行为是不一样的,同一阶层、同一群体的购买心理、购买行为是大致相同的,但也有差异。家庭是指建立在婚姻关系、血缘关系或继承、收养关系基础上,由夫妻和一定范围亲属结合组成的一种社会生活组织单位。不同年龄、不同性别的消费者群体有着各具特色的消费心理及购买行为。

课后练习

一、填空题

1. 社会阶层不是受单一因素的影响,而是同时受( )、( )、( )、财富等多种因素的影响。
2. 家庭成员的消费通常扮演着( )、( )、( )、( )和使用者五种角色。
3. ( )是指社会上的个体和家庭,因社会经济角色、条件、地位不同及相应生活方式和价值观念的差异而区分出的不同层次。
4. 消费者对商品的厂牌、商标有较高的忠实度,购买商品要求方便,要求得到良好的服务,这属于( )消费群体。
5. 从年龄层次上看,时尚消费心理较强的群体是( )。

二、单项选择题

1. 从消费心理角度,下列各阶层中不是主要影响消费时尚形成的阶层是( )。
   A. 高收入阶层　　　　　　　　　　B. 社会地位较高阶层
   C. 收入中高及偏上但有社会地位的阶层　D. 低收入阶层
2. 下列不是女性消费者购买行为的心理特征为( )。
   A. 注意商品的外表和情感因素　　　B. 注重商品的实用性和细节设计
   C. 注意商品的便利性和生活的创造性　D. 注重商品价格与外表的统一性
3. 青年消费者的购买心理特征不包括( )。
   A. 追求个性、表现自我　　　　　　B. 追求实用、表现成熟
   C. 追求廉价、注意实惠　　　　　　D. 注重情感、容易冲动
4. 学前期(6岁以前)儿童消费者的心理特征中不包括( )。
   A. 消费情绪开始较为稳定　　　　　B. 模仿性消费特点突出
   C. 消费情绪不稳定　　　　　　　　D. 消费中学会了比较
5. 青年消费者群体的特点不包括( )。
   A. 人数众多　　　　　　　　　　　B. 独立的购买能力和购买潜力
   C. 消费者分布广泛、流动性大　　　D. 对整个市场的需求变化起着重要的影响

三、多项选择题

1. 男性消费群体消费心理特点包括( )。
   A. 消费动机形成迅速、果断,具有较强的自信性
   B. 消费动机具有被动性
   C. 消费动机感情色彩比较淡薄
   D. 购买商品比较挑剔

2.面向女性消费者的营销心理策略有(　　)。
　　A.销售环境布置要典雅温馨、热烈明快、具有个性特点
　　B.商品设计要注重细节、色彩、款式、形状,要体现流行、时尚,并且使用方便
　　C.现场促销推广要关注女性消费者的情绪变化
　　D.对经常购买的商品要进行广告宣传,注重传递商品的实用性、具体利益等信息
3.同一群体中的消费者都有共同的(　　)。
　　A.消费特征　　　　B.消费水平　　　　C.消费行为　　　　D.消费习惯

四、简答题
1.简述少年儿童顾客的消费心理特征。
2.简述青年顾客的消费心理特征。
3.简述老年顾客的消费心理特征。
4.社会阶层对消费心理和消费行为有什么影响?

五、案例分析
　　小禹想买一辆登山车,但他明白,如果这个事情直接向父母提出,可能会被否决。他仔细思量后决定,先做祖母的思想工作,他对祖母说了很多理由,终于说服了祖母。当晚上一家人坐在一起吃晚饭的时候,小禹对祖母使了使眼色,祖母对小禹的父亲说:"是不是应该考虑给孩子买一辆登山车了?"小禹的父亲思索片刻后说:"行,那我们就买吧。"这时在小禹家吃饭的小禹的叔叔说:"要买登山车,这个好办,我在××商场认识一个朋友,可以买到很便宜的。"没过两天,小禹就把登山车买回来了。
　　问题:
　　分析小禹、小禹的祖母、小禹的父亲、小禹的叔叔在"买登山车"这个消费行为中分别起了什么作用?

实践与训练

[实训项目]
不同消费者群体的需求差异调查。
[训练目标]
1.训练调查和分析不同消费者群体的消费心理和购买行为的能力。
2.训练针对不同消费者群体采取不同销售方法的能力。
[训练内容与要求]
1.选择某类产品进行调查,分析不同消费者群体的需求差异。
2.根据消费者群体的年龄、性别、收入等差异,分析其消费心理特征。
[成果检测]
1.每人写份调查分析报告。
2.依据个人的成果评估打分。

第六章 产品因素与消费心理

学习目标

【知识目标】

1. 掌握消费者对产品心理功能的需求
2. 掌握消费者对新产品情感力度与认同态度、产品命名的心理方法、商标、包装设计心理要求
3. 理解产品主观价格的心理成因

【能力目标】

1. 培养运用新产品感知、情感、认知度等基本要素来满足消费者对产品需要的能力
2. 学会运用产品名称、商标、产品包装设计的心理方法及运用产品定价的心理方法

案例导入

娃哈哈的命名、商标、包装战略

今天的娃哈哈,用"妇孺皆知"一词来形容并不过分。可这样一个别出心裁而又能赢得消费者好感的商品名称的由来,却鲜为人知。

当初,厂长宗庆后带领工厂员工与有关院校的专家合作开发儿童营养液这一冷门产品时,就取名之事花费了很大的精力。他们通过新闻媒介,向社会广泛征集产品名称,然后组织专家对数百个应征名称进行了市场学、心理学、传播学、社会学、语言学等多个学科的研究论证。由于受传统营养液起名习惯的影响,人们的思维都在素啊、精啊、宝啊之类的名称上兜圈子,谁也没有留意源自一首新疆民歌的"娃哈哈"三字。

厂长宗庆后却独具慧眼地看中了这三个字。他的理由有三:

其一,"娃哈哈"三个字中的元音"a"是孩子最早最易发的音,极易模仿且发音响亮、音韵和谐、容易记忆,因而容易被孩子所接受;

其二,从字面上看,"哈哈"是各种肤色的人表达欢笑喜悦之意时的拟声词;

其三,同名儿歌以其特有的欢乐明快的音调和浓烈的民族色彩,唱遍了天山内外和大江南北,把这样一首广为流传的民族歌曲与产品商标联系起来,即为产品涂上了国色,使消费者乐于熟悉它、想起它、记住它,从而提高它的知名度。商品名称确定后,又精心设计了两个活泼可爱的娃娃形象作为商标图案,以达到商标名称和商标形象的有机融合。

俗话说,创名牌容易,护名牌难。娃哈哈在产品尚未投产的时候,便先行做了商标注册。其他厂家如果假冒,就可以通过法律手段加以制止,还可以防止别的企业抢先注册。娃哈哈在注册商标的同时,将包装上的主要图案也注册了,从而起到了全包装图案注册的作用,使他人难以仿冒。这样做的目的,无非是想获得在国内独家生产娃哈哈儿童营养液及其系列产品的权利。现在,这家企业已注册了一系列防御性商标"娃娃哈""哈哈娃""哈娃娃",而且陆续在相关商品类别中注册"娃哈哈"和它的"兄弟姐妹"商标,这实在不失为一种有效的自我保护手段。

谁都希望为自己的企业起一个好名字,一个好的品牌名字可以让人过目不忘,可以传神地表达品牌的特征,给消费者留下深刻的印象,节约大量的宣传费用。产品包装的刻意改进,也成了有效的宣传手段。为一改过去产品商标不引人注意、不便认读的状况,公司的设计者们扩大了娃哈哈的文字和图形,使之占据包装的大部分面积,醒目突出,让消费者在购买和饮用产品时,首先认准商标,强化其对娃哈哈的印象。久而久之,娃哈哈在消费者心目中便自然取代了"儿童营养液",甚至成为这类产品的代名词。

第一节 产品设计与消费心理

 产品功能与消费心理

产品功能可以简单地分为两大类,一是产品的基本功能,二是产品的心理功能。产品的基本功能取决于产品本身的物理性质,决定了该产品是否具有实用、方便、舒适、实惠、安全的特点。而产品的心理功能在于满足消费者的心理需要方面,比如满足人们审美的

需要、身份象征的需要等。

消费者在购物过程中,对所需产品有不同的要求,出现不同的心理活动。一般来说有求实心理、求新心理、求利心理、求名心理、从众心理、求美心理。

不同的消费者心理会导致不同的购买行为。认真分析研究这些心理,将有助于企业采取正确的市场营销策略。

(一)产品的整体概念与产品功能

1.产品的整体概念

线上导读:
总统与书

所谓产品,是指为满足人们某种需要而进行交换的劳动产品。现代产品的整体概念包括核心产品、有形产品和附加产品三个层次。

(1)核心产品

核心产品又称实质产品,是顾客购买产品时所追求的利益,是顾客真正要买的东西,因而在产品整体概念中也是最基本、最主要的部分。顾客购买某种产品,并不仅仅是为了占有或获得产品本身,而是为了获得能够满足某种需要的效用或利益。如人们购买食品获得营养和感官满足;购买照相机获得摄取画面的功能;购买轿车为了解决交通不便。因此,在产品策划中必须以产品的核心为出发点和归宿,设计出真正满足消费者需要的产品。

(2)有形产品

有形产品又称形式产品,是指具体形态的核心产品本身,是核心产品的物质载体。作为产品的实体通常以产品质量、外观特色、产品款式、品牌和包装等表现出来。如电冰箱,有形产品不仅指电冰箱的制冷功能,而且还包括它的质量、造型、颜色、容量、品牌等。

(3)附加产品

附加产品又称无形产品、延伸产品,是指顾客购买有形产品时所获得的各种附加服务或利益的总和。如提供信贷、送货上门、免费安装调试、维修、信息咨询、质量保证、技术培训、售前与售后服务、一定时期内的优惠折扣、有关财产保险以及顾客所重视的其他价值形式。附加产品是产品差别化和竞争的主要内容。如计算机生产者,不仅出售计算机,而且还提供工作指令、软件程序、规划系统、人员培训、安装维护、产品保证等一系列服务项目。

产品整体概念要求企业既提供物美的产品,又提供尽可能多的附加价值,以全面满足消费者的需求,并以此作为产品策划的出发点。

2.产品的功能

产品功能分为两大类,一是产品的基本功能,二是产品的心理功能。

(1)产品的基本功能

产品的基本功能包括实用的功能、方便的功能、舒适的功能、实惠的功能、安全的功能。

①实用的功能

实用的功能是指产品的使用价值突出,能满足人们消费产品时的实用性动机,比如生理需要等。这往往是人们在购买中首先考虑的基本因素。

②方便的功能

方便的功能是指消费者购买某些产品是为了能够减少操作的麻烦,需要产品使用便捷、操作简便,移动、维修、保养方便。

③舒适的功能

舒适的功能是指消费者购买某些产品是为了感觉、体验到舒适,减轻与消除疲劳。这就要求产品设计应体现以人为本的思想,充分考虑人体生理结构的状况。

④实惠的功能

实惠的功能是指产品的性能价格比很高,相对来说经济实惠。消费者会对各种各样的产品进行对照比较,从而做出购买选择。

⑤安全的功能

安全的功能是指消费者希望在产品使用过程中能保障身心健康,不造成伤害和环境污染,符合国家有关安全的技术标准,这样产品就能为消费者的使用带来安全感。

(2)产品的心理功能

产品的心理功能包括象征功能、审美功能、性别标记功能。

①象征功能

目前消费者购买产品的购买动机已不再是仅仅为了获得、占有更多的物质产品,而是更多地出于对产品的象征意义和象征功能的考虑。如购买高价产品象征着消费者的强大经济实力,购买格调高雅的产品象征着消费者的较高艺术修养和艺术鉴赏力,购买新潮时尚产品则象征着消费者的青春活力,不同产品色彩有着不同的象征等。即使同样的产品对不同的人来说象征意义也有所不同。比如对年轻夫妇而言,钻石是连接两人幸福的今天与美满未来的永恒信物;对已婚女性来说,则意味着对过去浪漫时光的重温、对爱的承诺、家庭美满的象征;而钻石对男士而言则是事业成功的象征,是身份与地位的象征。

②审美功能

让消费者产生美感已经成为吸引消费者的一种重要方式,并对交易能否完成具有重要的心理意义。

雀巢咖啡的广告"味道好极了"用简洁明了的语言吸引并感染了我国消费者,产品得到他们的认同,原因就在于其具有非凡感染力的广告。

③性别标记功能

消费者存在男女之别,由于长期、习惯化行为方式的影响,男女消费者在选择产品的式样和品种方面存在着较大差异,使产品带有明显的性别标记。

一般来说,女性喜爱曲线优美、细腻平和的造型,化妆品、服装、头饰用品等产品以女性为主要购买者,而男性则更看重棱角分明、富有质感的产品,西装、领带、香烟、酒类的主要顾客是男性。

(二)顾客对产品基本功能的需求

顾客对产品基本功能的需求包括对实用、方便、舒适、实惠、安全的需求。

1.对实用功能的需求

具备能满足人们特定需要的功能是消费者购买产品最基本的出发点。如保温瓶具备保温的功能,护肤品要能保护皮肤,电冰箱能制冷。这都是消费者对产品功能的最基本要求。

2.对方便功能的需求

对方便功能的需求即对产品便利程度的要求,要求产品使用方法简单易学,操作容易,携带方便,易于保养及维修。如洗衣机由手摇发展为电动、半自动直至全自动,其方便和省力程度不断提高,因而受到消费者的普遍欢迎。

3.对舒适功能的需求

产品设计应给人以舒适之感,有利于减少疲劳、使人身心畅快。当今汽车不是简单地只满足方便出行和运输这一基本功能,还从多个方面满足人们乘坐时的舒适需求。如汽车座椅由手动调节到电动调节;电动座椅由 4 方向调节到 6 方向调节;手动玻璃到电动玻璃;绒布座椅到真皮座椅,前者都不如后者舒适。专家列出了 49 个与汽车舒适性息息相关的参数,通过对这些参数的专业评分,得出一个客观的描述汽车舒适性的总评分数,消费者只需简单地对比这些分数,就能轻松比较出各个车型舒适性程度的高低了。

4.对实惠功能的需求

经济实惠的产品也就是产品性能价格比高的产品。在性能固定的前提下,消费者趋向于购买价格低的产品;在价格固定的前提下,消费者趋向于购买性能高的产品。

5.对安全功能的需求

消费者要求所使用的产品卫生洁净、安全可靠,不危害身体健康。这种需要通常发生在对食品、药品、卫生用品、家用电器、化妆品、洗涤用品等产品的购买和使用中。

(三)顾客对产品心理功能的需求

顾客购买一件产品不只是为了获得产品的物理功能和效用,更多的是从中获得一系列心理的满足和愉悦感,这就是顾客对产品心理功能的需求。

1.对象征功能的需求

消费者要求产品体现和象征一定的社会意义,或者体现一定的社会地位,使购买、拥有该产品的消费者能够显示出身份、地位、财富、尊严等,从而获得心理上的满足。产品的象征意义可以从产品的品位、产品的价格以及产品的色彩等多方面得到体现。

2.对审美功能的需求

产品销售过程中,产品能否吸引消费者对交易的完成与否具有重要的心理意义。按照消费者对产品美的知觉特征,产品营销活动要尤其注重表现产品美的形态、结构、造型、颜色,具有审美价值的用途等,而且还要和谐一致,恰到好处。

颜色是食品包装的鲜明特征,产品及其包装色彩给人以视觉的第一印象,对消费者有着不可忽视的吸引力,比如点心包装多用黄色,是香味的象征;饮料多用茶色,象征浓郁的芳香和味道。还有产品的造型千姿百态,比如垂直长方形的电冰箱配以乳白色的外观,给人以俊逸潇洒之感;电动剃须器具有轮廓柔和的外形、无尖锐的棱角棱边,尺寸较小,手握舒适,剃须头与面部贴合适度,形象温和、柔软,给人以轻松浮动的美感;等等。

3.对性别标记功能的需求

不同性别消费者消费心理及行为上均有显著差异,购买的产品名称、品种、样式、颜色等诸多方面各有特点。从消费者心理角度讲,就要求产品设计针对目标群体体现性别特征。

以女性为主要销售对象的产品,要强调温柔气质,名称应柔和优美、高雅大方,外形注意曲线柔美、细腻平和,颜色花哨多变,依据其对产品外观形象、感性特征等较重视的特点进行设计;以男性为主要销售对象的产品,要强调阳刚气质,名称应刚柔并济、浑厚朴实,外形注意棱角分明、富有质感,稳重可靠,颜色平和,依据其注重产品的功能和效用的特点进行设计。

二、新产品与消费心理

新产品就是具有新功能、新结构或新服务,能够给消费者带来新利益,满足消费者新的需求或欲望的产品。

(一)新产品分类

根据新产品创新程度的不同,可以将新产品分为四类。

1.全新型产品

全新型产品是指采用新原理、新结构、新材料、新技术等研制成的完全新式的产品,与市场上原有的产品没有相同之处。如1867~1960年,世界公认的新产品有电子计算机、真空管、打字机等。第一台收音机、电视机、微波炉、数码照相机、不用洗衣粉的洗衣机、电子书包、手机电视、数字电视等电子产品的问世,由于在它们出现之前,市场上没有类似产品,其功能也是其他产品所不能替代的,所以均属于全新产品。

2.革新型产品

革新型产品是指在已有产品基础上采用新技术、新材料、新工艺等对原有技术进行较大革新,使产品性能有了重大突破,或将原有的单一性能发展成为多种性能及用途而研制成的新产品。如黑白电视机革新到彩色电视机,大大改善了其性能,色彩丰富,画面更加逼真、漂亮,消费者很快接受。还有从普通洗衣机到全自动洗衣机,从台式电脑到笔记本电脑,从普通电熨斗到蒸汽电熨斗,从普通电话机到可视电话机等也都是如此。

3.改进型产品

改进型产品是指在原有产品的基础上只是在工艺、结构或用料上做部分改进,使性能或效用有某些提高的产品。如普通香皂增加了杀菌功能而成为除菌香皂,洗发香波增加润发功能,普通手表改进为潜水手表、普通牙膏到药物牙膏等,它们都保留产品的原有功能,与普通产品差别不大,这类新产品能及时满足顾客求新、求变的心理。

4.部分改进型产品

部分改进型产品是指在性能、用途及质量上与原有产品相比没有大的改进的产品。流行时间相对较短的产品,如服装,其款式、颜色随时都在变化。

上述各类新产品,对消费者的消费方式和消费心理会产生不同程度的影响,反过来,消费心理也会影响人们对新产品的接受。

(二)新产品的心理优势

新产品对社会发展进步、人们生活水平提高都起到了催化剂的作用,具有明显的心理优势。

1.满足顾客的求新、求美心理

新产品在不断涌现。无论是在世界范围首次发明的产品,还是进行了一定程度革新和改进的产品,只要使原产品更美观、更实用、更方便、更安全,无不使人感到耳目一新,满足顾客求新、求美的心理需求。

2.激发员工的进取心

新产品开发日益成为企业成功经营的核心。持续推出新产品将使企业立于不败之地,而卓有成效的新产品开发取决于优秀的新产品开发团队。在不断开发新产品的过程中,一方面追求经济效益,另一方面促使企业认识到危机的存在,激发员工奋发图强,顽强拼搏,齐心协力,共求成功。

3.刺激竞争者的求胜心理

企业要生存发展,必须在竞争中取胜。竞争的优点是创新和飞跃。"鲇鱼式"企业挑战性的创新可以激活整个业界的活力,有效地实现优胜劣汰的自然进化论。在竞争中,成败的关键是能否用性能可靠、质量优异、物美价廉的产品来满足用户,能否经常有适销对路、受顾客欢迎的产品上市。竞争促使各方竞相研制更具有相对优势的新产品,使消费者不断享受到品质更优、花样翻新的新产品,使社会经济不断进步。

(三)提高新产品的感知程度

只有在消费者对新产品的各个方面有了全面的感知与了解的基础上,才能通过判断和比较,深知新产品的优点,做出购买决策。融入新产品设计中的产品信息包括:

1.深层信息

深层信息主要体现在产品的卓越性能上。如数码相机与普通相机的不同之处在于不使用胶片,而是使用固定的或者是可拆卸的半导体存储器来保存获取的图像。优点是将图像以数字格式存储在可重复使用的存储卡或者其他介质上,照片可以直接在相机上显示,可以立刻打印出来或是通过电子邮件传送出去。

2.表层信息

表层信息主要体现在包装装潢以及服务等方面。如液体调味品用 PET 瓶包装,在规模容量上与玻璃瓶相仿,但较之玻璃瓶更轻便并有更好的光泽。

(四)增加新产品的情感力度

消费者是否喜爱新产品取决于产品设计是否以人为本,是否考虑到人们使用该产品时的便利性、适用性问题。

1. 智能显现化

智能化技术在众多新产品中的运用,使产品与人之间实现信息交换,同时便利生活,增添生活的情趣。如民用智能照明系统受到越来越多消费者的关注。看电视、会客、晚餐、离家,家里的灯具可按不同情景选择不一样的亮度,灯具的智能化特点日益显现。仅开关方式就包括遥控器、轻触式按键、红外线自动感应等种类,还可对照明情景进行"一对一""一对多""多对一"的控制。

2. 结构微型化

微型化是指利用新技术、新材料、新工艺,简化产品结构,缩小产品体积,达到高性能、紧结构、小体积、轻重量。微型化便于消费者操作、携带、运输和安装。如数码相机做得越来越小、平板电脑的出现等。

3. 使用简易化

发明和应用高新技术的同时,优化产品的结构、减少零部件的数量、简化操作使用步骤、提高原有性能。如傻瓜照相机、一次性用品(小包装茶叶、小包装咖啡、小包装香醋)等增添了生活的便利。

要想成功推出新产品,设计出满足消费者生理和心理需求的产品,还要宣传、推广新产品,让消费者充分感知、了解并意识到新产品所具有的优越性,新产品才能被消费者迅速认识、相信并接受。

三 生命周期与消费心理

产品都遵循周期性的生存规律,这个周期一般分为产品投入期、成长期、成熟期和衰退期四个阶段。在每个阶段,消费者会出现各种各样的消费心理,其心理特征会表现出一定的共同性和规律性。

(一)产品投入期的消费心理

线上导读:彩色电视机的一生

对于消费者而言,产品投入期是产品投放市场的初期,意味着消费者面对着新的产品。消费者在这一时期的心理反应主要有:

(1)消费者对投入期产品的有关信息了解很少,了解该产品主要依靠以往的消费经验,采取观望态度,但有进一步了解该产品信息和认识该产品特性的心理要求。

(2)一般只有少数消费者率先购买,这一部分人求新、求异、好奇动机强烈,乐于接受新鲜事物,或经济状况优越,有独立自主的行为方式,一般不受群体因素的影响。一般是知识水平较高或具有强烈嗜好的消费者。

企业应尽量减少投入期的时间,采用广告宣传或馈赠样品等方式使消费者了解产品,重视此类消费者追求新产品时所起的榜样作用。

（二）产品成长期的消费心理

产品成长期是产品已在市场上初步站稳脚跟且已逐步扩展市场的一个阶段。这一阶段消费者的心理反应主要有：

(1)相当一部分人对产品产生了兴趣，形成购买意愿，购买人数增加，已购买者及准备购买者的信息交流相对较多，人们获得产品信息也相对容易，渴望了解产品的兴趣及愿望更加强烈。

(2)在产品的成长期开始购买该产品的消费者，一般具有好胜、求新的心理，愿意赶潮流、赶时髦，他们是产品信息的主要传播者。部分观望者注意并相信先行购买者的使用感受和社会评价，并在较好评价的作用下加入购买者的行列。

(3)但仍有少数人对成长期产品抱有观望的态度，心存疑虑，缺乏购买信心，希望产品的功能有更多变化以适合自己原有的消费习惯，并寄希望于产品性能的进一步完善、产品价格能够适合于他们可接受的消费水平。

在这一阶段，企业除完善产品的性能外，还要宣传产品获得更大的市场占有率，并降低价格以吸引更多消费者。

（三）产品成熟期的消费心理

产品成熟期是指产品在市场上已被广泛认识和接受，已形成稳定市场的阶段。该阶段消费者的心理反应主要有：

(1)市场上新产品的特点已经非常突出，大部分人已了解产品的性能，普遍认可新产品的优越性，放心购买和使用，并影响了那些观望、犹豫的潜在顾客。销售量已大大递增，形成稳定的市场。在竞争品牌中，占有较大的市场份额。

(2)消费者对产品的质量、服务要求更高，挑剔行为开始出现。同类产品竞争者的出现，使顾客能货比三家，从容地进行选择比较，期望购买到价格更加便宜的此类产品。

(3)部分消费者开始不满足于产品的现状，兴趣开始向其他产品风格转移，需要寻找替代品，期待有性能更好、更有个性的改进型、换代型甚至发明型产品问世，"心理厌弃"现象开始出现。

在这一时期，企业应增加广告数量，改变营销策略，努力提高产品性能以抗衡。还要同时进行新产品的开发，增强竞争力以维持当前的领先地位。

（四）产品衰退期的消费心理

产品衰退期是产品在市场上的销售量急剧下降、面临被淘汰的阶段。这一时期消费者的心理反应主要有：

(1)进入衰退期的产品功能和特点已经完全落后于大部分消费者的需要，多数消费者已经失去对该产品的新鲜感，对现有产品的功能或特性已不再满足，"心理厌弃"日益明显，购买人数明显减少。随着该产品所表现的缺点越来越突出，消费者对该产品的不满意议论越来越多。

(2)在日益激烈的市场竞争中，部分消费者期望爆发"价格战"，从此起彼伏的价格下调中获得实惠。

(3)大部分消费者期待更适合于他们需要的新产品出现,少数追求时尚且前卫意识浓厚的消费者开始转移消费目标。

在此时期,更新换代是厂商的最明智选择。

第二节 产品包装设计与消费心理

一、产品名称心理

产品名称是指能在一定程度上概括反映产品某种特性的特定的语言文字符号。借助产品名称,消费者可以识别产品,并引起一系列心理活动。

(一)产品名称的心理功能

1.便于认知

产品名称可以概括或综合产品的基本功能、产品特点、产品外形等多方面的信息。消费者可以借此认知产品并做出相应的判断。如"烘干机""电饭煲""山地车""乌发精""扫描仪"等产品的名称能让人马上就能心领神会到产品的功能。

2.增强记忆

产品名称形象地描述与概括了产品的内在因素和文化因素,更容易使人留下长久的记忆。如"鼠标""痒痒挠""跷跷板"等商品名称,起到了画龙点睛的作用。

3.诱发情感,启发联想

有些产品的名称带有某种情绪色彩和特殊意义,当消费者在认知这些产品名称的时候,会诱发他们的某种情感,为消费者购买该产品形成良好的情绪并满足他们的心理需要。如"如意""寿桃""万岁""百合""开心果"等产品名称让每个人都会觉得吉祥;而"佛跳墙""狮子头"等食品名称使人忍俊不禁。

(二)产品命名的心理方法

产品命名的心理方法有自然法、功能法、象形法、借名法、拿来法、象征法。

1.自然法

自然法是指以产品的主要原料和主要成分作名称。在名称中昭示其成分(大多是名贵、先进的原料),可增加消费者对产品的信任情绪,激发消费者的珍贵感,唤起人们的购买欲望。此种命名方法多用于食品、药品和化妆品的命名。如"虎骨酒""五粮液""鲜橙多""人参蜂王浆""川贝止咳糖浆""隆力奇蛇油膏""羽绒滑雪衫""电子石英表"等。

2.功能法

功能法是指所起的名称能够直接反映产品的主要性能和用途，突出本质特征，使消费者迅速了解产品的功效、主要特性，迎合了消费者的求实心理。以药物或具有一定药物功效的产品及化妆品、日用工业品居多。如"活络丹""感冒清""乌发宝""防裂油""止咳梨膏糖""防皱美容霜""感冒冲剂""小护士防晒霜""油污净""痒痒挠""热得快"等。

3.象形法

象形法是指通过形象化的名称，给人以美好的形象联想，从而使产品在消费者心目中留下深刻的印象。此种命名方法多用于食品、工艺品的命名。如"动物饼干""冰糖""宝塔糖""蛋形拼板""猫耳朵""满天星""燕尾服""鼠标""猫眼""凤爪""马蹄莲""龙卷风""蛙泳"等。

4.借名法

借名法是指借用有名的历史人物或传说中人物的名字、富有特色的地名为产品名称，可让人感觉到其丰富的文化内涵。

（1）借用人名命名

借用人名命名是指以历史上和现实中知名度和美誉度较高的人的名字（往往是产品的发明者、制造者或相关历史人物）作为产品名称的命名方法。这种命名方法有历史悠久、工艺精湛、用料考究、质量上乘之感，诱发消费者的购买欲望。如"中山装""东坡肉""东坡肘子"等。

（2）借用产品产地命名

借用产品产地命名是指在产品名称前冠以产品产地的名称，主要用于一些土特产的命名。此法可突出地方风味、特色或历史悠久的传统工艺，迎合消费者"慕名购买"的心理。如"茅台酒""北京烤鸭""金华火腿""龙井茶""莱阳梨""龙口粉丝"等。

5.拿来法

拿来法是根据产品的外文译音命名的方法。直接借用产品的外文译音，翻译简化了，同时又满足了消费者求新、求异的消费心理，另外由于很多译名既音译又意译，保留了原有产品的特点，做到了"神似"。如当人们看到"SPIRITE"的中文译名商标"雪碧"，立刻会联想到清凉爽洁的饮料，给人以凉爽舒适的感觉；"Coca-Cola"译作"可口可乐"，该名称非常适合中国消费者的语言偏好，亲切和喜庆融于其中，让人联想到饮后的欢快喜悦。

6.象征法

根据吉祥物或美好事物命名，是一种迎合人们希望事事顺心的心理而为产品命名的方法。如"如意""百合"等。

总之，企业在为产品命名时，应将产品的名称与产品某一方面的特性联系起来，迎合消费者的某些心理规律，促进消费者购买。

二 商标心理

线上导读：
慕名而来

商标是产品的标志，是产品生产者或经营者为使本企业产品与其他产品相区别而采用的一种标记，一般由文字、字母、图形、数码、线条、颜色组合构成。经过法律注册后的商标，具有专利并受法律保护。商标是整体产品的一个重要组成部分。

（一）商标的心理功能

商标的心理功能包括识别功能、保护功能、提示和强化功能、促销功能。

1. 识别功能

消费者可借商标辨识生产者或经营者，了解、记忆产品的生产经营单位以便得到售后服务和索赔等。

2. 保护功能

商标在国家商标局注册后就受到了法律的保护，任何假冒、伪造商标的行为都要受到法律的制裁。它维护了企业的信誉与利益，也保护了消费者的合法权益和经济利益，并促进产品的销售。

3. 提示和强化功能

商标的提示功能可以使消费者对产品产生偏好，影响消费者的购买决策，最终促成购买行为。精美的商标会强烈吸引消费者的注意力，加深对产品形象的记忆，并导致习惯性重复购买。如"钻石牌"钢锯条使人联想到它的坚韧，"精工牌"手表寓意制作精心，"七日香"洗发精表示它的香味持久，"回力牌"球鞋令人感到球鞋的优良弹性。德国大众汽车公司所生产的桑塔纳轿车就是借喻桑塔纳旋风的威名而命名的。桑塔纳原是美国加利福尼亚州一座山谷的名称。那里盛产闻名于世的桑塔纳葡萄酒，同时也盛产强劲的桑塔纳旋风。大众汽车公司将他们的名车命名为"桑塔纳"，不但隐喻着那车像桑塔纳旋风一样风驰电掣，而且希望那车能够像桑塔纳旋风一样风靡美国和全球。

4. 促销功能

以商标为促销中心可使商标形象深入人心，使消费者形成忠实的购买者群体，吸引众多购买者，导致认牌购买的消费行为。

（二）商标设计的心理要求

商标的心理功能以商标设计为基础。商标设计可采用文字、符号、图形及其组合等多种表现形式和手法，但产品的特色和消费者的心理是尤其应关注的两个方面。应注意以下心理要求：

1. 个性鲜明、富于特色

商标标志着产品的独特性质，消费者借此可辨识不同生产者或经营者的产品并迅速找到自己所需要的产品。因此商标设计应显示独有的风格和形象，区别于其他同类产品和商标。

宝马公司的标志是一个以蓝白两色相间的螺旋桨图案,象征该公司过去在航空发动机技术方面的领先地位;日本丰田汽车公司的标志是由三个椭圆的环形组成,中间两个椭圆一横一竖构成一个T,这是丰田汽车公司的英文名称"TOYOTA"的第一个字母,椭圆代表地球,反映出要把自己的产品推向全世界的愿望。此外,"万宝路"代表森林、骏马、牛仔的粗放个性;"IBM"代表理性、尖端、成熟的蓝色巨人个性;"麦当劳"代表快乐、善良、高效的热情个性;"长虹"代表产业报国,志为民族昌盛的责任个性;"喜之郎"代表温馨、浪漫、活泼的可爱个性;等等。

2.造型优美、文字简洁

为满足现代消费者的求美心理,设计商标时要力求造型生动优美,具有艺术感染力。为了便于消费者记忆,商标语言还应做到简洁鲜明、容易记忆。

雪佛莱的商标是图案化了的蝴蝶领结,象征雪佛莱轿车的大方、气派和风度;李宁的商标由"L"和"N"的变形构成,红色的简单造型似飞扬的红旗,似青春燃烧的火炬,又似热情律动的旋律,成为活力的象征。可口可乐、SONY、3M具有简洁鲜明、容易记忆的特点。

3.与产品本身的性质和特点相协调

商标是产品的代名词,要准确地体现产品的性质,突出产品的特色,还要起到提示和强化的作用。商标名称要和实物贴近、形象。

"奔驰"商标可使消费者联想到高档轿车的性能卓越,奔驰如飞;"汰渍"则让人想起洗衣粉的去渍功能,把污渍去除得干干净净;NIKE在中国翻译成"耐克",含义为经久耐用、克敌制胜,与原意"胜利女神"不谋而合;无锡市的一家动力机厂曾用企业名称简称"无动"(WD)作商标,使用在柴油机、发动机等产品上,产品是动力机器,却用"无动"命名,产品销售情况可想而知。

4.具有时代气息,反映社会的潮流趋向

商标作为产品的标识如果能与某个时代、某个历史时期联系起来并被赋予一定的特殊意义,就会引发消费者的购买热情,赢得消费者的青睐。如"红旗"牌轿车作为新中国生产的第一辆轿车被赋予特殊的历史意义而得到人们的尊崇;人们皆因"解放"牌大卡车也与特定历史时期相联系而保有特殊的感情;"盼盼"防盗门为迎接亚运会而得此名。

5.尊重风俗,避免禁忌

不同的国家、民族、宗教、地域的消费者有着不同的心理习性,有很多特殊的偏好和禁忌,因此在商标设计时不能冲撞销售市场的社会禁忌。

捷克人视红色三角为有毒标志;土耳其人将绿色三角图案商标视为免费产品标志;法国人忌用核桃花;日本人忌讳荷花;加拿大人忌讳百合花;意大利人忌用菊花、仕女像、十字花图案;澳大利亚人忌讳兔子;信奉伊斯兰教的国家忌用猪;北非大多数国家忌用狗;美国人忌用珍贵动物的头部作商标图案,也不喜欢在商标图案中出现一般人不熟悉的古代神话人物等。

6.遵守法律政策规定

各个国家的商标法都明文规定了不允许注册为商标的事物,如国徽、国旗和国际组织

的徽章、旗帜及缩写。因此,在设计商标时,必须严格遵守有关法律规定。

总之,优秀的商标设计应符合以上心理要求,使之成为产品乃至企业的象征,给消费者留下深刻而美好的印象。

三 产品包装设计心理

线上导读:
买椟还珠新解

包装是指各类用于盛装或包裹产品的容器和材料。产品包装的功能表现在两个方面:一是物理功能,产品包装起着保护产品、宣传介绍产品、美化产品,方便携带及使用等作用;二是心理功能,产品包装起着吸引消费者注意、引起消费者兴趣、象征产品意义等作用。

(一)产品包装的心理功能

一般来说,产品包装的心理功能包括:识别指示的功能、便利增值的功能、安全功能、美化功能、联想功能等。

1.识别指示的功能

产品的包装是消费者在选购产品时通常第一眼看见的,在不了解该产品的内部质量的情况下,产品包装的质量甚至被认为是产品本身的质量,产品包装的特点成为判断的标准。通过产品包装消费者可以获悉产品的名称、品质和商标及有关产品的特性和用途,甚至对生产者有个评判。

2.便利增值的功能

产品的包装必须为消费者提供方便,便于消费者观察、挑选、购买和携带。另外,包装作为产品整体的一个组成部分还有增值的作用。对于一些礼品和高档产品来说,包装尤其重要,精美考究的包装可以为质量上乘的产品锦上添花,激发消费者的购买热情,并使其拥有者感到身份和地位的显赫,满足炫耀和求美心理。如易于开启并配有拉手的包装及相关产品的组合包装便于消费者携带和使用;原包装内的产品用完之后,空的包装容器移作其他用途,像常见的咖啡、果汁、果酱瓶用做茶杯,盛装物品的袋子用做手提袋等,这样就可以利用顾客一物多用的心理,使顾客得到额外的使用价值。

3.安全功能

设计结实、耐用、安全可靠的包装能有效地保护、储存产品及延长产品的使用寿命。许多产品物理、化学性质不同,其存在状态和保存方法也不同,所以要根据产品的形态和性能设计产品的包装。如易燃、易爆、剧毒的液体产品,包装不仅要封闭、安全,还应在包装上做出明显的标记。

4.美化功能

产品包装是美化产品的外部因素之一。让消费者赏心悦目的产品包装可以促使潜在的消费者变为实际的消费者,甚至变为习惯或长久型的消费者。

5.联想功能

好的产品包装能使消费者产生丰富而美好的联想,从而加深对产品的好感。绿色宁静和平,给人以充满生机之感,适合用作保健品的包装;红色是一种温暖热烈的色彩,常用于结婚礼品包装,可增加喜庆气氛;白色包装象征素洁;比较笨重的物品配以浅色包装,可以减轻重量感,显得轻巧一些。百年知名品牌产品使用古代的包装形式,使人们联想到了老字号商店良好的声誉和突出的品质。

（二）产品包装设计的心理要求

产品包装是一门涵盖了化学、物理学、心理学、美学、市场营销学等多门学科的艺术,设计时特别注意要充分利用包装外观形象,满足消费者对包装及其内容的心理要求。

1.满足求实心理

包装的设计必须有实在的价值,实事求是地反映产品的实际情况,不能花里胡哨,徒有其表。

当前中秋节的月饼包装远远超过了月饼本身的价值,而且这种情况已经几乎成了公害,形成了人人喊打的局面。这种情形终究会因为缺乏丰厚的土壤而自生自灭,毕竟这些产品即便一时能够卖出,也难以赢得消费者的忠诚,缺乏长远发展的动力。

2.满足求信心理

产品包装上的生产厂家和商标名称,可使顾客对该产品的质量放心,还可以进一步宣传厂家和商标。

3.满足求美心理

精美的包装是产品的"无言的推销员",吸引消费者的注意力,产生购买的欲望。同时充满艺术魅力的包装使消费者产生美的享受,潜移默化中成为这种产品的忠实消费者。世界上的名牌产品在包装上都下尽了功夫,考究的包装连同产品本身都成为艺术精品。这种包装促销方式大大促进了产品的销售,有些经典包装甚至成了某些产品的代表。

> **小案例**
>
> **包装——产品价值的升华**
>
> 知名的品牌及其符号浓缩了品牌价值,运用在产品上就可以迅速提升产品价值;其他权威机构的标志、符号也一样,如奥运标志、有机认证标志、中国驰名商标标志等。
>
> 以上可供利用的、可以提升产品附加值的外部资源并不是所有的企业和产品都拥有或利用得上的,大多数的产品只能把产品特点从需求的角度加以提炼,形成产品的概念,通过包装的图形设计与消费者进行沟通,使消费者在短时间内知道产品的特点。当我们只能从内部挖掘产品特点,提炼包装设计概念时,我们会发现,有些产品有特点,但有些产品与竞争产品同质化,特点并不明显。针对这些情况,我们在包装

设计之前要根据消费者不同的需求动机,去表现产品特点。如"汇源果汁,百分之百纯果汁",用数字强调了它的纯正;又如"白加黑,白天吃白片,不瞌睡;晚上吃黑片,睡得香",把产品特点与消费者能获得的利益紧密联系在一起,而且通过包装设计的视觉表现(黑白分明的外包装盒、黑白两色不同的药片等)很好地强化了产品特点。在生产过剩的时代,产品同质化是大趋势,我们只有善于运用主题与营销概念,才能为产品创造更多差异。如"蒙牛牛奶,中国宇航员专用牛奶""金六福,奥运福"等,在产品没做任何改变的情况下创造了卖点。而有些产品的缺点,换一个角度,反而成了产品的特点,如"农夫果园,喝前摇一摇",三种水果做的果汁会有沉淀,但"喝前摇一摇"的广告诉求既回避了缺点,又暗示了三种水果的真实性。总之,无论是从外部还是从产品本身找特点,在展开包装设计前必须要提炼出产品的概念,即卖给消费者的利益点和所满足的消费者的需求点。

本章小结

掌握消费者的消费心理并充分运用消费者心理促销是市场营销很重要的一部分内容。本章主要从消费心理的角度阐述了产品设计、产品的商标与包装设计的主要内容。

产品设计心理阐述了消费者对产品心理功能的需求、对待创新程度不同的新产品的普遍心理特征、心理优势及相应采取的感知、情感策略及不同产品生命周期阶段消费者对待产品的心理特征。商标与包装设计心理从产品名称心理、商标心理、产品包装设计心理三方面入手,分析了产品命名的心理方法、商标设计的心理要求、产品包装设计的心理要求三方面内容。

课后练习

一、填空题

1. 商品的心理功能包括(　　)、审美功能和(　　)。
2. 根据新产品创新程度的不同,可以将新产品分为(　　)产品、(　　)产品、改进型产品和(　　)产品。
3. (　　)是根据吉祥物或美好事物命名,是一种迎合人们希望事事顺心心理的商品命名方法。
4. 商标的心理功能包括(　　)功能、(　　)功能、(　　)功能和(　　)功能。

二、单项选择题

1. 酒类多用透明的高颈玻璃瓶,而罐头则多采用透明的圆柱形的广口玻璃瓶,是采取（　　）的产品包装策略。
   A.惯用包装　　　B.分量包装　　　C.配套包装　　　D.系列包装

2. 消费者使用某一商品后,认为该商品品质低劣,以后看见该商品都不再购买,并对周围的人进行宣传,这是（　　）的反应。
   A.过滤功能　　　B.自我防卫功能　　C.价值表现功能　　D.知识功能

3. 商品名称的首要心理功能是（　　）。
   A.认知功能　　　B.记忆功能　　　C.情感功能　　　D.知识功能

4. 品牌标志的实际一般要满足市场要求和消费心理的基本要求,下列不是品牌标志设计标准的是（　　）。
   A.突出特色　　　B.图形简单　　　C.具有世界冲击力　　D.多变性

5. "雪花"啤酒、"健力宝"饮料、"欢乐谷"游乐园等这些商品名称所体现的商品品牌名称的心理功能是（　　）。
   A.反映特性　　　B.便于记忆　　　C.引人注意　　　D.启发联想

三、多项选择题

1. 现代商品的整体概念包括（　　）几个层次。
   A.核心商品　　　B.替代商品　　　C.附加商品　　　D.有形商品

2. 下列不属于商品心理功能的是（　　）。
   A.方便的功能　　B.象征功能　　　C.审美功能　　　D.知识功能

3. 商品命名的心理方法包括（　　）。
   A.自然法　　　　B.功能法　　　　C.象形法和拿来法　D.借名法和象征法

4. 消费者对新产品的心理需求包括（　　）。
   A.时代流行与象征意义　　　　　B.舒适、安全
   C.方便、协调　　　　　　　　　D.审美情趣、个性创造

四、简答题

1. 新产品有哪几种类型?
2. 谈谈产品生命周期四个阶段中消费者的心理特点及营销心理策略。
3. 商品名称的心理功能有哪些?
4. 商标的心理功能有哪些?
5. 商品包装的心理功能有哪些?
6. 设计商品包装应注意哪些心理要求?

五、案例分析

全球著名品牌宏碁如何给产品命名

世界著名的宏碁(Acer)电脑1976年创业时的英文名称叫Multitech,此后经过大约十年的努力,Multitech开始在国际市场上小有名气,但就在此时,一家美国数据机制造商

通过律师通知宏碁,将指控宏碁侵犯该公司的商标权,必须立即停止使用 Multitech 作为公司及品牌名称。

经过调查,这家名为 Multitech 的美国数据机制造商在美国确实拥有商标权,而且在欧洲许多国家都早宏碁一步完成登记。

商标权的问题如果不能解决,宏碁的自有品牌 Multitech 在欧美许多国家恐将寸步难行。在全世界,以"～tech"为名的信息技术公司不胜枚举,因为大家都强调技术(tech),这样的名称没有差异化,雷同性太高,在很多国家都不能注册,导致无法推广品牌。因此,宏碁加速国际化脚步时,就不得不考虑更换品牌。宏碁不惜成本,将更改公司英文名称及商标的工作交给世界著名的广告公司——奥美(O&M)广告。

为了创造一个具有国际品位的品牌名称,奥美动员英国、日本、澳大利亚、中国分公司的创意工作者,运用电脑从 4 万多个名字中筛选,挑出 1 千多个符合命名条件的名字,再交由宏碁的相关人士讨论,前后历时七八个月,终于决定选用 Acer 这个名字。

宏碁选择 Acer 作为新的公司名称与品牌名称,出于以下几方面的考虑:

1. Acer 源于拉丁文,代表鲜明的、活泼的、敏锐的、有洞察力的,这些意义和宏碁所从事的高科技行业的特性相吻合。

2. Acer 在英文中,源于词根 Ace(王牌),有优秀、杰出的含义。

3. 许多文件列举理事长或品牌名称时,习惯按英文字母顺序排列,Acer 第一个字母是 A,第二个字母是 C,取名 Acer 有助宏碁在报纸媒体的资料中排在前面,增加消费者对 Acer 的印象。

4. Acer 只有两个音节,四个英文字母,易读易记,比起宏碁原英文名称 Multitech,显得更有价值感,也更有国际品位。宏碁更改品牌名称和设计新商标共花费近一百万美元。应该说宏碁没有在法律诉讼上过多纠缠而毅然决定摒弃平庸的品牌名称 Multitech,改用更具鲜明个性的品牌名称 Acer,是一项明智之举。

问题:
1. 宏碁为商品命名为什么会不惜成本?
2. 成功的商品命名与企业市场营销策略的关系是什么?

实践与训练

[实训项目]
电脑营销与购买心理调研

[训练目标]
1. 培养对顾客使用产品心理调查和分析的能力。
2. 培养运用产品心理促销产品的能力。

[训练内容与要求]
1. 利用假期对某一电脑商场进行一次社会调查,选择若干品牌,通过其广告了解基本

信息。
2. 统计各种品牌电脑的销售量。
3. 对销售量居前三名的品牌电脑的名称、外形、基本功能、定价进行比较。
4. 就销售量居前三名的品牌电脑分析什么样的产品更受消费者欢迎？其广告宣传运用了哪些心理方法，是否有成效？
5. 调查若干名已购机消费者，询问选择购买的理由并请他们提出改进意见。
6. 调查若干名咨询但未购买电脑的消费者，了解他们不选择购买这些品牌电脑的原因及他们的意见，了解他们的购机品牌意向和心理价位。
7. 在全班组织一次交流与研讨。

[成果检测]
1. 写出调研与分析报告。
2. 根据报告与研讨会表现为每位学生评估打分。

第七章 产品价格与消费心理

学习目标

【知识目标】
1. 掌握心理定价、撇脂定价的概念
2. 了解消费者的产品价格心理功能
3. 了解消费者心理中产品价格的阈限

【能力目标】
学会运用产品定价的心理策略和产品调价的心理策略

案例导入

聪明的定价策略让小米更加卓越

多年前,中国的手机市场给消费者提供了一个毫无吸引力的选择:要么购买一部高质量的进口手机(例如 iPhone 或者三星 Galaxy 手机),要么就勉强接受一部价低质次的国产手机。

美国《大西洋》月刊曾发文称,在这样的背景下,小米出现了。这家建立仅数年的公司制造了时髦、诱人的智能手机,功能与 iPhone 类似,价格却比后者便宜。

文章称,小米能做到这个最简单的解释是聪明的定价策略:小米手机不贵,也不太便宜。这是一件好事。关注中国技术产业的博客作家查理·卡斯特说:"小米手机的价格恰到好处——它足够便宜,让目标受众的大部分人都能买得起,又足够贵,让人们知道它并非一文不值。"的确,在产品质量参差不齐的手机市场,小米手机因为质量上乘而广受好评。

文章称，野心勃勃的雷军也许无法在国际上获得像乔布斯、贝索斯或比尔·盖茨那样的地位，但他很可能实现了更重要的东西。在过去几十年里，外国观察人士一直嘲笑说，尽管中国能够高效地大规模制造廉价商品，但它缺少创新能力，小米似乎注定要证明他们的错误。

在影响消费者购买行为的商品因素中，价格和质量当首推前列。价格是所谓"性价比"的分母，是消费者购买商品支付的主要成本。商品价格直接关系着消费者的切身利益，是市场交易中消费者十分敏感的因素。不同的价格或价格变化会引起消费者不同的价格心理与行为反应，从而起到刺激或抑制消费者购买动机和购买行为的作用。

第一节 产品价格的心理功能

价格是产品价值的货币表现形式。产品价格的高低直接关系着买卖双方的切身利益，也直接影响着消费者对某些产品的购买欲望，以及购买的数量。产品价格心理是产品价格这一经济现象在消费者头脑中的一种意识反应。研究价格心理，主要是研究消费者在价格问题上的心理现象，其目的是在制定各种产品价格时，懂得如何才能符合消费者的心理要求并为消费者所接受，以便成功地达成交易。

线上导读：
薄老板利不薄

所谓价格的心理功能，是指在社会生活和个性心理特征的影响下，在价格一般功能的基础上形成的，并对消费者的购买行为起着引导作用的一种价格心理现象。营销人员在研究价格心理，研究制定合理适当的产品价格时，首先要了解和熟悉价格的心理功能。价格心理功能主要表现在以下几个方面：

一、产品价值认识功能

产品价格在一定程度上体现了产品价值的大小和质量的高低，是产品效用程度的一个客观尺度，具有衡量产品价值的功能。在现实生活中，人们用价格作为尺度和工具认识产品，通常情况下，产品价格高，其价值就大，质量就好，适用性就强。价格这种衡量尺度的心理功能,在现实生活中经常表现为消费者普遍具有"一分价钱一分货""便宜没好货,好货不便宜"的心理。例如,同样两件精美的首饰,其中一件没有漂亮的包装,价格低廉。而另一件找专业的设计公司用心包装,采用高价策略。那么顾客的第一反应就认为价格昂贵的首饰品质好、价值高,另外一件相对品质差、价值低。

在科学技术日益发达的今天,市场上的产品种类齐全、款式多样、琳琅满目,令人目不暇接。面对如此繁多的产品,一般顾客因产品专业知识不足,鉴别能力不强,难以准确分辨新产品质量的优劣和实际价值的高低,这时价格就成为他们衡量产品质地好坏与价值高低的尺度。例如,对汽车价格和质量关系的一项研究发现,消费者认为较高价格的汽车有较高的质量。只有当消费者能够通过检查产品或是根据过去的经验对产品的质量进行判断时,他们才会较少依赖价格作为衡量质量的尺度。而当消费者由于缺乏信息或技术而无法判断质量时,价格就成为一种很重要的质量信号。

 产品价格的自我意识比拟功能

自我意识是一个人对自己的认识和评价,包括对自己心理倾向、个性心理特征和心理过程的认识与评价。正是由于人具有自我意识,才能使人对自己的思想和行为进行自我控制和调节,使自己形成完整的个性。产品价格的自我意识比拟功能,是产品价格人格化的心理意识,即借助于产品价格来反映消费者自我的一种心态。

价格不仅体现产品的价值,还象征着消费者的社会经济地位。消费者在购买产品时,往往还通过想象和联想,把产品价格与情趣爱好、生活品质、价值观、文化品位等个性化特征联系起来,以满足自身的社会心理需求。这就是产品价格的自我意识比拟功能。产品价格的自我意识比拟功能有着多方面的内容。

(一)社会地位比拟

有些人在社会上具有一定的地位,服装、鞋帽、箱包、手表,甚至领带、皮带等服饰用品都追求高档、名牌,认为穿着一般服饰会有失身份。即使经济收入有限,宁可在其他方面节俭一些,也要保持自己良好的社会形象,并以此为心理满足。

(二)经济地位比拟

有些人收入颇丰,追求时尚欲望强烈,是社会消费新潮的倡导者。例如,许多白领、高收入阶层往往是高档名牌服装的忠实购买者,经常出入于高档酒店、咖啡馆、茶馆,热衷于国外旅行,他们往往以率先拥有高价的私人轿车、高档的产品住房等为消费追求的目标,对低价产品不屑一顾,把产品价格与自身的经济地位联系在一起。也有一些消费者在购买活动中总是喜欢选购廉价产品或是削价产品,认为价格昂贵的产品只有那些有钱人才能买得起,这也是消费者将自己的经济地位与产品价格联系起来的具体表现。

(三)生活情操比拟

有些消费者以具有高雅的生活情趣为荣,即使不会弹钢琴,也要在起居室里摆放一架

钢琴;即使不会欣赏,也会经常听音乐会、歌剧等,以获得心理上的满足。也有些消费者对古典文物知识并不通晓,却心甘情愿地付出巨资去收藏一些古董作为家中摆设,以拥有这些稀奇的古物为巨大的心理满足,希望通过昂贵的古董来显示自己崇尚古人的风雅,这也是一种生活情操的比拟。

(四)文化修养比拟

有些消费者尽管对书法和字画没有什么研究,但仍愿意花一大笔钱去购买一些名人字画挂在家中,以拥有这些名人字画为自豪和满足,并希望通过拥有这些字画来显示自己对文化的重视。也有些消费者虽然并不经常阅读,但是却喜欢大量购买图书,摆放在家中,这些都是一种文化修养上的比拟。

商品价格的需求调节功能

产品价格对消费需求量的影响甚大,价格的高低对需求有调节作用。一般来说,在其他条件既定的情况下,消费需求量的变化与价格的变动呈相反的趋势。即价格上涨时,消费需求量减少;价格下降时,消费需求量增加。所以,价格和需求相互影响、相互制约。价格调节需求的功能要受到产品需求价格弹性的制约。需求价格弹性是指因价格变动而引起的需求量的相应变动率,它反映了需求变动对价格变动的敏感程度。需求价格弹性的大小,会因为产品种类的不同和消费需求程度的不同而有所差别。有些产品价格稍有变动,其需求量就发生大幅度变化,即需求价格富有弹性,如金银首饰等,即属于这一类;有些产品价格变动很大,而需求量变化很小,即需求价格缺乏弹性,食品、日用品等生活必需品就属于这一类。

第二节 消费者的价格心理

消费者价格心理特征

消费者的价格心理是消费者在购买活动中对产品价格认知的各种心理反应和表现。它是由消费者的个性心理及其对价格的知觉判断共同构成的。此外,价格心理还会受到社会、生活各方面因素的影响。消费者的价格心理主要表现在以下几个方面。

(一)习惯性心理

习惯性心理是指消费者根据以往的购买经验和对某些产品价格的反复感知,来决定是否购买的一种心理定式。特别是一些需要经常购买的生活消费品,在顾客头脑中留下了深刻的印象,更容易形成习惯性价格心理。

消费者对价格的习惯性心理影响着购买行为。这是因为消费者往往从习惯价格中去联想和对比价格的高低涨落,以及产品质量的优劣差异。消费者在已经形成的习惯价格的基础上,一般情况下对产品的价格都会有一个上限和下限的概念。一旦某种产品价格超过了消费者心目中的价格上限,则会认为其太贵;如果价格低于消费者心目中的下限,则会对产品的质量产生怀疑。也就是说,某种产品的价格如果违背了习惯价格,消费者就会产生舍不得买或是拒绝购买的心理。但是,如果产品价格恰好在购买者的习惯价格水平上,就一定会博得他们的信赖和认同。

产品的习惯性价格一旦形成,就被消费者认可且不容易改变。一旦变动,对消费者的价格心理影响很大,对企业甚至对于整个社会经济生活都会造成一定的影响,因此,若要进行调整则必须十分谨慎。

(二)感受性心理

感受性心理是指消费者对产品价格及其变动的感知强弱程度。它表现为消费者对于通过某种形式的比较所出现的差距,对其形成的刺激的一种感知。

产品价格的高与低是相对的,消费者对产品价格高低的判断,总是在同类产品中进行比较,或是在同一售货现场中对不同种类产品进行比较而获得的。但是消费者的价格判断常常会出现错觉。如在东京乘地铁约合人民币 15 至 40 元,而在南京乘地铁只需要 2 至 4 元,从东京回到南京坐地铁的人自然会感觉非常便宜。再如,同一价格的同种产品放在价格都比它高的系列产品中,其价格就显得较低;而将其放在价格都比它低的系列产品中,其价格就显得较高。

一般来说,消费者对价格高低的认识不完全基于某种产品价格是否超出或低于他们心目中的价格尺度,还基于与同类产品的价格比较,以及通过购物现场不同种类产品的价格比较。比较结果的差异大小形成了消费者对价格高低的不同感受。这种感受会直接影响消费者的价格判断。

(三)敏感性心理

敏感性心理是指消费者对产品价格变动做出反应的灵敏和迅速程度。消费者对产品价格的敏感性心理是相对于产品价格稳定的习惯心理而言的。因为产品价格的变动直接影响消费者自身的利益,影响消费者需求的满足程度,所以,消费者对价格的变动一般都比较敏感。但是,消费者对价格变动的敏感心理是因人而异、因产品而异的。一般来说,食品、蔬菜、肉类等生活必需品需要程度高,购买频繁,敏感度就强;家用电器、名烟、名酒、化妆品等奢侈品,购买频率低,敏感度相对较弱。学校师生每天在餐厅就餐,即便饭菜价格只变动了 0.5 元,他们也会议论纷纷;而市场上空调价格上涨了 500 元,他们也不会注意。

(四)倾向性心理

倾向性心理是指消费者在购买过程中对产品价格选择所呈现出来的趋势和意向。产品一般都有高、中、低档之分,不同价格分别标志产品的不同档次与质量。不同类型的消费者,出自不同的价格心理,对产品的档次、质量和商标等都会产生不同的倾向性。

消费者对产品的价格倾向性大致可以分为两大类:一是不同消费者对同一类产品价格的选择具有不同的倾向性。如果消费者对不同价格的同类产品的性能、质量、外观造型及所用材料等方面没有发现明显的差异,那些求廉务实的消费者往往倾向于选择价格较低的产品。如超市中牛奶类制品品牌较多,大多数消费者往往选择价格低的那种品牌购买。但是,那些慕名求新的消费者就会倾向于购买价格较高的品牌。二是同一消费者对不同种类的产品的价格选择也具有倾向性。一般来说,对于那些耐用品、礼品或高档产品、时令产品,消费者会倾向于选择价格较高的购买。而对于那些日用品,选择倾向一般是低价。

由于消费者在经济收入、文化水平、价值取向以及性格等方面的差异,使得他们在购买中表现出来的价格倾向不尽相同。消费者会根据自己对产品价格的认知程度来做出判断。

(五)逆反心理

正常情况下,消费者总是希望买到物美价廉的产品,对于相同价值的产品总是希望其价格越低越好,但是在某些特定的情况下,产品的畅销性与其价格会呈反向表现,即并非价格越低越畅销。出现"买涨不买跌"的情况,这就是由于消费者对价格的逆反心理所致。

二 价格变动对消费者心理和行为的影响

当企业进行价格变动的时候,首先考虑的是价格调整后消费者能否接受,对消费者的行为会产生什么影响,消费者将如何理解产品价格调整的行为。企业调低产品价格,向消费者让利的行为可能会被理解为产品销售不畅,或企业面临经济困难,有时,企业以一个良好的动机变动价格却会产生对自己不利的结果。因此,企业变动价格时必须关注消费者对价格调整的反应。

(一)消费者对价格变动的直观反应

1.消费者对原产品降价调整的反应

消费者对原产品降价调整的心理反应,一般有以下几种:企业薄利多销;该产品低价销售是企业竞争的结果,企业打价格战,消费者可以低价购买高品质的产品;厂家、商家减少库存积压;该产品质量下降或出现质量问题;该产品市场销售不畅;该产品将被新产品替代;该产品货号不全;该产品式样过时;该产品为季节性较强的产品;企业财务困难,不能继续生产经营等。

2.消费者对原产品提价调整的反应

消费者对原产品提价调整的心理反应,一般有以下几种:该产品数量有限,或供不应求,或产品稀少;提价说明该产品畅销,质量已经得到消费者的认可;该产品有特殊的用途,或产品能增值,或产品有收藏价值;该产品生产成本上升;该产品广告宣传费用较高;

卖方以为购买者的急需程度高、经济承受能力强而漫天要价;受到通货膨胀的影响。

(二)消费者对价格变动的理性反应

消费者随着消费经验的不断积累,有关产品的专业知识及对产品的一般常识也在不断增长,消费日趋理性化。由于消费者的需求既存在同质性又存在异质性,所以,对购买的总支出与对产品成本的关系有着不同的理解,这就造成了购买者对价格调整的变动反应也存在着差异。一般情况下,消费者对于那些价值较高、经常购买的生活必需品的产品价格调整比较敏感,而对于那些价值较低、不经常购买的小产品,即使单位价格调整幅度再大,消费者也不会太在意。成熟理智的消费者在关注产品价格调整变动的同时,更注重产品的核心价值、形式价值和附加价值。消费者不仅仅是为产品的价格而去购买产品,而是在购买产品的使用价值、服务价值以及企业的保证和承诺。

第三节 消费者心中的价格阈限

一、绝对价格阈限

消费者的感觉存在阈限,产品价格也有阈限,但其含义不同。价格阈限是指消费者心理上所能接受的价格界限,即所谓的绝对价格阈限。绝对价格阈限可分为上绝对阈限和下绝对阈限两种。绝对价格阈限的上限是指可被消费者接受的产品的最高价格;绝对价格阈限的下限是指可被消费者接受的产品的最低价格。在日常生活中,消费者根据自身感受的传统价格印象、自身的价格评价标准,加之消费者之间的相互影响,对每种产品都有一个心目中的价格范围。产品价格若超过上限,就会抑制购买,使消费者感到销售者在漫天要价而却步;价格若低于下限,则会引起消费者的负反应,导致对该产品的种种疑虑心理。例如,如果有人愿意以10元钱的价格卖给你一颗钻石,你肯定会认为这是赝品或是来路不明的产品。

绝对价格阈限的上限或下限会因不同的因素作用而不同,也可能因为消费者的不同而不同。这两种阈限虽然在一定条件下处于相对稳定,但又都可以通过市场力量加以改变。例如,大量的广告宣传可以使消费者觉得某种品牌的产品更值钱,于是价格的上绝对阈限便会因此而提高;假如消费者遇到一种低于下限的不平常的价格,常常需要经过紧张的思考,加以分析判断。如果此时消费者把产品价格的降低原因归为销售情况而不是质量问题,即认为是市场需求所造成的,则可能会降低下限,接受这一价格,于是价格的下限就会因此降低。

在现实生活中,价格阈限是一个随着时间变化而变化的动态心理因素。因为随着经济的发展，产品中技术成本含量在增大，资源减少造成供求紧张，因而价格上升；由于工资提高造成的成本费用增加，价格刚性及生活水平的提高等，都会促使产品价格呈稳步上升的趋势。特别是在通货膨胀时，价格上限会全部向上移动。20世纪50年代，街头小贩沿街叫卖的"5分钱一只"的茶叶蛋，在今天消费者心中早已成了遥远的"神话"。随着价格的不断上涨，消费者在价格再次上涨前会产生一种抢购的"通货膨胀心理"。从价格意识上看，通货膨胀会增加消费者的价格意识，但会降低价格敏感性及其对高价的抵抗力。产品价格的轮番上涨最初会遭到消费者的强烈反应，但久而久之，则可能使部分消费者变得麻木起来。这可能是由于消费者适应了价格上涨的缘故。此时，消费者反而会对价格下降表现出高度的敏感性，由此可见，价格绝对阈限的概念实际上只有相对的意义，因为在市场条件下，这种"绝对价格阈限的界限"是可以波动的。

二、差别价格阈限

即使产品的两种价格在客观上不一样，也不能假定消费者实际上知觉的价格也不同。有关研究表明，只有当价格差别达到一定水平时，消费者才能知觉到两种价格刺激之间的差别。刚刚能够引起消费者差别感觉的两种价格刺激之间的最小强度差称作差别价格阈限。在考虑价格变化时，人们很容易觉察到 0.5 元/500 克的青菜的价格变化为 1 元/500 克，但这种变化若是在一辆汽车的价格上发生，可能根本不会被注意。

研究表明，消费者对价格上涨要比下降更为敏感（这里不包括通货膨胀时期），并会因产品的不同而不同。而对于某些产品（如威信产品），则在涨落两方面的较大的价格变化可能都没有多少影响。价格的适应水平理论则认为，消费者价格知觉的基础是最后所付的实际价格，即可接受的价格或公平的价格。由此，学术界提出了价格适应水平理论，其中关于价格知觉的有关结论是：价格知觉与别的价格和使用价值有关；对于每一产品种类、每一可辨质量水平，都存在一个标准价格；标准价格是判断其他价格的基准；存在一个标准价格的中性区，在此区内价格变化不引起知觉变化；标准价格是一些相似产品的平均价格；购买者并非单一判断每一价格，而是把每一价格同标准价格或价格系列中的其他价格做比较进行判断的；标准价格无须同任一实际价格或者名牌产品的价格相符。

例如，一个人要吃一顿饭，就有公平价格的问题出现。假设一块牛排价格为 3.50 美元，可接受的范围是 2.50 美元到 4.50 美元；一杯咖啡价格为 0.20 美元，可接受的价格范围是 0.15 美元到 0.25 美元。实际价格如果落在这个范围内，消费者则会认为"公平"而不产生明显的负反应；假如超出这个范围，咖啡收费 0.30 美元（超过最大公平价格的 20%），则会引起"不公平感"，产生严重的负反应。由于消费者对许多产品往往不注意它们的精确价格，因而，在许多情况下，就会存在一个可接受的价格范围。如果产品价格落入这个范围，价格就有可能不被作为一个尺度。然而，若价格超出可接受范围的上限或下限，价格就变得很重要，同时，有问题的产品将被拒绝。

第四节　产品价格的心理策略

一、产品定价的心理策略

价格是企业竞争的主要手段之一,企业除了根据不同的定价目标选择不同的定价方法外,还要根据复杂的市场情况,采用灵活多变的方式确定产品的价格。产品定价的心理策略主要有以下几种类型:

(一)撇脂定价策略

线上导读:
定价九策

撇脂定价策略是指如同在鲜牛奶中撇取奶油,在新产品上市初期,价格定得很高,利用消费者"求新""猎奇"等心理,在短时间内获得最大利润。当最初的销量下降或者产品竞争者纷纷出现时,企业就会逐步降低价格,以便吸引对价格敏感的新顾客。撇脂定价法只在一定的条件下才具有合理性。其一,新产品有明显的、突出的优点,产品的质量和形象必须能够支持产品的高价,并且有足够的购买者。其二,企业在生产方面有专利技术,竞争者不能轻易进入该产品市场和压下高价。其三,宜采用这种策略的产品,一般都缺乏价格弹性,制定高价也不会减少需求,小批量生产的成本也不会提高很大。

这种策略的优点有:高价能获取高利润,可以尽快收回成本;新产品刚上市时,消费者缺乏对其理性的认识,较高的定价塑造了优质产品的形象;扩大了价格的调整余地,增强了价格的适应力,提高了企业的赢利能力。这种策略的缺点是:价格大大高于价值,不利于市场的开发与扩大。

就行业而言,那些竞争较弱的行业或者行业正处于启动期的时候,普遍使用撇脂定价法。彩电行业、PC 行业到 20 世纪 90 年代中期还是撇脂定价,汽车行业到现在还基本是撇脂定价,尤其是中高级汽车。在 2000 年以后,首先在低端市场,然后向高端市场延伸,撇脂定价法逐渐被打破,越来越少的企业和车型采取撇脂定价法。

(二)渗透定价策略

渗透定价策略与撇脂定价策略相反,是指在新产品投放市场时,价格定得较低,只求保本或微利,迎合消费者求廉、求实的消费心理,让消费者很容易接受,从而使产品在市场上迅速渗透,提高市场占有率,快速占领市场。较高的销售额能够降低成本,使企业能进一步减价。

> **小案例**
>
> 20世纪50年代初,美国市场上的手表是一种贵重的物品,价格自然不会便宜,也不能人人都戴。根据当时市场价格和消费水平,太麦克斯公司确立"薄利低价"的手表营销策略。把手表目标成本和售价确定在10美元左右,以薄利多销争取顾客,占领市场。太麦克斯手表以低价上市,立即受到消费者的欢迎。到20世纪50年代末,在美国手表市场上50美元以下的手表中,太麦克斯公司的产品已占了三分之一。

适合采用这种低价策略的情况有:市场必须对价格高度敏感,才能使低价促进市场的增长;生产和销售成本必须随着销量的增加而减少;低价能帮助企业排除竞争对手,否则价格优势只能是暂时的。

这种定价策略的优点有:低价能迅速打开市场,提高市场占有率,扩大销量,从多销中增加利润;低价薄利,可以阻止竞争对手的加入,有利于控制市场。这种定价策略的缺点是:投资的回收期限较长。因此,生产能力较小的企业不宜采用。

(三)声望定价策略

声望定价策略是根据消费者对某些产品的信任心理或"求名"心理,制定的高价策略。多数消费者购买产品时不仅看重质量,更看重品牌所蕴含的象征意义,如身份、地位、名望等。该策略适用于知名度较高、广告影响力大的名牌或高级消费品。消费高价产品是现代人身份地位的象征,如戴劳力士手表、使用LV的包等,被认为是有地位的成功人士。用于正式场合的西装、礼服、领带等产品,且服务对象为企业总裁、知名律师、外交官等职业的消费者,则都应该采用声望定价策略,否则,这些消费者就不会去购买。微软公司的Windows 98(中文版)进入中国市场时,一开始就定价1 998元人民币,便是一种典型的声望定价。因此,企业可利用名牌、极品的声望,制定出能使消费者在精神上得到高度满足的价格。另外,声望定价策略还被广泛运用在零售、餐饮、娱乐、维修服务等行业。

当然,声望定价和其他定价方法一样,也有其适用范围和界限。正确使用必须明确其适用条件,而不能照抄照搬。在使用声望定价策略时应注意以下两点:首先,必须是具有较高声望的企业或产品才能适用声望定价策略;其次,声望定价策略的价格水平不宜过高,要考虑消费者的承受能力,否则,顾客只好"望名兴叹",转而购买替代品了。

> **小案例**
>
> 宝马7系列在高价之下仍能热销,对宝马而言,其实绝非偶然现象。在中国,高价非但没有为宝马热销制造阻力,反而成为其在国内市场开疆辟土的绝妙招数。浙江大学某教授分析,宝马在国内的高位定价是一种战略性的安排,是基于对中国市场的透彻了解和调查之后,制定的非常周密的营销策略。这是一种有意识地给产品定高价以提高产品地位的定价方法。这位教授认为,不少高级名牌产品和稀缺产品,其

实都采取了这样一种定价策略,比如宝马在国内的售价是国外的三倍,就是利用了国内消费者崇尚名牌产品的心理。通过高价提升了产品形象,某些名牌产品还会在供给量上有所控制,让市场处于一定的饥饿状态,产生的利润也会比较高。

至于国内外售价的巨大差异,该教授认为,也许会在国内消费者的心理上掀起一定的波澜,但投射到实质的消费行为上,影响不会太明显。因为两个市场是分割的,国内拿不到像国外这样便宜的价格。消费者在买车的时候,只会对同一市场下同类车型的价格进行对比,如果宝马7系列在国内同类车中的性价比还过得去,喜欢开宝马的人一般就不会太在意国内外这两个不同市场的价格差距。宝马正是吃透了中国消费者的这种购车心理,才敢以高价策略驾驭其在国内市场的营销,并且一路顺风顺水。就像这位教授说的,中国的消费者,当他们掌握财富到了一定的程度,对用于个人消费的钱其实是无所谓的,对车子的价格高低,就算是相差了几十万、上百万,他们的敏感度也比较低。相反,越贵的东西,越能让消费者的荣耀感与满足感有一种有形的依托。

(四)零头定价策略

零头定价策略又称非整数定价策略或尾数定价策略。这种定价策略是指企业针对消费者的求廉心理为产品制定一个带有零头的非整数价格。这是一种具有强烈刺激作用的心理定价策略。看看国外商店的产品定价标签,很多都是××.99的形式,例如,17.99。根据心理学的原理,人们会认为17.99的标价仍然属于17的范畴,标成18.00尽管只多了1分钱,但感觉贵了很多。另外,尾数定价还会给人们一种定价精确的感觉,从而使消费者产生信赖感,激起购买欲望。

心理学家的研究表明,价格尾数的微小差别,能够明显影响消费者的购买行为。一般认为,5元以下的产品,末位数为9最受欢迎;5元以上的产品,末位数为95效果最佳;百元以上的产品,末位数为98、99最为畅销。

由于受到民族习惯、社会风俗、文化传统差异的影响,各个国家或地区在实际使用此法时有所不同,某些数字还会被赋予一些独特的含义。如美国市场上零售价为49美分的产品,其市场占有率比50美分和48美分的商品要多。在我国,尾数为8的价格较为多见,"8"与"发"谐音,人们往往乐于接受这个有吉祥意义的数字。采用零头定价策略时,可有意识地选择消费者偏爱的数字,则其产品因而也得到消费者的喜爱。

(五)整数定价策略

整数定价策略是把产品的价格定成整数,不带零头。整数定价策略又称方便价格策略,是指企业有意识地将产品价格的尾数去掉,适用于某些价格特别高或特别低的产品。如一台计算机的价格定为5 000元,而不是4 999.9元。高档服装将价格定为300元,而不是298元,尽管只相差2元,但是心理差异却是相当大的。298元看起来更像是一个较便宜的价格，而 300 元则可以给产品赋予高档、优质的形象，意味着更高的价值。而对于某些价值低的日用品，如采用 1 元、2 元定价，较之 0.99 元、1.98 元，更方便消费者付款。

（六）习惯定价策略

习惯定价策略是按照消费者的习惯心理来制定价格。对于某些已经进入市场成熟期的产品，由于长期以来市场上这些产品的价格一直维持在某个水平上，消费者心目中已经形成了一个习惯性的价格标准。这些产品价格稍有变动，就会引起消费者的不满，如降价易引起消费者对品质的怀疑，涨价则可能受到消费者的抵制。因此，对这类产品企业可采用消费者习惯的价格定价。日常生活中的饮料、食品一般都适用这种定价策略。

（七）招徕定价策略

招徕定价策略是指多品种经营的企业将一种或几种产品的价格定得特别低或特别高，以招徕消费者。如超市出售 1 元一只的烧鸡，或是卖出天价月饼、极品茶叶等。这种策略的目的是吸引消费者在来购买这种产品时，也购买其他产品，从而带动其他产品的销售。这一定价策略常为综合性百货商店、超级市场甚至于高档专卖店所采用。一些超市和百货商店将某几种产品的价格定得特别低，以招徕顾客前来购买正常价格的产品。采取招徕定价方式时，要注意两个方面：

（1）特廉价格产品的确定，这种产品既要对顾客有一定的吸引力，又不能价值过高以致大量低价格销售会给企业造成较大的损失。

（2）数量要充足，保证供应，否则没购买到特价产品的顾客会有一种被愚弄的感觉，会严重损害企业形象。

（八）折价定价策略

折价定价策略是指利用货币错觉的增值效应，在制定产品的折价价格时，采取"花低价格买高价的产品"的宣传手段，而不是"高价产品卖低价"的宣传手段。这种定价方法针对的是消费者"降价没好货"的购买心理。例如，日本三越百货公司就利用了"货币错觉"，实行"100 元买 110 元产品"的推销策略，第一个月就增销 2 亿日元，这是一种高超的折价定价策略。

（九）折让定价策略

折让定价策略是指在特定条件下，为了鼓励消费者及早付清货款，大量购买或淡季购买，企业酌情调整产品的基本价格，以低于原定价格的优惠价格销给消费者。这一定价策略的理论基础是利用消费者求廉、求实、求新的心理。

（十）分级定价策略

分级定价策略是指把不同品牌、规格及型号的同一类产品划为若干个等级，对每个等级的产品制定一种价格。这种定价策略的优点在于不同等级产品的价格有所不同，能使消费者产生货真价实、按质论价的感觉，能满足不同消费者的消费习惯和消费水平，既便于消费者挑选，也使交易手续得到简化。在实际运用中，要注意避免各个等级的产品标价过于接近，以防止消费者对分级产生疑问而影响购买。

二、价格调整的心理策略

根据消费者对产品降价和提价的心理反应,企业可以采用相应的降价和提价策略。

  福州市场上瓶装饮料掀起降价促销潮,其中不少家庭组合装饮料大降价,有的售价比矿泉水还便宜。在永辉、家乐福等超市发现,随着夏季即将到来,饮料市场明显升温,百事可乐、可口可乐、雪碧、芬达、统一绿茶、营养快线等众多品牌饮料都推出大力度的促销活动。其中,碳酸饮料、果汁饮料和茶类饮料的优惠力度较大。如2.5升装的百事可乐、七喜等,由7元降至5元,这么算下来,每500毫升的可乐才卖1元钱,而一些同样容量的矿泉水售价却达到1.8元。据介绍,由于白糖等原材料价格上涨,不少饮料厂家还提高了出厂价,涨幅在5%至10%不等,同时运输成本也在增加,为何市场上饮料促销依然如此激烈呢?对此,业内人士指出,现在的饮料行业竞争非常激烈,饮料厂家纷纷压低大瓶装、家庭组合装的售价,既能吸引消费者又能扩大销量,推广大瓶装也能降低包装成本。此外,有的饮料企业一边涨价,一边促销,也想给消费者"占便宜"的错觉,从而提高销量。

(一)降价的心理策略

  企业要达到预期的降价目的,就应当注意了解消费者的心理,准确把握降价调整的时机和方式。

1.企业降价的条件

  企业降价的条件大致有以下几种:生产成本下降后,为了扩大产品市场占有率,企业可以采取降价策略;市场上同类产品供过于求,经过努力仍然滞销时,企业可以参考降价销售;当竞争激烈时,如果竞争对手采取降价措施,企业也应进行相应的调整,以保持较高的竞争能力,产品市场占有率出现下降趋势后,降价竞销是企业对抗竞争的一个有效办法;需求弹性较大的产品,提价后会失去大量顾客,总利润也将大幅度减少,相反,降价则会吸引大批顾客,实现规模生产和销售;产品陈旧落后时,企业应该降价销售,以收回占用资金;残损产品更需要采取降价措施,实现其利用价值,最大限度地减少现有损失。

2.降价调整的时机

  确定何时降价是调价策略的一个难点,通常要综合考虑企业的实力、产品在市场生命周期所处的阶段、销售季节、消费者对产品的态度等因素。例如,进入衰退期的产品,由于消费者失去了消费兴趣,需求弹性变大、产品逐渐被市场淘汰,为了吸引对价格比较敏感的购买者和低收入需求者,能维持一定的销量,降价可能是唯一的选择。由于影响降价的因素较多,企业决策者必须审慎地分析和判断,并根据降价的原因选择适当的时机,制定最优的降价策略。

一般认为,日用消耗品可不定期地进行低价调整,如洗化产品、食品等;季节性较强的产品可选择节令相交之时进行低价调整;弹性较小的产品可不定期地进行低价调整,如超市的时令新鲜果品蔬菜,经常从高价到低价进行一次调整,防止因新鲜果蔬产品品质下降而造成经济损失;与节日相吻合的产品可选择节日的前后进行低价调整;时尚和新潮的产品,进入模仿阶段后期就应降价;接近过期的产品、滞销品,要在最短的时间内进行低价销售。

3.降价调整的方式

降价最直截了当的方式是将企业产品的目录价格或标价进行降价调整,即产品价格明降;但企业更多的是采用各种折扣形式来降低价格,即产品价格暗降。如采用数量折扣、现金折扣、回扣和津贴等形式。此外,变相的降价形式还有:赠送样品和优惠券;实行有奖销售;给中间商提取推销奖金;允许顾客分期付款、赊销、免费或优惠送货上门;技术培训、维修咨询;提高产品质量,改进产品性能,增加产品用途。由于这些方式具有较强的灵活性,在市场环境变化的时候,即使取消也不会引起消费者太大的反感,同时又是一种促销策略,因此在现代经营活动中运用得越来越广泛。

应当注意的是,产品降价不能过于频繁,否则会造成消费者对降价的心理预期,或者对产品正常价格产生不信任感。降价幅度要适宜,应以吸引消费者购买为目的,幅度太小不能刺激消费者的购买欲望,幅度过大则企业可能会亏本或者引起消费者对产品质量的怀疑。

(二)提价的心理策略

一般来说,提价确实能够提高企业的利润率,但却会引起竞争力下降。产品价格的提高会对消费者利益造成损失,引起消费者的不满。消费者对产品提价一般持观望、等待态度,在短期内不会实施购买行为。消费者的不满、经销商的抱怨、政府的干预和同行的指责,这些都会对企业产生不利影响。虽然如此,在实际中仍然存在着较多的提价现象。

1.企业提价的条件

企业提价的条件一般有以下几条:大多数企业因成本费用增加而产生提价意向时,企业可以适当提高产品价格;当市场上产品供不应求时,企业在不影响消费需求的前提下可以采取提价措施;需求弹性较小的产品,由于代用品较少,企业适当提价不但不会引起销售的剧烈变化,还可以促进产品利润的提高和总利润的扩大;当企业改进生产技术,增加产品功能,加强售后服务时,可以在广告宣传的辅助下,以与增加费用相适应的幅度提高产品价格;市场上品牌信誉卓著的产品,如果原定价格水平较低,可考虑适度提价。

2.提价调整的时机

应准确把握产品提价的时机,例如,产品进入成长期;季节性产品达到销售旺季;一般产品在销售淡季;产品在市场上处于优势地位;竞争对手提价等。

3.提价调整的方式

产品价格明涨,即直接把产品价格调高;产品价格暗涨,即在不改变原产品价格的基础上,减少附加产品、取消优惠条件,如减少部分产品的功能或产品服务,降低产品折扣、折让的幅度,减少部分产品的重复包装等。

那些因产品价值增加而造成的产品提价,企业要尽量降低提价幅度,同时要努力改善经营管理,减少费用开支,尽量让利于民。属于因产品短缺、供不应求而造成的产品提价,企业要在遵守国家政策的前提下,从维护消费者的利益出发,积极发掘产品货源,努力减轻消费者的负担,在充分考虑消费者心理承受能力的前提下,适当提高产品价格。切忌利用供求紧张的机会,大幅度提价,引起消费者的不满。属于国家政策需要而提高产品价格时,企业要多做宣传解释工作,尽快消除消费者的不满情绪,同时积极做好替代产品的经营,更好地满足消费者的需求。对于那些属于供货渠道、进货环节改变而造成的产品提价,企业要积极说明原因,并热情周到地做好对消费者的服务,以取得消费者的信任和谅解。属于企业为获利而提高销售价格,严格地说是应该禁止的。如果是征得了上级主管部门的同意,也必须搞好销售服务,努力改善售货环境,增加服务项目,要靠良好的商店声誉来适量提价,应使消费者切实感到在此商店买东西,虽然贵些,但心情舒畅,钱花得值。

应当注意的是,提价幅度不宜过大,速度不宜太快,否则会失去大批消费者。提价幅度要有统一的标准,一般视消费者对价格的心理承受能力而定。为使消费者接受上涨的价格,企业还应做好宣传解释工作,组织替代品的销售,提供热情周到的服务,尽量减少消费者的损失等,以求消费者的理解和支持。

总之,消费者对价格的心理反应是纷繁多样的,企业应针对不同产品、不同消费者群体的实际情况,在明确消费者心理变化的趋势下,采取切实可行的定价和调价策略,以保证企业营销活动的成功。

本章小结

本章重点讲了消费者的产品价格心理功能,消费者的价格心理表现,产品定价和产品调价的心理策略。主要内容有:产品价格的心理功能分为产品价值认识功能、自我意识比拟功能、需求调节功能。消费者价格心理分为习惯性心理、感受性心理、敏感性心理、倾向性心理特征、逆反心理。针对消费者的价格心理,产品定价的几种心理策略主要有撇脂定价策略、渗透定价策略、声望定价策略、零头定价策略、整数定价策略、习惯定价策略、招徕定价策略、折价定价策略、折让定价策略、分级定价策略。

课后练习

一、填空题

1. 消费者的价格心理是由消费者的(　　　)及其对价格的(　　　)判断共同构成的。
2. 商品定价的心理策略主要有(　　　)定价策略和(　　　)定价策略。

3.感受性心理是指消费者对(　　)及其变动的感知强弱程度。
4.(　　)心理是指消费者对商品价格变动做出反应的灵敏和迅速程度。
5.绝对价格阈限可分为(　　)和(　　)两种。
6.零头定价策略指企业为进入市场的产品制定一个带有零头数结尾的非整数价格,主要针对消费者的(　　)心理。
7.(　　)定价策略是指多品种经营的企业将一种或几种商品的价格定得特别低或特别高,以招徕消费者。

二、单项选择题

1.商品价格的心理功能,主要体现在三个方面,不包含下面的哪个选项(　　)。
　A.刺激消费功能　　　　　　　　B.自我意识比拟功能
　C.调剂需求功能　　　　　　　　D.比值比质功能
2.企业在新产品进入市场初期,利用消费者"求新""猎奇"的心理,将这类刚投入市场的新产品价格定得高一些,以便获取较高的利润,这种定价策略为(　　)。
　A.撇脂定价策略　　B.渗透定价策略　　C.满意定价策略　　D.声望定价策略
3.企业在采取商品提价措施时,运用合适的提价心理策略不包括(　　)。
　A.不改变销售价格,减少商品容量或数量
　B.要选择好提价商品的销售地点
　C.在价格变动的同时,努力搞好全方位的服务
　D.要努力改善经营管理,降低费用开支
4.利用消费者"价高必优质""一分钱一分货"的比价心理,对质量优异、性能优良、独具特色、品牌知名度高的商品制定较高的价格,这种定价策略为(　　)。
　A.满意定价策略　　　　　　　　B.撇脂定价策略
　C.声望定价策略　　　　　　　　D.分档定价策略

三、多项选择题

1.商品价格自我意识的比拟功能包括(　　)。
　A.社会经济地位的比拟　　　　　B.文化修养与生活情趣的比拟
　C.商品质量的比拟　　　　　　　D.商品价值的比拟
2.消费者价格心理特征包括(　　)。
　A.消费者对某些商品价格具有习惯性　B.消费者对商品价格变动具有敏感性
　C.消费者对商品价格变动具有感受性　D.消费者对某些商品价值具有倾向性
3.商品价格的心理功能主要包括(　　)。
　A.比值比质功能　　B.自我意识比拟功能　C.调节需求功能　D.抑制价格功能
4.消费心理在产品价格变动的反映的特征有(　　)。
　A.习惯性　　　　B.敏感性　　　　C.感受性　　　　D.冲动性
5.市场销售过程中的定价心理策略包括(　　)。
　A.非整数定价心理策略　　　　　B.习惯价格与方便价格心理策略
　C.折让价格心理策略　　　　　　D.分档定价心理策略

四、简答题

1. 价格的心理功能有哪些？
2. 简述消费者的价格心理特征。
3. 变动价格会影响消费者哪些心理反应，原因是什么？
4. 商品定价的心理策略有哪些？
5. 商品调价的心理策略有哪些？

五、案例分析

不一样的定价策略

日本东京银座美佳西服店为了销售商品采用了一种销售方法，颇获成功。具体方法是这样：先发一公告，介绍某商品品质性能等一般情况，再宣布打折的销售天数及具体日期，最后说明打折方法：第一天九折，第二天八折，第三天和第四天七折，第五天和第六天六折，以此类推，到第十五天和第十六天一折，这个销售方法的实践结果是，第一天和第二天顾客不多，来者多半是来探听虚实和看热闹的。第三天和第四天人渐渐多起来，第五天和第六天六折时，顾客洪水般地拥向柜台争购。以后连日爆满，没到一折售货日期，商品早已售完。这是一则成功的折扣定价策略，妙在准确地抓住顾客的购买心理，有效地运用折扣销售商品。人们当然希望买质量好又便宜的货，最好能买到二折、一折价格出售的货，但是有谁能保证到你想买时还有货呢？于是出现了头几天顾客犹豫，中间几天抢购，最后几天买不着者惋惜的情景。

问题：

日本东京银座美佳西服店采用了什么定价策略？满足了消费者什么样的心理需求？

实践与训练

实训项目一
产品价格对消费心理及行为的影响

[训练目标]

1. 掌握产品价格的消费心理功能。
2. 培养多因素影响下的结果分析理论。

[训练内容与要求]

1. 对一家超市某一类产品进行仔细的观察和分析，重点了解其功能与价格。
2. 分析时可采用产品学的相关理论和方法。
3. 重点研究品质相同、功能类似的相关性很大的产品价格不同的真正原因。
4. 可采用团队协作的方式进行。

［成果检测］
1.写出调研与分析报告。
2.在团队间开展交流,同学之间互提意见和建议。

实训项目二
产品定价的消费心理策略

［训练目标］
1.对目标顾客的消费心理进行全面分析,确定价格权重。
2.探讨针对不同类型的产品和不同定位的顾客采取的定价策略。

［训练内容与要求］
1.对一家企业进行顾客调查,深入了解影响他们购买决策的各种因素。
2.调查可采用问卷法或访谈法进行。
3.对调查结果进行分析,提出不同的定价策略。
4.尽量采用陌生人拜访法。

［成果检测］
1.写出调研与分析报告。
2.将调查结论与分析的结论,与企业决策者共同分享,请相关人士表达看法。

第八章 购物环境与消费心理

学习目标

【知识目标】

1. 掌握顾客对不同类型商场的需求心理
2. 掌握招牌与橱窗的设计心理，理解商场选址心理
3. 掌握购物场所的环境设计心理及产品陈列的心理要求

【能力目标】

1. 运用商场类型、商场选址与招牌设计心理方法的能力
2. 运用心理规律与方法进行产品陈列、购物场所设计

案例导入

万达广场选址的秘密之处

"万达广场之所以比较火，人气比较旺，很重要的是定位比较准确。我们的客户群主要位于15到35岁的年龄段，我们根据这个来考虑定位。"王健林很好地回答了外界所关注的"为何在每一个城市，万达广场总是最火的"这个问题。

其实，万达广场能火，它的选址功不可没。万达广场每到一个城市，对于选址十分讲究也十分科学。万达广场选址的时候，除规划条件、交通因素、市政条件之外，还会十分注意以下几点。可以说，万达广场选址的秘密，就在以下几点里了。

1. 项目初期，要和人防部门尽早沟通

对于其他类型建筑而言，人防因素只是会影响建造成本。但是高等级（五级及以上）人防和人员掩蔽、救护站等类型的人防在大型商业建筑中非

常难以实现,大空间地下室从技术角度难以满足高等级专业人防的疏散要求。另外,最新的法律条文规定:地下基础埋深超过3米的建筑,按照建筑覆盖面积100%设置人防。而之前多层建筑及高层裙房是按照覆盖面积的4%设置的。对于商业建筑而言,设置大型地下停车库及部分地下营业面积是必然的,地下埋深至少两层,所以人防面积大幅增加。商业建筑的地下室要满足营业、后勤、设备、停车的多功能需要以及人流、车流、货流等交通组织,人防的设置给设计实施带来很多困难。

所以,商业综合体建筑争取尽量好的人防设计条件是项目实施过程中非常重要的环节,对项目建设、建造成本、后期运营都有非常大的影响。人防上级主管单位在全国大部分城市仍然属于独立部门,不可能在拿地初期得到人防的规划设置意见,但是没有人防条件就不可能开始完成设计和开始项目建设。所以,在项目初期,要与人防主管部门尽早沟通,争取尽量简单和有利于商业地产开发的人防条件。

2. 避开高架路

高架路不仅影响商业开发项目的交通疏散,使商业的抵达性降低,还对商业项目有着视线遮挡的不利因素。

3. 远离沿主要道路的大型城市绿化带

在城市规划中,很多主要道路旁会规划城市绿化带,作为城市道路景观,也作为道路与建设用地之间的视线和噪声隔离措施。但是对于商业开发项目,购物中心与城市道路需要有很直接的联系。

根据商业地产的开发经验,商业建筑与道路红线之间的合理距离为15~25米,并在购物中心主要人流出入口设置大型广场满足人流集散的需要。

4. 要充分考虑航空限高

简单来讲航空限高就是"能够允许飞机飞行的最小高度",所以建筑不能超过此高度。航空限高对于综合体总图规划、空间形态、功能关系均有直接影响,在规划阶段要充分考虑。

5. 避开微波通道

微波一旦在高空遇到障碍物,就会发生折射、反射现象,从而不能沿直线传播。因此,为保证微波通信的正常运作,在城市规划时就需要给建筑物限高,高空空出来的那部分"净空区"就称为微波通道。

万达广场的选址不仅关注了规划条件、交通因素、市政条件,而且关注了那些被人忽视的小细节,如航空限高、微波通道等,充分考虑到可能影响选址的因素,因此做到了建设一个万达,火起来一个万达。

第一节 商店选址与消费心理

一、商店选址的基本原则

（一）方便顾客购物

线上导读:购物环境与消费心理

满足顾客需求是商店经营的宗旨,因此商店位置的确定,必须首先考虑方便顾客购物,为此商店选址要符合以下条件:

1.交通便利

车站附近,是过往乘客的集中地段,人群流动性强,流动量大。如果是几个车站交汇点,则该地段的商业价值更高。商店店址如选在这类地区就能给顾客提供便利购物的条件。

2.靠近人群聚集的场所

可方便顾客随机购物,如影剧院、商业街、公园名胜、娱乐、旅游地区等,这些地方可以使顾客享受到购物、休闲、娱乐、旅游等多种服务的便利,是商店开业的最佳地点选择。但此种地段属经商的黄金之地,寸土寸金,地价高、费用大,竞争性也强。因而虽然商业效益好,但并非适合所有商店经营,一般只适合大型综合商店或有鲜明个性的专业商店的发展。

3.人口居住稠密区或机关单位集中的地区

这类地段人口密度大,且距离较近,顾客购物省时省力比较方便。商店地址如选在这类地段,会对顾客有较大吸引力,很容易培养忠实消费者群。

4.符合客流规律和流向的人群集散地段

这类地段适应顾客的生活习惯,自然形成市场,所以能够进入商店购物的顾客人数多,客流量大。

（二）有利于商店开拓发展

商店选址的最终目的是要取得经营的成功,因此要着重从以下几个方面来考虑如何便利经营:

1.提高市场占有率和覆盖率,以利于商店的长期发展

商店选址时不仅要分析当前的市场形势,而且要从长远的角度去考虑是否有利于扩充规模,如有利于提高市场占有率和覆盖率,在不断增强自身实力的基础上开拓市场。

2.有利于形成综合服务功能,发挥特色

不同行业的商业网点设置,对地域的要求也有所不同。商店在选址时,必须综合考虑行业特点、消费心理及消费者行为等因素,谨慎地确定网点所在地点。尤其是大型百货类综合商店更应综合、全面地考虑该区域和各种商业服务的功能,创立本商店的特色和优势,树立一个良好的形象。

3.有利于合理组织产品运送

商店选址不仅要注意规模,而且要追求规模效益。发展现代商业,要求集中进货、集中供货、统一运送,这有利于降低采购成本和运输成本,合理规划运输路线。因此在商店位置的选择上应尽可能地靠近运输线,这样既能节约成本,又能及时组织货物的采购与供应,确保经营活动的正常进行。

二 商店选址的策略

商店选址思路应该根据市场营销规律,以满足顾客的心理需求和购物方便为原则,合理进行布局安排。

1.商店最好选在人群聚集的场所

如剧院、电影院、公园等娱乐场所附近,或者大工厂、机关附近,这样一方面可吸引出入行人,另一方面顾客也更容易记住该店铺的地点,并且来过的顾客向别人宣传介绍,会比较容易指引他人光顾。另外,商业区的发展、居民区的扩建和市政规划的建设,会给店铺带来更多的顾客,并使其在经营上更具发展潜力。

2.商店最好选在交通便利的区域

理想状态下的商铺或商业街市应具备接纳各种来客的交通设施,即商铺周边拥有轨道交通、公交车站点,还具有停车场。在主要车站的附近,或者在顾客步行不超过20分钟的路程内的街道设店。观察马路两边行人流量,选择行人较多的一边更有利于经营。

3.商店要选择较少横街或障碍物的一边

许多时候,虽然行人注意到商店,但由于需要穿越马路而放弃光顾;或者行人为了过马路,而集中精力去躲避车辆或其他来往行人,而忽略了一旁的商店。

4.商店应根据经营内容来选择地址

商店销售的产品种类不同,其对店址的要求也不同。有的商店要求开在人流量大的地方,比如服装店、小超市,但并不是所有的店铺都适合开在人山人海的地方,比如保健用品商店和老人服务中心,就适宜开在偏僻、安静一些的地方,近来颇受关注的社区商店较为适合开设这类店铺。

5.选取自发形成某类市场的地段

在长期的经营中,某街某市场会自发形成销售某类产品的"集中市场",事实证明,对

那些经营耐用品的店铺来说,若能集中在某一个地段或街区,则更能招徕顾客。因为人们一想到购买某产品就会自然而然地想起这个地方。

第二节 店面设计与消费心理

一 店面的设计

当今的顾客再也不满足于进商场仅仅是为了购物的单纯需求,他们开始对商场的购物环境提出更高的要求。诸如商场内部使用的照明、色彩应用、音响效果、气温状况、希望商场提供憩息之地、渴望商场增添文化氛围等,因此,商场的购物环境好坏对消费心理的影响作用很大。顾客逛商场,不仅仅要和营业员进行有声的直接交流,更重要的是在双方之间还要进行一种无声的间接交流。这就是通过美化商场,来向顾客进行心理服务,以满足顾客对商场多功能、全方位的要求。因此,无论大小商场,都可根据顾客这一心理变化,开展新的经营战略,讲究环境景观、商场设施和场内气氛等有形、无形的机能,从而为顾客提供高品位的心理服务。

1.商场内部的光照心理

售货现场是消费者活动的公共场所,保持售货现场内光线充足,为消费者创造一个舒适的购物环境,是很重要也很必要的。因此现代商场都非常重视合理运用照明设备、营造明快轻松的购物环境。商场售货现场的采光来源一般有自然采光和人工采光两种,可以相互结合利用。

(1)自然采光

自然采光能够使消费者准确地识别产品的色泽,方便消费者挑选产品。从而使消费者在心理上产生真切感与安全感,不至于因灯光的影响,使产品的色泽产生差异而购买到不如意的产品。因此,在采光方面,要尽可能地利用自然光源。

(2)人工采光

由于售货现场规模、建筑结构形式不同,自然采光所占比例不大,而随着照明技术的进步,人工采光设计在售货现场设计中的地位日益重要。先进的采光设计能够增加店容店貌的美观度,能够突出产品显示效果,从而吸引消费者参观选购,刺激消费者的购买欲望。因此,在研究售货现场的采光设计时,要以方便消费者选购、突显产品为主,灯具装置和灯光光源均要符合这一要求。可灵活采用不同的人工采光方式,如镶装暗射灯光,能使整个售货现场光线柔和;采用聚射灯光,可突出显示陈列的产品,从而使消费者在一个柔和、愉悦的氛围中挑选产品。

2. 商场内部的色彩心理

商场内部的色彩既能体现一种装饰的风格,又能引发人们的心理感受。因此,营业现场色彩设计的合理性关系到顾客在购物活动中的情绪调解。

不同的色彩及其色调组合会使人们产生不同的心理感受。

- 以红色为基调,会给人一种热烈、温暖的心理感受,使人产生一种强烈的心理刺激。红色一般用于传统节日、庆典布置,创造一种吉祥、欢乐的气氛。但是,如果红色过于突出,也会使人产生紧张的心理感受,一般避免大面积、单一采用。
- 以绿色为基调,会给人一种充满活力的感觉。绿色又被称为生命色,表现生机勃勃的大自然。在购物环境设计时,采用绿色,象征着树木、花草。
- 以黄色为基调,给人以柔和明快之感,使人充满希望。食品中很多是黄色的,如面包、糕点等,故黄色常作为食品销售部位的主色调。但是,如果黄色面积比例过大,会给人一种病态的食品变脏的心理感受,使用时应注意以明黄、浅黄为主,同时避免大面积、单一使用。
- 以紫色为基调,会给人以庄严、高贵、典雅的感觉,使人产生一种敬畏感。紫色调常用于销售高档、贵重的产品,如珠宝首饰、钟表玉器等场所。
- 黑色是一种消极性色彩,给人一种沉重、压抑的心理感受,一般在商场不单独使用,但与其他颜色适当搭配,也会产生一定的视觉冲击力。
- 蓝色会使人联想到辽阔的海洋、广阔的天空,给人一种深邃、开阔的心理感受,销售旅游产品时采用蓝色效果较好。

例如,一家商场在四季分别采用了不同的店面主色调。春天用绿色,代表了春天的气息;夏天用水蓝色,给顾客以清凉的感觉;秋天用金黄色,象征着丰收的喜悦;冬天用火红色,给顾客送上温暖的感受。这家商场的色彩运用是成功的,当然也就收到了很好的回报。

又如,过春节时,一家超市选用大红色作为主色调,传达喜气洋洋的感觉;然后在果菜区用绿色作为辅助色,给人以新鲜的感觉;在百货区用黄色,制造积极的氛围;在收银台用金色,象征着荣华富贵。

店面橱窗的布置

橱窗布置是将推介产品提供给顾客感觉的第一印象。一种优美的橱窗布置能使顾客感受到美的享受,还能起到具体产品购买的导向作用。

(一)橱窗布置的心理功能

1. 唤起注意

琳琅满目的产品使人眼花缭乱,不易集中注意力。橱窗既是装饰商场店面的重要手段,也是商场直接向顾客推介产品的不可或缺的广告宣传场所。新颖优美的橱窗布置容易吸引人们的视线。

2. 引起兴趣

商家在橱窗布置中使用实景、实物的方式,将产品形象而又生动地推介给顾客。让顾客通过视觉上的注意引发情绪上的兴趣。

3. 激发动机

橱窗展示可采用特殊的表现形式,全方位地将产品的形象、性能、功能加以渲染,随着顾客注意和兴趣的积累,购买使用的欲望逐渐强烈,购买动机随之产生。

(二)橱窗布置方式

1. 综合式橱窗布置

综合式橱窗布置是将许多不相关的产品综合陈列在一个橱窗内,以组成一个完整的橱窗广告。这种橱窗布置由于产品之间差异较大,设计时一定要谨慎,否则就给人一种"什锦粥"的感觉。其中又可以分为横向橱窗布置、纵向橱窗布置、单元橱窗布置。

2. 系统式橱窗布置

大中型店铺橱窗面积较大,可以按照产品的类别、性能、材料、用途等因素,分别组合陈列在一个橱窗内。

3. 专题式橱窗布置

专题式橱窗布置是以一个广告专题为中心,围绕某一个特定的事情,组织不同类型的产品进行陈列,向媒体大众传输一个诉求主题。专题式橱窗布置又可分为:节日陈列——以庆祝某一个节日为主题,组成节日橱窗专题;事件陈列——以社会上某项活动为主题,将关联产品组合起来;场景陈列——根据产品用途,把有关联性的多种产品在橱窗中设置成特定场景,以诱发顾客的购买行为。

4. 特定式橱窗布置

特定式橱窗布置指用不同的艺术形式和处理方法,在一个橱窗内集中介绍某一产品,例如,单一产品特定陈列和产品模型特定陈列等。

5. 季节性橱窗陈列

根据季节变化把应季产品集中进行陈列,如冬末春初的羊毛衫、风衣展示,春末夏初的夏装、凉鞋、草帽展示。这种手法满足了顾客应季购买的心理特点,便于扩大销售。但季节性陈列必须在季节到来之前一个月预先陈列出来,向顾客介绍,才能起到应季宣传的作用。

> **小案例**
>
> 一家购物中心的店面布局:地下二层是停车场,地下一层是一般超市,主要卖生鲜食品和日用品,地上一层经营化妆品和鞋类,二层卖女装,三层卖男装,四层卖体育用品和运动服饰,五层经营电器和床上用品,六层是餐厅,七层是游乐场。这就是一个集购物、休闲、娱乐、餐饮于一体的购物中心。

第三节　商店内部环境与消费心理

产品的陈列与展示是商店最基本的工作内容。一个好的产品陈列设计必然是来自实践经验并且有吸引人的创意,这并不容易做到。当然,产品的陈列与展示作为一项实用技术,自有一定的规律,也是有章可循的。

 影响消费者情绪的店内环境因素

(一)照明

照明可分为基本照明、特别照明和装饰照明三大类。基本照明以在天花板上配置荧光灯为主。照明光度的强弱,一般要视商店的经营范围和主要销售对象而定。如对呢绒服装、妇女用品之类需要细致挑选的产品,光度要大些;对日用杂货等一般不会太细致挑选的产品,光度可小些。营业厅最里面配置最大光度,营业厅前面和侧面光度次之,营业厅中部光度可稍小些。这样可增加商店空间的有效利用,使商店富有朝气,还可以使消费者的视线本能地转向明亮的里面,吸引他们从外到内把整间商店走遍,保持较大的选购兴趣。特别照明属商店的附加照明,一般视主营产品的特性而定。如珠宝玉器、金银首饰、美术工艺品、手表等贵重、精密产品,就需要特别照明。装饰照明也是附加照明,主要起到对商店的美化、产品的宣传、购买气氛的渲染等方面的作用。

(二)色彩

色彩光波的长短对人的视神经的刺激程度直接影响着消费者的心理活动,并由此引起情绪的变化。所以,在进行商店内部色彩调配时,应考虑以下因素:

1. 营业场所的空间状况

由于淡色具有扩展空间、深色具有压缩空间的感觉,所以可利用色彩调配,扬长避短,改变消费者的视觉感受。

2. 主营产品的色彩

装饰用色彩要有利于突出产品本身的色彩和形象,把产品衬托得更加美观、更具吸引力,以刺激购买。

3. 季节变化与地区气候

店内装饰的色彩调配要因季节和地区而异,利用色彩的特性,从心理上调节消费者由于气温与自然因素造成的不良情绪。如在严寒的季节里,要设法使消费者进店后有温暖

如春之感,从而产生积极的情绪,促进购买行动。

(三)气味

商店中的气味直接影响消费者的心理感受,清新芬芳的气味吸引消费者欣然前往;反之,则使人难以忍受,同时心理上引起反感,对其购买活动无疑是起消极作用的。好的气味还可显示商店的服务精神,在消费者的心目中树立良好的形象。

(四)音响

当商店的噪声超过一定的分贝数,会使人心情烦躁,注意力分散,引起消费者的反感,不愿留步,也使服务人员降低工作效率,影响服务质量。只有和谐的音调、柔和的音色和适中的音量才能令人感到舒适。适当播放一些轻松柔和、优美动听的音乐,可以创造良好的购物环境。

小链接

优衣库的电子音乐

好听的音乐足以决定消费者的步伐。当优衣库遇到电子音乐会是什么样子的效果呢?

作为日本最大的服装企业之一,优衣库在营销策略上可谓时装品牌的楷模。从视觉广告,到形象大片再到各式各样的线上活动,每一次都给大家带来耳目一新的感觉。优衣库在带给大家独特的视觉体验的同时,也看到了听觉体验方面的潜力,在店内音乐的选择上下足了功夫。优衣库相信,无论何时何地,一首好听的音乐一定会让人停留脚步。

随着签约设计师的年轻化、国际化,近年来优衣库的音乐从早年的J-pop逐渐偏向电子音乐,每首歌经过总部专人挑选并发放到各个门店。在你精心填充衣柜的同时,优衣库为你安排了一个个好听的"track list",使你在选购时始终保持愉悦的心情。

当优衣库遇到电子乐等于什么?对!就是等于你的购买欲!优衣库的配乐多为简单的节奏和旋律。这些辨识度极高的背景音乐在某种程度上营造出一种"紧迫感",容易使消费者产生快速购物的心理。

相信不少消费者是因为音乐而进入门店的,好听的音乐足以决定消费者的步伐。你是否也曾被优衣库店内的音乐吸引?优衣库的音乐是否左右着你的心情?不管怎样,相比一些绞尽脑汁推销自家产品的品牌而言,优衣库在保证产品质量的同时也满足着消费者的七窍感官,让消费者没有理由不在店内稍作停留。

(五)空气

保持空气清新宜人,温湿度适中,才能保证消费者产生舒适、愉快的心理感受。污浊的空气影响消费者和营业员的身心健康,无异于将消费者推出门外。

（六）店内设施

有条件的商店应在适当的地方设置顾客休息室、饮食服务部、购货咨询处、临时存物处等各种附设场所，这些也是提高商店声誉，满足消费者心理需要的好方法。

二、产品陈列原则

（1）分类明确。相同类别的产品陈列在一起，方便顾客的一次性购买。

（2）产品显而易见。不应有顾客看不清楚的商品或小产品被大产品挡住的情况。

（3）顾客伸手可取。不能将带有盖子的货箱陈列在货架上，还要考虑陈列的高度，以方便顾客的随手可取。

（4）货架要放满。货架上堆满产品，可以给顾客产品丰富的好印象，也可提高产品周转的物流效益。

（5）相关性产品陈列在一处。相关性产品陈列在一处，既能方便顾客购买，又能刺激顾客的购买欲望。要注意相关性产品应陈列在同一通道、同一方向、同一侧的不同货架上，而不应陈列在同一组双面货架的两侧。

（6）把互有影响的产品分开设置。例如，将异味产品、食品、需试音或试像的产品单独隔离成相对封闭的售货单元。

（7）将冲动型购买的产品摆放在明显部位以吸引顾客。

（8）将客流量大的产品部、组与客流量小的产品部、组相邻设置。

（9）按照顾客的流动规律设置货位。

（10）货位设置要考虑是否方便搬运卸货。

三、产品陈列技巧

1.层次清楚，高度适宜

（1）层次清楚

产品的陈列要有层次感，同类产品应尽可能地陈列在邻近的位置上，以减少顾客寻找的时间。

（2）高度适宜

产品陈列的高度要能使产品比较容易地进入人们的视线。经研究发现，普通人的展望高度范围为 1 米左右，因此，产品的陈列高度为 0.7 米~1.7 米比较适宜。

2.适应习惯,便于选购

(1)"日常生活必需"产品

"日常生活必需"产品使用频繁,顾客希望购买方便。因此,可将这类产品陈列在最明显、易于速购的地方,如商店的底层或过道和出入口。

(2)衣着出行用品

衣着出行用品如时装、皮鞋、提包、自行车等。顾客购买此类产品常对价格、款式、色彩、质量等进行综合性的考虑,才做出购买决定。因此,此类产品应陈列在商店内空间比较宽敞、光线比较充足的地方,便于顾客比较和思考,最后进行决策。

(3)家用贵重产品

家用贵重产品一般属于高档生活消费品,如家具、家电、珠宝首饰等产品,购买时会慎重考虑。因此,商场应选择店内比较深入、冷僻优雅的地方,设立专门区域,提供咨询服务,以满足顾客慎重决策、求信誉、求放心的购买心理需求。

3.清洁整齐,疏密有致

(1)经常保持产品整洁、新鲜。在陈列的过程中,除了要保持产品本身清洁外,还必须随时更换商店中的损坏品、瑕疵品和到期品。如有滞销品,应想办法处理,不能任其蒙尘,这将有损品牌形象。将产品的正面朝向顾客、排列整齐、避免缺货、随时保持货架干净,也是维持产品价值的基本方法。总之,要让产品以最好的面貌(整齐、清洁、新鲜)面对消费者。

(2)要根据货架的大小、深度条件来决定商品陈列。使商品陈列层次分明,穿插恰当,疏密相称,格调和谐的统一体。要多种角度陈列产品,防止杂乱无章或"大合唱"式的呆板陈列方式。对柜台、货架上的产品陈列,应根据规格存放,一般是小规模放上层,大规格放下层或同规格分类存放,以保持各种产品的整齐、美观。

小案例

香格里拉香氛

香格里拉这个名字源自英国作家詹姆斯·希尔顿1933年发表的传奇小说《消失的地平线》,它所寓意的恬静、祥和、殷勤的服务完美地诠释了闻名遐迩的香格里拉酒店集团的精髓。香格里拉酒店集团可以说是香味营销方面的典范,并形成了专属于其自身的"香格里拉香氛"品牌。这一香氛早在2001年就由香格里拉酒店集团推出,并开始在旗下酒店使用。

香格里拉香氛的灵感源于《消失的地平线》中所描绘的香格里拉,一个恬静宜人的世外桃源。它以香草、檀香和麝香为基调,而带有些许佛手柑、白茶和生姜味的别致香气,则是它与众不同的前调。

"香格里拉"作为香格里拉酒店集团中高端豪华酒店品牌,该品牌的定位旨在为繁忙的商旅人士营造出全球范围内的奢侈、温暖的家庭的味道。而神秘又不乏性感的"香格里拉香氛",恰恰能够起到安抚情绪和舒缓心情的功效。香格里拉酒店集团期望顾客在步入酒店的最初10分钟里,就能感受到香格里拉的温馨和舒适。为了实现这一目标,香格里拉也自然不会忽略掉嗅觉这一感官细节。事实证明,正如他们期待的那样,"香格里拉香氛"现在已经成为香格里拉的嗅觉符号。当顾客反复不断地将一种气味与一个品牌联系起来的时候,该品牌的形象也随之得到了强化。

本章小结

本章重点分析了不同类型商店对顾客需求心理的影响及商场内、外环境设计与消费心理的关系;分析了影响顾客现场消费心理的诸多因素。主要内容包括:商店的选址与消费心理;店面设计与消费心理;商店内部环境与消费心理,包括照明、色彩、气味、音响、空气等环境对消费者心理所起的作用等。

课后练习

一、填空题

1. 商场售货现场的采光来源包括(　　)、(　　)。
2. 店面橱窗布置的心理功能有(　　)、(　　)、(　　)。
3. 商店选址的基本原则包括(　　)、(　　)、(　　)。
4. (　　)是将推介产品提供给顾客感觉的第一印象。
5. 照明可分为(　　)、(　　)、(　　)三大类。

二、单项选择题

1. (　　)基调会给人一种热烈、温暖的心理感受,使人产生一种强烈的心理刺激。
   A. 红色　　　　B. 黄色　　　　C. 紫色　　　　D. 蓝色
2. (　　)不是影响消费者情绪的店内环境因素。
   A. 照明　　　　B. 色彩　　　　C. 环境　　　　D. 空气
3. 节目陈列、事件成列、场景陈列属于(　　)。
   A. 综合式橱窗布置　　　　　　B. 系统式橱窗布置
   C. 专题式橱窗布置　　　　　　D. 特定式橱窗布置
4. (　　)思路应该根据市场营销规律,以满足顾客的心理需求和购物方便为原则,合理进行布局安排。
   A. 橱窗设置　　B. 店面设计　　C. 商店选址　　D. 产品陈列

5.不属于照明的分类是(　　)。
   A.基本照明　　　　　　　　　B.特殊照明
   C.特别照明　　　　　　　　　D.装饰照明

三、多项选择题

1.商场内部的色彩基调包括(　　)。
   A.红色　　　B.绿色　　　C.黄色　　　D.紫色
2.影响消费者情绪的店内环境因素有(　　)。
   A.天气　　　B.照明　　　C.卫生　　　D.气味
3.橱窗布置的方式有(　　)。
   A.综合式　　　B.系统式　　　C.专题式　　　D.特定式
4.产品的陈列技巧有(　　)。
   A.层次清楚,高度适宜　　　　B.适应习惯,便于选购
   C.清洁整齐,疏密有致　　　　D.方便快捷,利于调整
5.不属于商场售货现场的采光来源的是(　　)。
   A.自然采光　　　B.机器采光　　　C.混合采光　　　D.天窗采光

四、简答题

1.商店选址的策略有哪些?
2.商店环境对消费心理有哪些影响?
3.产品陈列有哪些基本原则和技巧?
4.橱窗设计的心理功能表现有哪些?

五、案例分析

百货变身购物中心:和平大悦城

还是那个繁华的南京路CBD商圈、人头攒动的滨江道,不同的是,这里诞生了一座崭新耀眼的大悦城。在传统商业下滑的形势下,交出了一份商业地产"逆袭"成绩单。

2016年12月24日,大悦城地产在天津打造的第二座大悦城购物中心——和平大悦城,正式开门迎客,成为全国首例由传统百货成功蜕变为新型商业综合体的华丽典范。

一、"玩"出味,需求引领下的业态新探索

中粮集团副总裁、大悦城地产董事长兼总经理周政向记者袒露了这次全面"改造"的思路:"原来坐落于津汇广场的津乐汇地理位置很好,运营多年依然属于传统百货的业态模式,以购物为主,这已经不再适应目前消费者的'需求'了,国家大力倡导供给侧结构性改革,对商业而言就是真正能够满足消费者的前沿'需求',甚至引领消费'需求'。大悦城的核心优势就是重运营、重服务、活学习、勇创新。从现在开始,大悦城从运营到服务都将是全新模式、全新业态,一切围绕我们的目标客户持续改进。"

二、营造一个全新的购物模式

和平大悦城定位"精致"与"颠覆",购物中心必须要顺应消费者购物趋势的变化,因此基本上是将硬件设施推倒重来,在成本最优的情况下做出最大改造,满足消费者的空间感、

舒适度和体验性。

这里不仅保持了大悦城一贯有趣、轻奢的气质,而且更加符合25~40岁的时尚白领以及"1~2小时消费人群"高效的消费需求,同时吸纳时尚潮人和社交达人,敢于放弃商场首层皆做服饰业态的惯例,打造跨越1~4层、4~6层的"双飞天梯"、6层挑高阳光穹顶……这些特立独行的改造,都将带领消费者开启一段"不一Young"的购物之旅。

三、品牌和街区,体验式购物文化的缔造者

未来成功的购物中心一定是不像购物中心的购物中心。

在商业项目供应量比较大的情况下,必须以内容突破,差异化才是赢得竞争的唯一方法。购物中心需要给消费者制造一些别人没有的空间,给他们一个来这里的理由。

在对和平大悦城近200家品牌的挑选组合上,绝对可以用"苛刻"一词来形容。既要与周边商场进行品牌错位,还要保持各自的市场空间。美妆、鞋包、服饰、餐饮、杂物、珠宝、图书、数码、科技……和平大悦城凭一"城"之力,承包白领生活所需的方方面面。很多品牌首次进入南京路CBD商圈,甚至是天津第一家店。意大利三大牛仔品牌之一的REPLAY落户天津;造型奇特、拒绝撞包的潮包品牌OVCVC要把由顾客自己重新组装包体、内胆、提手的创意理念带到天津……这些首进天津的国际大牌,让和平大悦城拥有无法比拟的品牌竞争力。

气质出众、追求调性的大悦城格外注重品质,经过一路PK、淘汰,最终近50家餐饮品牌凭借自身非凡的实力挺进"城"来。

真正的潮州菜"潮堂"、泰式风情的"泰赞"、北海道的味道"炭匠"、可以边吃边看画的特色云南菜概念餐厅"坝美"。和平大悦城各楼层都散布着各具特色的美味餐饮,为顾客打造身边吃得着的"舌尖上的全世界"。

同时,和平大悦城也将自己最擅长缔造的街区文化引入其中,6层的餐饮不夜城"南岸里"、升级版创意手作街区"超级工厂"、女性内衣主题街区"Hi内"等五大情景化主题街区各具特色。根据每一条街区的特有属性,有针对性地挑选原创手作品牌入驻,潜移默化地打造了和平大悦城的"吸客永动机"。

四、颠覆传统业态,至2020年20家大悦城梦想稳步实现

鲜明建筑设计、精致购物空间、新颖业态配置、丰富时尚潮牌、优质营销活动外加周到的顾客体验,让和平大悦城不但成为消费站点,更变成集愉悦身心、场景化购物、轻快互动社交为一身的高品质体验中心。

在实体商业被电商冲击的当下,以轻资产输出方式带动传统商业转型升级的和平大悦城,为处于"阵痛期"的百货业,带来了新的希望与启示。

目前很多商场在加大租金收益高的零售比例,这恰恰是目前商业地产面临的问题,而大悦城则反其道行之,目前大悦城的零售比例只有40%左右,剩下的主要做餐饮娱乐以带动客流,提升提袋率和客单价,以目的性的业态吸引随机性的客流从而产生消费。

问题:

(1)和平大悦城如何通过购物环境来达到吸引顾客的目的?

(2)请分析和平大悦城"逆袭"的原因。

实践与训练

[实训项目]

百货店选址调查

[训练目标]

1. 通过实地调查了解百货店的选址布局。
2. 训练学生掌握选址的制约因素和策略。

[训练内容与要求]

利用课余时间,观察当地百货店的选址情况。

1. 在当地选择5~10个大型百货店或购物中心观察其选址情况,并统计客流。
2. 比较不同的百货店的选址策略,并分析该选址对其客流的影响。

[成果检测]

通过实地调查,写一份调查报告。

第九章 销售服务与消费心理

学习目标

【知识目标】

1. 掌握售前、售中、售后服务中顾客的心理需要与服务的心理策略
2. 了解客户的心理类型
3. 掌握在推销中的客户心理反应、心理特点与影响因素
4. 掌握推销过程中客户的阶段心理与异议转化
5. 了解客户对谈判的影响,掌握谈判的阶段心理

【能力目标】

1. 培养在产品服务与服务营销中观察分析消费心理的能力
2. 培养应用服务心理策略的能力
3. 掌握顾客控制欲望的分析与满足方法
4. 培养在人员推销过程中观察客户心理的能力
5. 培养运用心理策略推销的能力

案例导入

海底捞的传奇故事

在中国餐饮界,海底捞绝对算是一个传奇。从 1994 年成立之初到现在,海底捞以独特的经营理念和服务迅速崛起,在全球开出上百家直营连锁店铺,创造出"夏天排队吃火锅"的奇观。复制海底捞的成功,关键点不是产品而是服务。海底捞凭借其超出常规经营的"变态服务",在竞争激烈的餐饮界杀出一条血路。

崛起之后,海底捞模式在业界引起热议,甚至成为各大商学院的经典案例。那么,海底捞的成功到底是不是一种偶然?

一、人性化服务

客户的服务体验,其实从顾客一进门就开始,直至结账离开才结束,是一个

贯穿始终的体验。海底捞的成功之一，就是在服务的连贯性上做到了极致。

西安北大街店，海底捞员工从电梯口开始迎接，从进门到落座一直有人引导，全程一直有人来关注顾客需不需要服务，照顾到每一位顾客的细微感受，不像部分店面需要顾客自己去探索。也许有人质疑，这样做岂不是需要很多员工，其实海底捞每一个人都只是在负责自己的工作区域，只是每一个人都有极强的服务意识，努力去做自己看到的所有事情。

海底捞所提供的优质服务虽然在某些方面略显过度，但其本质上是对服务有了一个质的提升，改变了服务业从业人员的从业态度和认识。

二、一线员工决定企业成败

服务由谁产生？海底捞解决了一个最根本的问题，服务产生的根本是人服务于人。服务如同产品，一线生产工人的技术水平决定着产品的质量，而基层服务员的基本素养和服务意识则决定着服务水平的高低。所以说要解决好顾客的诉求，首先要解决好员工的诉求，只有员工的诉求得到满足，员工才能用心提供服务，也只有用心的服务才可以说是好的服务。海底捞之所以能够提供优质的服务，其根本在于培养了一大批有良好的服务意识的服务员。

德鲁克在《管理的实践》中写道："组织的基本作用之一就是让不能胜任的人能够胜任，也是现在企业管理最为盛行的企业文化的部分体现。"企业快速发展的根本原因就在于其管理理念符合了管理学的基本原理，好的管理理念以及良好的体制是企业长久生存发展的必然要求，这也正是海底捞成功的另一个重要原因。

三、人是用来尊重的，不是用来管理的

对员工的尊重是海底捞管理理念中最为成功的，海底捞的员工之所以能够提供优质的服务，是因为他们从企业和工作中得到了精神上的回馈，得到了超过社会环境所能带来的尊重。

大多数人都具有自我管理的能力，企业中创造大部分效益的员工都会进行自我管理，而针对个别不认同组织精神、不遵守组织纪律的员工则需要一定的监督检查和引导机制。海底捞对于员工的尊重一部分体现在海底捞的待遇：海底捞的工作很累，但是作为服务员却都收入不菲。海底捞的工服都是名牌运动衣，服务员费鞋，鞋子的质量更好，这让大多数农村来的打工者很满意。海底捞给员工提供了丰富的福利，员工创造了优质的服务。除此之外，在海底捞的人员晋升机制中，基层员工有着极大的晋升空间，企业也十分关注员工的发展。在海底捞，有一个每一个员工都很信奉且在严格执行的原则：顾客是一桌一桌抓来的。细节决定成败，对于服务来说更是如此。

点评

海底捞凭借这种超出常规经营的"变态服务"，在餐饮界占领一席之地，也正是这样的服务意识和服务精神造就了海底捞今天的成功。除此之外，良好的组织精神，也是海底捞成功必不可少的一部分。

第一节　产品销售服务心理

随着社会经济和生产的发展,顾客对产品销售服务的依赖程度也大大增强,消费者和营销者之间的关系已成为产品销售中不可分割的关键性组成部分。有些学者预言,21世纪的商业竞争是服务的竞争。因此,研究产品销售服务过程中顾客的心理规律,对于提高服务质量,取得经营的成功具有十分重要的意义。

线上导读:
营销沟通123

服务是指一方能够向另一方提供的基本上是无形的任何活动或利益,并且不导致任何所有权产生的行为,是产品销售的重要环节与手段。销售服务过程中的消费心理是影响营销效果的重要因素。在本章中,我们将根据营销活动的时间过程,将产品销售服务心理分为售前服务心理、售中服务心理和售后服务心理三个阶段来考察顾客的心理活动及对顾客应采取的心理策略。

一、销售服务的内容与类型

销售服务是指产品在销售前后为进一步满足消费者需求所采取的各种措施,是伴随着产品转移而提供的服务。

(一)销售服务的主要内容

销售服务主要包括三个方面的内容:

1.与变换价值形式有关的服务

例如,在运销、运输过程中提供的服务。这种服务使产品的价值得到了转换。

2.同增加产品价值有关的物质补充加工和其他形式的生产性服务

例如,产品分装、冷藏、防火、防潮等。这是一种加工性质的服务,是生产过程的继续。通过这种加工,或者是添加了产品的价值,或者是使产品免受损失,从而保持产品的原有价值。

3.为生产者和消费者提供内容复杂的服务

例如,按不同顾客的不同要求,安排产品的流通渠道,产品分配的网点;开展赊销、退货、免费送货、电话订货以及其他服务等。

(二)销售服务的主要类型

销售服务按不同的标准,可以分为不同的类型:

(1)销售服务按服务时间分,有售前服务、售中服务、售后服务。
(2)按服务地点分,有固定服务和流动服务。
(3)按服务收费分,有免费服务和收费服务。
本章侧重从售前服务、售中服务和售后服务三个环节来研究。

二 售前服务心理

(一)售前服务与消费心理

售前服务是指产品从生产领域进入流通领域,但还未与消费者见面的这段时间里的各种服务。售前工作主要包括货源组织、产品的运输、贮存保管、再加工,零售部门的广告宣传、拆零分装、柜台布置、橱窗陈列、商店卫生等。在这一过程中,为顾客服务的工作主要体现在为顾客买好、用好产品所做的准备与预先控制上。

(1)搞好市场调查与预测,努力适应顾客需要。市场调查与预测工作是售前服务的首要工作,从生产企业开发产品、生产产品到商业企业进货,都要以市场调查与预测为前提。随着市场的进一步发展,顾客对产品的要求越来越高。服务除了考虑产品质量等各项功能外,还有许多引申的需求。

(2)采购适销产品,做好备货工作。组织货源要适销对路,要备足备齐产品。这样,即使顾客多,业务忙,也可能有较多的产品供顾客选购,满足顾客的需要。

(3)搞好产品宣传,加强消费指导。产品信息传播是售前服务的重要内容。做好广告工作,通过广告媒体向顾客宣传产品,引起顾客的注意和兴趣,激发顾客购买行为的产生。为用户提供样品和说明书,使他们充分了解和认识产品功能的先进性和可靠性,以及产品的使用和保养方法,以此来取得消费者的信赖。

(二)售前顾客心理分析

顾客是销售服务的主要对象,售前服务是售中服务的前提。就现代市场状况而言,顾客的心理需要往往比物质需要更为重要,更为顾客所关注。因此,对顾客的心理需要与特征进行研究,并在此基础上进行售前顾客心理分析就尤为必要。

1.售前服务的心理需要特征

售前服务的心理需要多种多样,呈现出复杂而又多变的情形。这些复杂的心理需要使顾客表现出其相应的心理特征。往往是外露需求与内藏需求并存、确定需求与未确定需求并存、单一需求与多重需求并存、现实需求与潜在需求并存。

2.售前顾客心理分析

售前顾客由于需要而产生购买动机,这种购买动机受时空、情境等因素的制约,有着各种各样的心理取向,因此做好售前顾客的心理分析对售前服务工作十分重要。

(1)顾客的期望值心理

顾客在购买以前,往往对自己要购买的产品的品牌、价格、性能等方面做出估量,这种估量就是所谓的期望值。作为营销人员在售前服务中应根据顾客的心理特征,有效地把握顾客的期望值。并在市场调查过程中设法了解顾客的期望值。

(2)顾客的价值取向和审美情趣

顾客在现实生活中总是居于不同的社会地位和阶层,从而具有不同的消费水平。甚至顾客的年龄层次,各种不同的居住环境、工作环境、社交范围,都影响着顾客的消费需求。而随着时代的发展,人们的价值取向和审美情趣往往表现出同层次的消费趋同现象。所以,通过市场调查了解顾客的价值取向和审美情趣,并以此为标准来细分市场是很有必要的。

(3)顾客的自我意识

自我意识并非生来就有,它是个体在社会生活过程中与他人相互作用、相互交往,逐渐发展所形成的。在个性彰显的今天,顾客在消费过程中受个性心理的影响程度将日益增强。所以,必须深入了解顾客的自我意识,为进一步开展营销活动奠定基础。

(三)售前服务心理策略

在我们研究了售前顾客的心理需要及特征之后,就可以有针对性地采取相应的心理策略。

1. 建立顾客服务档案,把握顾客心理需要

营销人员应针对细分市场建立相应的服务档案,以大量的、充足的数据为参考,深入研究这个细分市场内顾客的心理需要,为做好更具针对性的服务提供依据。

2. 促使顾客认知并接受产品

顾客认知并接受产品需要一个过程,消除顾客的戒备心理,使顾客对企业所销售的产品认同,需要通过两个途径来解决。

(1)树立教育观念

教育观念就是首先向顾客推销知识和技术,然后推销产品,帮助顾客了解产品知识,树立新的消费观念,正确选购和使用产品。

(2)加大广告频率

一则广告的重复,明显能提高顾客的注意力,促进学习,并进而对态度产生积极的影响。通过重复,信息能从短时记忆转入长时记忆;对某一品牌长期保持的态度(感觉或信念),通过重复可以增加该态度(感觉或信念)的强度;对某一广告词句的不断强化,这种重复可减少遗忘。

3. 最大限度地满足顾客的相关需求

顾客的需求往往不是单一的,有时除了主要需求以外,还有许多相关需求。能最大限度地满足顾客的相关需求,让顾客产生一种惊喜的感觉,从而促使其购买产品。最大限度地满足顾客的相关需求是售前服务的重要任务和策略。

小案例

美国的一家户外用品零售商,把一座约16米高的小山直接放在店里,让消费者可以在店里一边攀岩一边试用他们所想要购买的产品。对资深登山客来说,可以直接在这里验证店家卖的产品有多完美;而对于登山新手来说,这就是他们第一次当上登山英雄的时刻。

三 售中服务心理

售中服务是指在产品买卖的过程中,直接围绕产品出售所提供的各种服务,即在产品销售成交过程中所提供的服务。服务的好坏直接决定买卖成交与否。

(一)售中服务与消费心理

售中服务的主要内容包括以下三个方面:

1. 介绍产品

营业员或销售员在销售过程开始时,首先要向顾客介绍产品的性能、特点、用途、优点、保养方法、价格等,使顾客能了解产品,并引导其产生购买的欲望。介绍产品要言简意赅,不要过于烦琐。否则,容易使顾客产生厌烦和戒备心理。

2. 充当参谋

介绍完产品以后,如果顾客对产品还存在疑虑,这时营业员要主动询问顾客还有哪些方面的问题并作进一步的解释和补充。当顾客疑虑解除以后,就应帮助顾客挑选产品,充当顾客的参谋。

3. 付货与结算

当顾客决定购买后,营业员迅速付货,进行结算。让顾客确认一下产品和钱款。并且做好相应的包装、协助送货等工作,热情礼貌地送顾客离店。

(二)售中顾客心理分析

做好售中服务,要求营业员必须根据购买过程中的心理活动,提供有效的服务,使顾客高兴而来,满意而归。

顾客在接受售中服务的过程中,主要有以下期望:

(1)顾客希望营业员能对顾客选购的产品提供尽可能详尽可靠的信息,使顾客准确了解产品,消除选购的疑惑与困难。

（2）当顾客选购产品时，营业员是顾客进行决策的重要咨询者和参与者。特别是当顾客拿不定主意时，特别希望营业员能站在顾客的角度，提供参谋建议，帮助顾客做出正确的购买决策。

（3）顾客对售中服务的社会心理需要，主要是能在选购过程中受到营业员的热情接待，能使受人尊敬的需要得到满足。

（4）顾客对售中服务期望的一个重要方面是追求购物方便、快捷。

（三）售中服务心理策略

售中服务心理策略是基于研究售中顾客的心理类型，分析了售中顾客的心理以后所采取的对策。

1.考察并适应顾客心理需求

首先应正确判断近柜顾客的来意，有针对性地利用不同的方法接待。对有购货目标的顾客，营业员应该主动打招呼，优先接待，帮助顾客寻找所需产品，积极向顾客推荐，即使顾客多，也要做到人未到而话先到或眼神到，尽量减少顾客等候的时间；对想买产品而无固定目标的顾客，营业员应尽量向其提供了解产品的方便，耐心介绍产品并帮助顾客选择满意产品而不要急于求成；对来逛商店的顾客，营业员也应热情，买与不买都应给顾客留下一个好印象。

2.使接待方式适应顾客的购买心理阶段

营销人员要根据顾客的不同心理状态采取相应的接待方式。营业员主动以各种展示技巧吸引顾客的注意，并引发购买兴趣；营业员充分利用自己的产品知识向顾客介绍产品的特色，引起顾客在使用上的联想；在顾客比较犹豫时，营业员应拿出几种花色、式样的产品，帮助顾客比较、挑选，以引起顾客的兴趣，增加成交机会，但不要强制劝购，也不要妨碍顾客的思考，更不能以欺骗手段实现成交的目的；经过营业员的推介活动，对顾客信赖的产品，营业员要抓住时机，促其顾客拍板，决定购买；顾客选好产品后，营业员要以熟练的业务技术完成计价、收费、找款、包装、递交，这样就实现了交易；顾客完成购买活动后，营业员要伺机帮助顾客进行积极的购买心理评价，使其物质、精神上的欲望都得到满足，并在其离开柜台时，主动、有礼貌地道别。

3.在服务中注重感情融通

要始终保持热情友好、周到服务的态度。不论具有哪一种心理状态的顾客，当他决定购买某种产品时，虽然达到了购买过程的最高点，但并不是整个购买过程的终点，这一点常常被许多营业员所忽视。例如，当顾客买到东西付了款之后，有的营业员的态度立即由热情变为冷淡，或者去干别的事。这样做，往往会使顾客的一些疑虑复生，或者对该店、该营业员产生不满，甚至出现退货行为。为此，营业员对顾客的注意力和友善态度要自始至终保持友好，直到顾客离开柜台为止。顾客付款之后，营业员几句热情的话往往能增加顾客的好感。当然，也要注意谈话切合实际，切忌花言巧语，以免令人生厌。

> **小案例**
>
> **淘宝网店如何做好网络服务营销**
>
> 淘宝网店作为电子商务发展的产物,以互联网为依托、以 C2C 模式电子技术平台为基础,具有开放性、高效率、低成本的特点,其突破传统营销的阻碍,有无比宽阔的发展空间。为了让淘宝网店更好地发展,首先要做好服务营销。
>
> 1.明确服务中的消费者行为
>
> 在真实的消费活动中,顾客感知往往同顾客期望之间存在一定的差距。因此服务型企业在缩小顾客差距的过程中,必须先了解顾客的消费者行为。
>
> 2.了解顾客对服务的期望
>
> 期望反映了消费者的希望和愿望,没有这些可能被满足的期望、愿望和信念,他们也许不会购买某项服务。淘宝网店应该在提供物美价廉的商品的同时也能够保证商品的质量,而且在顾客购买过程中提供流畅的服务体验流程,这样才能提高顾客的满意度。
>
> 3.建立牢固的顾客关系
>
> 与消极地等待顾客选择服务提供商不同,"加强关系联系"是一种主动改进服务水平和质量来满足顾客需求的一种策略,顾客在满足需求的条件下,愿意接受并且继续想让企业提供服务。在此策略指导下,淘宝网店要做的是在完善顾客消费积分制的基础上,配合十万商家对按积分等级区分出来的一般顾客和重要顾客提供有差别的服务。具体来说就是为重要顾客提供增值服务,加强关系联系。
>
> 4.五个维度提升淘宝网店的服务质量水平
>
> 服务质量的维度有五个方面:可靠性、响应性、安全性、移情性、有形性。根据淘宝网店的具体环境分析,可以从这五个维度来提升服务质量。

四 售后服务心理

售后服务是指买卖双方在完成现场交易后,厂家或商家围绕着产品所采取的一系列有利于消费者的措施和活动。如送货、安装、退换、维修以及与产品有关的知识与问题的咨询等。其中,有些服务是厂家或商家主动承诺的,是顾客可预见的;而有些服务则是不可预见的,甚至有可能导致商家与顾客的纠纷或冲突。

(一)售后服务与消费心理

产品的售后服务,目前愈来愈受到工商企业的重视,服务的范围也在不断扩大。售后服务的主要内容有:

1.咨询服务

随着科技的发展,越来越多的产品含有科技成分,这就要求商家在出售产品以后要进行知识性指导及产品咨询服务。

2.实行"三包"服务

顾客在购买产品以后可能出现这样或那样的不满意,这时应包退、包换、包修,即提供"三包"服务。

3.安装与运输服务

顾客在购买产品时会考虑到安装问题。如果自己不能安装,这时,他们就希望商家能提供安装。运输同样也是如此。例如,热水器、空调等电器一般居民无法安装。大件产品不好运输,顾客就希望商家提供安装或运输。

(二)售后顾客心理分析

一般来说,顾客在购买产品之后,主要关心产品的可靠性、服务的质量以及产品在成交以后需要保养维护方面的费用。这时顾客对所购产品已经产生了买后的感受,他们的心理活动各不相同。其心理状态主要表现为以下三个方面:

1.求助心理

求助心理较多地表现在顾客要求维修产品、询问使用方法和要退换产品的时候。营业员接待这样的顾客,态度应该热情,实事求是地解决问题,提供周到的售后服务,不应该流露出埋怨、责怪的情绪,甚至抱着恩赐的思想,盛气凌人地对待顾客。

2.试探心理

由于主观和客观的多种因素,顾客对所购产品的评价可能会出现摇摆不定的阶段。此时,顾客来柜台提出退换产品的问题,往往具有试探的心理状态。他们大多数并不携带所购买的产品,只是先来试探营业员的态度,以便做出决断。这种情况在购买耐用消费品或高档产品的顾客中常有发生。营业员接待这种顾客,必须详细询问顾客对产品的使用情况,了解顾客购买后感受的形成过程,多介绍一些指导消费的知识,帮助顾客形成良好的买后感受,满足顾客的试探心理。要注意,绝不能误断顾客的主观意愿,做出不恰当的宣传介绍,以免造成不必要的退换产品的矛盾。

3.退换心理

退换心理状态较多地表现在顾客要求退换产品和进行产品维修的时候,一般在性格比较灵活的顾客中居多。营业员在接待时,必须冷静、耐心地倾听顾客陈述的理由。如果确定是商店的责任,应当立即予以解决;如果不能解决,在解释中不要直接针对顾客陈述的理由加以驳斥,以免引起争执,而应该着重讲清有关制度,抱着相信大多数顾客是通情达理的态度,做好解释工作。这样使顾客的自尊心得到满足,实际问题也就比较容易解决了。

(三)售后服务心理策略

售后服务的心理策略,要针对售后顾客心理状况,调节顾客的心理平衡,努力使其建立信任感与满足感。了解了顾客的种种担忧,商家就应该围绕着解除顾客的担忧来做工作。当然,首先是保证产品的质量,其次是必须事先做出产品相应的承诺,并且要一诺千金。

首先,针对上述对售后顾客心理的分析,面对顾客的求助心理,营销人员应该热情、诚恳,为顾客提供周到、细致的服务,给予及时的帮助,不应流露出埋怨、责怪的情绪。面对顾客的退换心理,营销人员应该给予理解,要冷静、耐心地听取他们的意见,实事求是地分析,分清责任,寻求对双方都有利的解决方法,以保障双方的权益。

其次,要提供优良的售后服务,以解顾客后顾之忧。许多顾客挑选产品,在其他条件相当时,售后服务往往成为决定成交与否的关键。对于高档耐用消费品尤其如此。在国外,许多商家为减少顾客的后顾之忧,在产品包装纸上印着该商家的电话号码、地址和名称,如果不满意,可凭包装退换。售后服务周到不仅使顾客放心满意,还可以争取更多的潜在购买者。

总之,顾客售前、售中和售后服务是营销活动中前后相继的过程,在不同的阶段上,服务的内容不同,顾客的心理也有所不同,从而要求营销人员不但要具备营销技能,还应该具有相应的心理策略。这样才能提高营销水平,取得更大的营销业绩。

> **小案例**
>
> ### 鼎泰丰的"秘密"
>
> 低调的鼎泰丰总是得到来自世界的认可和荣誉。它被《纽约时报》评为世界十大餐厅,它被《米其林指南》评为一星级餐厅,它被邀请到欧洲做多场小笼包表演,它被众多媒体连续报道……它到底有什么管理秘密呢?
>
> 1. 人力调配精细,一般餐厅学不来
>
> 大成集团餐饮服务部的李经理,有一次宴请美国客人到鼎泰丰101店吃饭,刚到店里,就有一位英文流利的接待人员上前接待。几天后李经理再度上门,这一次带的是日本客人,上次接待他的英文组接待员一听到是日本客人,马上致歉,10秒后立刻有一位日文流利的接待员出现在眼前,李经理不禁惊叹,人力可以掌控得这么精细,一般餐厅很难学得来。
>
> 2. 极致吹毛求疵,小吃店像精品店
>
> 首先,鼎泰丰吹毛求疵地落实中华料理的标准化,简直把小吃店变成了精品店。走到任何一家分店,到处都看得到温度计和秤。前厨工作台上师傅包好的所有小笼包,重量只允许有0.2克的差距,包前的材料和包完的成品都要测量。每道菜出场送到客人餐桌前,外场人员也必须拿出笔型温度计确认,比如元盅鸡汤和酸辣汤的最佳温度是85℃,才不至于烫口,肉粽则必须提高到90℃,确保猪肉块熟透。
>
> 3. 严格执行标准化品质,口感一致
>
> 杨纪华曾请几家门市各推荐一位炒饭达人,到中央厨房比赛炒饭,达人们从下锅、翻炒到起锅,不但时间和动作一致,就连吃起来的口感都相差无几,可见其标准化执行非常严格。

第二节　服务营销心理

一、服务营销与顾客心理

（一）服务营销与心理

服务营销是指企业为将独立形态的服务提供给顾客而进行的促销活动,其典型地表现为服务性企业的营销行为。

服务营销心理是指在服务营销过程中,顾客对服务营销体系中各要素的心理反应及相应的购买决策心理过程。

（二）服务营销中顾客的心理特征

在服务营销中必须了解顾客的心理特征。

1.从私人渠道寻找信息

为了减少购买决策风险,顾客更依赖私人信息来源,即从亲友或专家那里获得服务信息。从心理学角度看,购买服务时,顾客更重视私人信息来源。

2.对服务质量的评估标准差异大

购买服务之前,顾客只有少量线索可用于判断服务质量。对许多服务来说,顾客只能根据售价和服务性企业的有形证据评估服务质量。

3.在选择服务产品时随意性较大

购买服务时,顾客想起的服务性企业较少,顾客只能在同一地区找到一两个同类服务性企业(如银行等)。在购买服务之前,顾客很难获得足够的信息。由于不易搜集信息,顾客可能会挑选第一个可能满足自己需要的服务性企业,而不会先考虑和比较所有同类服务性企业,再做出自己的选择。在购买非专业性服务之前,顾客购买的随意性较大。

4.接受创新过程较难

服务是无形的,服务性企业很难向顾客传递信息。通常,顾客无法试用或检验服务,因为服务较难分割。

5.感觉购买风险大

购买产品和服务时,顾客都会面临一定程度的购买风险。但是,由于服务的无形性、质量不一致性、销售时不实行"三包"(包用、包修、包退),顾客认为购买服务的风险较大。

6.品牌忠诚感容易形成

顾客改换服务品牌,需花费更多的时间和精力搜集信息。由于顾客不易搜集服务信息,他们难以了解其他品牌的服务。即使他们知道有其他品牌,也无法肯定这些品牌是否比他们现在使用的品牌更能满足他们的需要。改换品牌还可能引起金钱和时间的损失。

顾客反复购买某种品牌的服务成为常客,服务性企业就可能更能了解顾客的爱好,更关心顾客的满意程度,为顾客提供更多优惠。为了与服务性企业建立良好的关系,顾客往往会表现出较强的品牌忠诚感。

7.顾客与企业共同分担服务失误责任

顾客参与服务过程,就要向服务人员说明自己的具体要求。因此,与购买产品相比较,购买服务时,顾客更可能会认为自己应对不满情绪负责。多数顾客认为,对服务质量的不满并不能完全归因于服务性企业,因此,显得比产品销售中的顾客要宽容。

(三)服务营销中的顾客阶段心理

在服务消费过程中,顾客购买服务并未获得服务所有权。因此,在购买阶段和消费阶段之间并没有明显的分界线。由于服务过程是顾客和服务者相互接触、相互交往、相互影响的过程,对顾客来说,销售、服务和消费通常表现为一个完整的过程。

1.购前选择阶段心理

购买服务之前,顾客会根据自己的需要、以往的经验、其他顾客的口头宣传和服务性企业提供的各种信息,对服务的各种属性形成一定的期望。

2.购后消费与评价阶段心理

接受服务之后,顾客会对服务的各种属性产生某种感觉。顾客对预期的服务和服务实际进行比较,形成自己对服务质量的看法:如果服务效果不符合顾客的期望,他们会感到不满意;如果服务效果符合顾客的期望,他们会感到满意;如果服务效果超过他们的期望,他们会认为服务质量令人非常满意。

> **小链接**
>
> 美国服务营销学家根据他们对银行、信用卡、证券经纪和产品维修等四类服务的顾客进行调查的结果,认为顾客购买服务决策过程应包括购前选择、购后消费和评估两个阶段。
>
> 提出顾客感觉中的服务质量由以下十个因素决定:
> ①可靠,指服务人员为顾客提供正确、可靠的服务。
> ②敏感,指服务人员愿意帮助顾客,根据顾客的特殊要求,灵活地提供各种服务。
> ③能力,指服务人员具有必要的知识和技能。
> ④方便,指顾客容易接触服务人员,容易到达服务地点,容易接受服务,容易与服务性企业联系。
> ⑤礼貌,指服务人员有礼貌,尊重顾客,为顾客着想,热情友好。
> ⑥沟通,指服务性企业使用顾客能够理解的语言提供信息,并认真听取顾客的意见。
> ⑦可信,指服务性企业关心顾客的利益,使顾客觉得可以信赖。
> ⑧安全,指顾客的人身安全和财产安全。
> ⑨移情,指服务人员设身处地为顾客着想,理解顾客的需要,对顾客特别关心。
> ⑩有形证据,指服务环境和服务过程中的各种有形证据。

 **服务营销心理策略**

（一）服务性企业采用的心理策略

1.向顾客提供信息,减少顾客的风险感

顾客在购买服务之前大多使用私人信息来源,较少使用非私人信息来源。因此,服务性企业可以减少促销组合中的广告数量。服务营销人员可使用鉴定性广告或使用谈话引导顾客。如果顾客在购后寻找更多服务信息,服务营销人员就应集中精力,向顾客提供有关信息,减少顾客购后的不安之感。

2.充分利用有形证据,提高自己的质量形象

由于价格和有形设施可能是服务质量的象征,服务性企业应充分利用这些有形证据。如果服务性企业希望树立优质高档的市场形象,就应制定高于竞争对手的售价,并设法使有形设施符合优质高档市场形象的要求。

3.顾客是竞争对手

顾客经常为自己提供非专业性服务,因此,提供这类服务的企业应意识到顾客是自己的竞争对手。顾客对专业性服务的要求往往很高,服务营销人员应深入了解顾客对这类服务的期望和要求。

4.接受新服务的过程

推出新服务项目时,营销人员应集中精力鼓励消费者试用。由于服务性企业很难有效地提供有关无形服务的信息,营销人员不必考虑顾客接受新产品过程中知晓、兴趣和评估等阶段。要加速顾客接受新服务的过程,营销人员可向顾客提供折价券、免费服务,鼓励顾客试用。

5.减少顾客感觉中的购买风险

服务性企业应采取各种措施,减少顾客感觉中的购买风险。如果可能,服务性企业应保证顾客满意。服务性企业应强调员工培训和服务的程序,并在可能的范围之内提供标准化服务,以使顾客对服务质量形成合理的期望。

6.增强品牌忠诚感

服务性企业不仅应设法增强顾客的忠诚感,而且应尽量争取竞争对手的顾客。营销人员应向竞争对手的顾客提供各种信息,强调本企业服务的属性和优点,指出竞争对手无法提供同样的服务,促使竞争对手的顾客改购本企业的服务。

（二）顾客控制欲望及其满足

1.顾客控制欲望

从顾客心理角度看,"控制程度"是顾客评估服务质量时需考虑的一个重要因素,控制

程度对顾客满意程度会产生重大的影响。顾客对于服务性企业的期望是自我服务程度高一些,从而获得更多的控制感。他们希望控制服务工作起止时间,希望控制服务过程和服务结果。

2.顾客控制权的来源

顾客的控制权主要来自以下三个方面：

(1)顾客有购买决策权

顾客有权决定是否应购买某个服务性企业的产品和服务。

(2)顾客有权改购竞争对手企业的服务

服务质量低劣必然引起顾客的不满,迫使顾客"跳槽",改购竞争对手的服务。顾客不仅有权不购买劣质服务,而且会通过口头宣传,向消费者保护协会和新闻媒体披露申诉,揭露劣质服务,影响其他顾客的购买行为。

(3)顾客有权通过法律程序索赔

如果劣质服务造成顾客人身伤害和财产损失,顾客可向法庭起诉,要求服务性企业赔偿损失。

3.满足顾客的控制欲望

对于顾客的心理控制欲望,服务企业应通过一系列努力来加以满足：

①加强信息沟通。向顾客提供信息的目的是使顾客知道应该做什么。

②服务性企业可采取各种措施增强顾客的控制感。

服务人员在服务之前、服务过程中和服务之后,都应该向顾客提供信息,说明他们对服务工作的要求和期望。服务人员应根据顾客提供的信息,确定服务方法,采取必要的服务措施,减少顾客感觉中的风险。

第三节 客户与推销心理

推销是现代市场营销活动的一个重要组成部分,是实现企业经营目标的重要手段,是一门智力与体力有机结合的艺术。

一 客户心理分析

(一)客户及其类型

对每一家企业而言,"客户"就是指公司所有的服务对象。他们包括公司的股东、雇员、顾客、合作公司的合作者、社区的居民、政府官员,甚至供应商。由于客户的存在,企业才得以生存。

(1)按交易时间划分,客户可分为三种类型:过去型客户、现在型客户、未来型客户。

(2)按客户所处位置划分,客户可分为两种类型:内部客户、外部客户。

(二)客户的需要与心理反应

顾客在推销过程中是有意识与能动的因素,顾客具有买与不买的自由,买多与买少的自由;顾客的需求也是千变万化、多种多样的;不同的时空、情境,推销对象的心理表现各不相同。因此,在推销活动中必须把握顾客的需要及其心理表现。

1.客户的需要

需要是人体和社会生活中所必需的事物在人脑中的反映,是人们对某种目标的渴求和欲望。

人们的需要有多种多样,如果就其发展来看,可以分为生理性需要(或称为物质性需要)和社会性需要(或称为精神性需要)。

2.顾客心理反应分析

美国管理学家布莱克教授和蒙顿教授曾以"管理方格理论"对推销活动中顾客的心理反应进行研究,并成效卓著。他们在"管理方格理论"的基础上建立了"推销方格理论",从而在推销心理研究上取得了重要的突破。推销方格理论由推销人员方格、推销对象(顾客)方格,推销人员与顾客之间关系的方格三部分构成。其中顾客方格为研究顾客的心理表现及特征做出了有益的尝试,使推销人员做到知己知彼,百战不殆。顾客在推销活动中一般有两个追求目标:一是对购买的关注,二是对推销人员的关注。每个顾客对这两个追求目标都有不同的关注程度,其心理表现在管理方格上就称为顾客方格或推销对象方格。推销方格理论如图9-1所示,在方格表中的数值大小表明关注程度的大小。布莱克和蒙顿教授把推销活动中顾客的心理表现划分为以下五种基本类型:

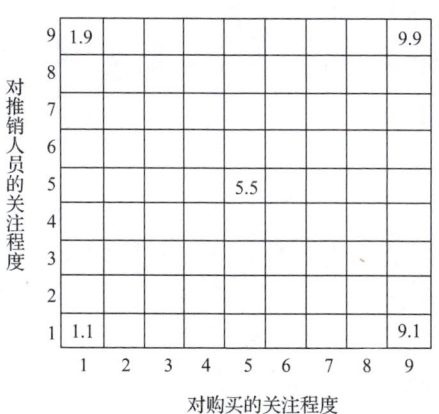

图9-1 推销方格理论

(1)冷漠型,即(1.1)型。冷漠型的顾客对推销人员和购买两方面关注程度都很低。心理表现为设法逃避推销活动,并拒绝做出购买决策,视推销活动为义务性应付差事。这类顾客一般缺乏购买决策权。

(2)软弱型,即(1.9)型。软弱型的顾客对推销人员十分关注,而对购买关注程度很低。心理表现为对推销活动,即推销人员所推销的产品一般不拒绝。这类顾客多重感情,轻理智。

(3)干练型,即(5.5)型。干练型的顾客对推销人员和购买关注程度适中。心理表现为购买过程中比较冷静,比较容易受消费潮流所支配。这类顾客既重感情,又重理智,而且很自信。

(4)保守型,即(9.1)型。保守型的顾客对购买关注程度很高,而对推销人员不关注。心理表现为对推销人员及人员推销冷淡,对购买的推销品关注。这些顾客一般有过不良的购买经验,传统观念强,比较保守。

(5)理想型,即(9.9)型。理想型的顾客对推销人员和购买两方面关注程度都很高。心理表现为十分清楚自己的需求,又十分了解行情。这些推销对象是最成熟的购买者,只要能满足其需求,顾客便会采取购买行动。

当然,这五种基本类型不能非常全面地反映顾客的全部心理表现。在不同的情况下,同一顾客的心理表现也有差异。作为推销人员必须清楚地认识顾客所处的时空和情境,根据实际情况,结合推销(顾客)方格理论所划分的顾客类型有针对性地采用推销策略与技巧。

二、推销阶段心理分析

人员推销是推销活动过程中最常见、最直接的推销方式。在此重点对人员推销心理进行分析与评价。

(一)推销过程的心理特点与影响要素

推销过程中,顾客面对推销人员或推销品往往表现出各种心理活动,一般情况下有以下四种心理特点:

1. 持尝试心态

面对推销人员,他们认为推销人员所推销的产品或许是自己所需要的,即使不需要,也可以见识一下。所以,抱着试一试的心态。一般情况下,他们不拒绝推销人员。

2. 持疑问心态

面对推销人员,他们一方面可能感到适应需要,方便及时;另一方面又可能担心商家主动上门,是为了推销卖不出去的劣质产品。

3. 持欢迎心态

面对推销人员,他们认为是商家为了满足顾客的需要而展开的营销活动,特别是在竞争日益激烈的市场经济条件下。所以,他们很欢迎推销人员。

4. 持否定心态

面对推销人员,他们往往根据以前不好的购买经历而产生戒备心理,认为推销人员推销的产品不值得信赖。

以上四种顾客所持的心态是最常见、最普通的,推销人员在推销过程中应根据这几种顾客心态采用不同的推销策略和技巧。

在推销过程中,推销人员与顾客的个体心理是整个推销过程中最重要的影响要素。推销人员与顾客在推销过程中的这种相互影响关系,可以用推销方格与顾客方格的搭配来分析,见表9-1。

表9-1 推销方格与顾客方格的搭配

方格	漠不关心型顾客 (1.1)	软心肠型顾客 (1.9)	干练型顾客 (5.5)	防卫型顾客 (9.1)	寻求答案型顾客 (9.9)
解决问题导向型推销员 (9.9)	√	√	√	√	√
强力推销导向型推销员 (9.1)	⊙	√	√	⊙	⊙
推销技术导向型推销员 (5.5)	⊙	√	√	×	⊙
顾客导向型推销员 (1.9)	×	√	⊙	×	⊙
事不关己型推销员 (1.1)	×	×	×	×	×

说明:√表示能够取得较好的推销绩效;×表示不能取得较好的推销绩效;⊙表示推销绩效时好时坏,不稳定。

从现代推销学的角度来看待推销方格,推销人员的推销心理越接近于解决问题导向型,就越可能取得较好的推销绩效。因而从推销方格的划分可得出这样的观点:每一个推销人员都应该加强自身修养,培养良好的个性心理品质,使自己成为解决顾客问题的行家,既重视顾客的利益(需要),也关注自身的推销成绩。每一位推销人员不但要有正确的推销心理,而且还要与顾客心理相适应。从推销心理来看,解决问题导向型的推销心理无疑是最理想的,但并非只有这种推销心理的推销人员才可能获得成功。因为顾客心理的多样性,并非要求以一种推销心理去面对众多的顾客。一个顾客导向型的推销人员尽管算不上是理想的推销专家,但如果他面对的是软心肠型的顾客,因双方的相互关心体谅,照样可以达成交易,收到预期的推销效果。

(二)推销过程的心理分析与心理策略

推销过程可分为若干个阶段,每一阶段都有其心理活动过程。而推销模式就是对推销活动的特点和对推销对象购买活动各阶段的心理演变及应采取的策略,归纳出的一套程序化的标准推销模式。正确掌握并运用推销模式能有效地提高推销效率。因此,我们通过介绍推销模式,对推销各阶段的心理进行分析。

本书重点介绍爱达模式。

根据消费心理学的研究,顾客购买的心理过程可以分为四个阶段,即注意(Attention)、兴趣(Interest)、欲望(Desire)、行动(Action)。

注意、兴趣、欲望和行动四个单词的英文缩写为 AIDA,中文音译为爱达,所以戈德曼的推销模式又称为爱达模式,被认为是推销成功的四大法

线上导读:
AIDA模式

则。其具体内容可以概括为：一个成功的推销人员必须把顾客的注意力吸引或者转移到所推销的产品上，使消费者对所推销的产品产生兴趣，这样，顾客的购买欲望也就随之产生，而后再促使顾客做出购买行动。尽管推销的内容复杂多样，推销人员都可以用这四个步骤分解推销过程，并引导自己的推销活动。

1. 引起消费者的注意

运用爱达模式开展推销，引起消费者的注意就是推销人员以诚恳的态度，引人入胜的语言，或者具有特色的产品，使消费者对推销人员及其产品有一个良好的感觉和一个有利于推销的态度，使消费者腾出时间和精力关注推销人员及其所推销的产品，为下一步的推销活动奠定基础。

上门推销，由于受到场所、时间和空间的限制，推销人员必须在极短的时间内，有时甚至是一瞬间，用最有效的手段引起消费者的注意。推销人员可以通过形象吸引法、语言口才吸引法、动作吸引法、产品吸引法引起消费者的注意。

2. 唤起消费者的兴趣

在引起消费者注意的基础上，推销人员就可以开始第二个步骤，设法使消费者对推销的产品产生好感和兴趣。

唤起顾客兴趣的关键在于使顾客清楚地意识到他们在接受推销产品后可以得到何种利益。为尽快引起顾客的兴趣，推销人员可以在洽谈一开始就向顾客说明产品的品质、功能等方面的优点，并且与市场上同类产品相比较，设法使顾客感觉到所提出的产品、价格、服务等方面对他都有利。不少成功的推销人员都把示范看成通往成功推销的必经之路。

爱达模式中唤起消费者兴趣的阶段就是示范的阶段。推销人员要尽可能地向顾客示范所推销的产品。让顾客亲眼看一看、亲手摸一摸，这比其他任何一种方法都更具有说服力。

> **小案例**
>
> #### 阿芙精油体验式营销
>
> 对于电商来说，用户体验一直是短板，但是阿芙却将从吸引用户购买、购买行为发生、收货到二次购买这一循环的用户体验做到了一个新的高度。
>
> 阿芙利用"达人"的使用推荐吸引了大部分用户，紧接着"重口味组""小清新组""疯癫组""淑女组"几个小组的客服人员24小时无休轮流上班为用户服务；送货时，阿芙的送货员穿着Cosplay（角色扮演）的衣服，化装成动漫里的角色为用户送货上门，给用户带来惊喜的同时也极具话题性。
>
> 在送来的包裹中，不仅有用户购买的商品，还有大量的试用装和赠品，丝瓜手套、面部小按摩锤等赠品起到了二次营销的作用，吸引用户再次购买。
>
> 除了购买过程的用户体验，阿芙还设有"首席惊喜官"，他们每天在用户留言里寻

找,猜测哪位用户可能是一个潜在的推销员、专家或者联系人。找到之后他们就会询问地址寄出包裹,为这个可能的"意见领袖"制造惊喜,使阿芙获得更大的曝光量和推荐概率。

"阿芙,就是精油!"短短的一句口号,就能看出阿芙的营销哲学——清晰的市场定位,永远从用户角度考虑的营销手段。

3. 激起消费者的购买欲望

激起消费者的购买欲望是爱达模式的第三阶段,也是推销过程的一个关键性阶段。在这一阶段,推销人员要向顾客充分说理,即摆事实,讲道理,为顾客提供充分的购买理由。推销人员应当将准备好的证据提供给顾客。例如,有关权威部门的鉴定、验证文件;有关技术与职能部门提供的资料、数据、认可证书等。

4. 促成消费者的购买行为

爱达模式的最后一个步骤也是全部推销过程与推销努力的目的所在。促成消费者的购买行为是在完成前三个推销阶段后的最后冲刺,或者让顾客实际购买,或者虽然没有成交但洽谈暂时圆满结束。这时推销人员应注意:分析顾客不能做出购买决定的原因,并针对这些原因做好说服工作;将样品留给顾客试用;给顾客写确认信,用以概括洽谈过程中达成的协议,重申顾客购买产品将得到的利益。

此外,其他的推销模式还有埃德帕模式和费比模式等,这里就不再做详细分析了。

三 顾客异议心理分析

在推销活动中,顾客对推销人员所做的各种推销努力和传递的各种推销信息会有不同的反应。或是积极响应,同意购买,或是迟疑观望,甚至不合作,拒绝购买,并且提出异议。

顾客异议是指顾客对推销品、推销人员及推销方式和交易条件发出的怀疑、抱怨,提出否定或反面意见。在推销过程中,除经常购买或重复购买的推销品而且交易条件也不变之外,顾客异议是普遍存在的。正确对待并妥善处理顾客所提出的有关异议,是推销人员必须具备的一项基本功。推销人员只有正确认识和对待顾客异议,以冷静、豁达的态度对待它,认真分析异议产生的原因,采取灵活的策略和方法,有效地加以处理和转化,才能最终说服顾客,达成推销目标。

1. 顾客异议产生的心理根源

为了更科学地预测、控制和处理各种顾客异议,推销人员应该了解产生顾客异议的主要根源。顾客异议产生的根源包括:顾客没有真正认识自

线上导读:消费者异议的来源

己的需要,缺乏对新产品、新供应商的需求与购买动机,推销人员对这些缺乏认识;顾客缺乏产品知识;顾客的偏见、成见或习惯;顾客有比较固定的购销关系。因而对陌生的推销人员和推销品怀有疑惑、排斥的心理;团体顾客由于组织机构上的原因,会产生有关政策与决策权异议。

另外,顾客情绪不佳、顾客喜欢自我表现、顾客以往在接受推销方面的不愉快经历,以及在社会不良风气的影响下,有的顾客想借采购谋求私利等都可能是产生异议的根源。

2.客户异议的心理转化策略

顾客异议无论何时产生,都是潜在顾客拒绝推销品的理由。推销人员必须妥善地处理顾客异议才有望取得推销的成功。为了高效而顺利地完成这一任务,推销人员在处理顾客异议时必须遵循一些基本原则。

(1)处理顾客异议时必须遵循一些基本原则,包括:

①尊重顾客异议。推销人员应当欢迎与尊重顾客异议。

②永不争辩。推销洽谈的过程是一个人际交流的过程,推销人员与顾客保持融洽的关系是一个永恒的原则。

③维护顾客的自尊。即使异议被证实是一种不符合实际的偏见,也要注意给顾客留面子,保持友好的气氛。

④强调顾客受益。

(2)处理顾客异议的几点策略,包括:

①直接否定法

直接否定法是推销人员根据比较明显的事实与充分的理由直接否定顾客异议的方法。直接否定法适用于处理由于顾客的误解、成见、信息不足等而导致的有明显错误、漏洞、自相矛盾的异议,不适合于处理因个性、情感因素引起的顾客异议。

②间接否定法

间接否定法是推销人员根据有关事实和理由间接否定顾客异议的方法。采用这种方法时,推销人员首先承认顾客异议的合理成分,然后用"但是""不过""然而"等转折词将话锋一转,对顾客异议予以婉转否定。这种方法适用于顾客因为有效信息不足而产生的片面经验、成见、主观意见,而且顾客能自圆其说的情况。

③转化法

转化法是推销人员直接利用顾客异议中有利于推销成功的因素,并对此加工处理,转化为自己观点的一部分去消除顾客异议,说服其接受推销。转化法是一种有效的处理顾客异议的方法。这种方法是"以子之矛,攻子之盾",推销人员可以改变顾客异议的性质和作用,把顾客拒绝购买的理由转化为说服顾客购买的理由,把顾客异议转化为推销提示,把成交的障碍转化为成交的动力,不仅有针对性地转变了顾客在最关键问题上的看法,而且使之不再提出新的异议。

④补偿法

补偿法是推销人员在坦率地承认顾客异议所指出的问题的确存在的同时,指出顾客可以从推销品及其购买条件中得到另外的实惠,使异议所提问题造成的损失得到充分补偿。

⑤询问法

询问法是指推销人员利用顾客异议来反问顾客以化解异议的方法。

⑥不理睬法

不理睬法又称装聋作哑处理法、沉默处理法、糊涂处理法,它是推销人员判明顾客所提出的异议与推销活动以及实现推销目的无关或无关紧要时避而不答的处理异议方法。这种方法可以使推销人员避免在一些无关、无效的异议上浪费时间和精力,也避免发生节外生枝的争论,可以使推销人员按照预定的推销计划、推销策略展开工作,把精力集中在推销的重点问题上,从而提高推销效率。

处理顾客异议的方法还有很多种,如使用证据法、举证劝诱法、有效类比法、旁敲侧击法等。推销人员应注意在实践中根据不同的具体情况灵活运用各种方法,并创造出行之有效的新方法,以争取创造良好的推销业绩。

第四节 谈判心理

推销活动中谈判是常见的一项业务活动。谈判活动是贸易双方为了达到各自的目的,就涉及双方利益的标的物进行商讨,最终达成一致的过程。谈判心理是谈判者在谈判活动中对客观事物的主观反映。谈判者的各种心理表现特别是个性心理倾向、个性心理特征等方面的反映会成为谈判成败的关键性因素。

一、谈判者的个性心理

谈判的进行是由双方构成的,其成功与否不仅取决于自身,还取决于坐在谈判桌对面的那个人。因此,谈判者要有效地辨别对手的个性、气质、性格、能力等特点,并据此来调整自己的谈判技巧与策略。

从性格方面讲,谈判者的性格千差万别,但除特殊因素外,一般可归纳成三类,即主导型、说服型和保守型。

1. 主导型

主导型谈判者通常我行我素,自我意识强,为达到目的甚至不择手段。他们自我实现的需要强,狂热地追求成绩。其特点主要有以下四点:权力欲强、敢于决策、富于挑战、急功近利。

遇到主导型的谈判对手应有充分的思想准备,并采取相应的对策。否则,可能束手无策。若顺从,会被其剥夺得一干二净;若反抗,则会使谈判陷入僵局甚至不欢而散,对此通常采用两种方法:

(1)"欲擒故纵"

"欲擒故纵"是指己方欲达到某些交易,却似满不在乎。采用时冷时热、似紧非紧的做法。不让谈判对手顺利地达到其目的。同时,可以给自己营造一些谈判优势。

(2)"旁敲侧击"

"旁敲侧击"是指谈判过程中通过"此"来说明"彼",不道破真意。让谈判对手在达到目的的同时也付出一些代价。

2.说服型

说服型谈判者在谈判中十分随和,能迎合各种对手的兴趣,在不知不觉中将对手说服。他们往往很注重自己的名声,善结人缘,对社交和自尊的需求最为显著,其特点为注重社交、团体性强、不拘小节。

说服型谈判对手是谈判者强有力的对手。他们外表总是那么友善、温和,对公司的工作充满热情,使对手很难产生敌意,在不知不觉中达到目的,通常情况下使用以下策略:

(1)不急于求成

不急于求成是指谈判过程中不要流露出急于求成的心理,哪怕十分希望尽快达成协议,也应不急不躁,耐心与对手周旋。

(2)先苦后甜

先苦后甜是指谈判中通过给对手一定的心理压力,然后逐渐让步,以达到自己的目的。针对说服型谈判者注重社交的特点,先给对手比较苛刻的条件,而对手也不好意思撕破脸皮来计较。

(3)各个击破

各个击破是指在谈判中分解对手,削弱其集体力量。由于说服型谈判者团体性强,单兵作战能力差。故采用此对策往往行之有效。

3.保守型

保守型谈判者习惯于墨守成规,对变革无动于衷,不愿接受挑战,维持现状是他们最大的愿望。他们往往非常注重物质需要,其主要特点为独立性差、循规蹈矩、注意细节、安于现状。

对保守型的谈判者关键是要具有耐心,特别需要冷静、克制,不能急于求成,通常选用以下策略:

(1)投其所好

投其所好是指在谈判过程中,应尽量接近对手,最大限度地满足对方的需要,从而赢得对手的信任。保守型谈判者往往安于现状,可针对其心理投其所好。

(2)攻心为上

攻心为上是指在谈判中运用心理学手段,影响和改变对方的心理活动。通过对对手的认同,唤起其对己方的认同。保守型谈判者往往注重社会与其他人对他的肯定及认同。

以上是常见的三种类型的谈判者,在实际谈判活动中,有的谈判对手属于某个类型,而且非常典型;有的对手则以某个类型为主,兼有其他类型的特点。因此,在辨别谈判对手的类型时必须对具体情况具体分析,并在采用策略时进行相应调整。

 谈判阶段心理

一般来说,谈判要经历前期阶段(准备、始谈、摸底)、交锋阶段(僵持、让步)和成交(促成)三个阶段。

1.谈判前期阶段心理

(1)搜集信息

谈判中需要搜集的信息,要根据谈判的内容及谈判对象而定。总的来说,谈判前首先要了解谈判对手的情况,掌握对方的信息,包括了解对方的谈判目的、参加谈判人员的权限、对此次谈判的重视程度以及技术方面的问题等。其次要清楚我方的实际情况。无论是哪一方的情况,搜集信息的范围都应该尽可能广一些,宁可想到不用,也不将有用的信息忽略。否则在谈判中就会感到捉襟见肘。凡是有助于对谈判内容作深入、全面了解的信息资料及可以增强论证谈判主题说服力的证据,都应广泛搜集。

(2)组建谈判团队

组建一个好的谈判团队是完成谈判工作的重要环节。参加谈判的人员要相对稳定,不宜经常变动。配备的专业人员要对口,要熟悉项目的情况,不妨请某领域的专家参与谈判。比起非专家,专家具有更大的影响力。

(3)制定谈判方案

制定好谈判方案是搞好谈判工作的重要保证,并要做好充足的法律准备。此外,要选择好谈判地点和环境,拟订好周详的谈判计划书。

(4)形象策划

务必给自己做好形象策划,以最适当的形象出场,往往能带来好的开端。

2.谈判交锋阶段心理

谈判交锋过程中,最重要的是特别注意谈判技巧的把握。如"投石问路""虚张声势""浑水摸鱼"等。此时,如果双方进入僵持阶段,也是谈判双方实力和智慧较量的攻坚阶段。在这一阶段,双方都会相互挑剔对方的毛病,以设法削弱对手。可以采取的心理策略如下:

(1)沉默

沉默是一种奇妙的策略,当一方表现出沉默的态度时,通常让对手感到不安,迫使对手继续说话,从而很容易得到许多不能轻易得到的信息,以达到平衡的状态,充实信息资源。

(2)以弱取胜

中国有句古话:"大智若愚",如果你能了解得缓慢些,少用一点果断力,稍微不讲理些,也许反而会得到对方更多的让步和更好的价格。

(3)火上浇油

火上浇油可以迫使对方放弃犹豫不决的态度,达成协议。在谈判的僵持阶段常常使用这种策略。

(4)黑脸白脸

黑脸白脸又称坏人与好人策略。先是由唱黑脸的人登场,他傲慢无礼、苛刻无比、强硬僵死,让对手产生极大的反感。然后,唱白脸的人出场,以合情合理的态度对待谈判对手,并巧妙地暗示:若谈判陷入僵局,那位"坏人"会再度登场。在这种情况下,谈判对手一方面不愿与那位"坏人"再度交手,另一方面被"好人"的礼遇迷惑,而答应他提出的要求。

(5)失踪策略

在谈判时,对方最高主管因事退出,使谈判陷入僵局,所有事情必须等他回来再谈。

总之,谈判是一个提问、答复、陈述、辩驳、赞美、批评的过程。在实践中,谈判人员要善于在谈判中运用各种谈判技巧,敏锐探察出对方的动机,才能达到出奇制胜的谈判目的。

本章小结

本章研究的重点是分析产品服务心理,售前、售中、售后服务心理与服务策略。掌握服务营销与顾客心理,服务营销心理策略;顾客心理特征与阶段心理,心理策略与顾客控制欲望。分析客户的类型、客户的三种心理状态和三种心理障碍及影响消费心理的因素。介绍了谈判各阶段的心理表现和心理策略。分析谈判者自身的个性心理,避免产生误差,采取有针对性的措施。

课后练习

一、填空题

1. 营销活动的实践过程将产品销售服务心理分为(　　)、(　　)和(　　)三个阶段来考察顾客的心理活动及对顾客应采取的心理策略。
2. 销售服务按服务时间分,有(　　)、(　　)、(　　)。
3. 谈判者的性格除特殊因素外,一般分为(　　)、(　　)、(　　)三类。
4. (　　)是推销活动过程中最常见、最直接的推销方式。

二、单项选择题

1. (　　)是指产品从生产领域进入流通领域,但还未与消费者见面的这段时间里的各种服务。

A. 售前服务　　　B. 售后服务　　　C. 售中服务　　　D. 综合服务

2.不是按交易时间划分的客户是(　　)。
　　A.过去型客户　　　B.统一型客户　　　C.现在型客户　　　D.未来型客户
3.(　　)是现代市场营销活动的重要组成部分,是实现企业经营目标的重要手段。
　　A.推销　　　　　　B.营销　　　　　　C.销售　　　　　　D.市场
4.处理顾客异议的策略不包括(　　)。
　　A.直接否定法　　　B.间接否定法　　　C.转换法　　　　　D.比较法
5.谈判阶段不需要经过(　　)
　　A.前期阶段　　　　B.检测阶段　　　　C.交锋阶段　　　　D.成交阶段

三、多项选择题

1.销售服务按地点分,分为(　　)。
　　A.固定服务　　　　B.流动服务　　　　C.免费服务　　　　D.收费服务
2.售中服务主要包括(　　)三个方面。
　　A.介绍产品　　　　B.充当参谋　　　　C.付货与结算　　　D.咨询服务
3.推销过程的心理特点包括(　　)。
　　A.持尝试心态　　　B.持疑问心态　　　C.持欢迎心态　　　D.持否定心态
4.售后顾客的心理状态分为(　　)。
　　A.咨询心理　　　　B.求助心理　　　　C.试探心理　　　　D.退换心理
5.推销活动中属于顾客心理表现的划分的是(　　)。
　　A.冷漠型　　　　　B.软弱型　　　　　C.干练型　　　　　D.保守型

四、简答题

1.简述商品销售各阶段的销售服务心理及策略。
2.服务型企业采用的心理策略有哪些?
3.推销过程中客户的心理特点是怎样的?
4.简述谈判者的性格与谈判的关系如何?

五、案例分析

　　一个作家出版了一本书,他拿着书去让总统给个评价。总统看了一下,说:"这书写得很好!"作家回去后对此书大加宣扬,说此书受到总统的大加赞赏。结果这本书被抢购一空!此后作家又出版了一本书,这次他又去找总统评价。总统非常生气,说:"这书不值得一读。"作家回去后大加宣扬,说这是一本总统痛恨的书。结果这本书又被抢购一空!作家出版了第三本书,他又拿着书去找总统评价。这次总统看都不看就拂袖而去。可是作家回去后还是对这本书大加宣扬,说这是一本让总统无语的书。结果呢,这本书再一次被抢购一空!

　　问题:
　　(1)请运用相关原理,分析案例中的这位作家的书为什么会被抢购一空?
　　(2)以你最熟悉的商品为例,分析你在购买促销产品时的心理过程。

实践与训练

实训项目一　产品推销实战训练

[训练目标]

1.了解顾客购买产品时的心理反应。

2.培养有效解决顾客心理疑虑的能力。

[训练内容与要求]

根据某一产品,将学生分成 A、B 两组,A 组成员就该产品用纸写出所有能写出的异议,B 组成员就该产品可能出现的异议编制标准应答语。然后有 A 组成员将异议一一提出,B 组选代表进行解答。训练解答异议的技巧,说服顾客采取购买行为。

[成果检测]

根据小组成员答辩的实际表现,给参与人员评估打分。

实训项目二　自我评估

通过以下 10 个问题,看你提供的服务是铜质的、银质的还是金质的。然后思考并且客观地评价你自己,这样将会帮助你了解你个人服务的长处以及在哪些方面存在问题。

调查提纲(自我评估)

用下列数字给每个问题评分：

0＝几乎没有

1＝有时

2＝经常

3＝几乎总是

——当和一名客户谈话时,我是全神贯注地和他(她)讲话,而不做其他的事情(如操作电脑,无关紧要地写写画画,看报纸等)吗？

——当和一名客户谈话时,我会同他(她)目光接触,以表示我在注意听吗？

——当和一名客户在电话中交谈时,我努力地运用抑扬顿挫,表明很有兴趣、很关心吗？

——我在电话铃响三声之内接电话吗？

——当我需要让客户不挂断电话等候,在这么做之前我征得他(她)的许可吗？

——我避免使用技术术语而是用客户能听懂的语言吗？

——当无力为客户提供他(她)所想要的服务时,我为他(她)推荐其他选择的方案吗？

——当我犯了错误时,我会真诚地向客户道歉吗？

——当一名客户表达了不满的情绪时,我会保持冷静并表示理解吗?即使我认为他(她)是错的。

——我把客户的投诉看成一次改进服务的机会,而不是把它看成一个占据宝贵时间的问题吗?

【为你的调查提纲评分】

把 10 个问题的得分相加,然后看一看你做得如何。如果你的得分是:

0 分~12 分:你正处于铜质服务阶段。

13 分~22 分:你正处于银质服务阶段。

23 分~30 分:你正处于金质服务阶段。

为了了解有关你的分数意味着什么和从现在的位置你可以发展到哪个阶段,可在下面讲述的这几个等级中对号入座:

铜质服务水平

得到这个水平的分数并不意味着你不在乎你的客户。我们发现得到铜质服务水平的分数是由下面三个原因之一造成的:

● 你是服务领域的新手,正在学习如何同客户交往的一些细节问题。如果这一说法适用于你,那么参加如何做好客户服务的培训将会帮助你达到银质水平阶段,甚至更高的阶段。

● 你是一个老练的服务提供者,但是你曾经练习过的许多基本技能很可能已变得生疏了。那么就要通过重新学习客户服务培训课程,更新基本技能。

● 最后的原因同工作的适合性有关。这么多年,我们遇到某些不喜欢同客户打交道或不喜欢帮助其他人解决问题的人。他们本身也没有错,只是因为他喜欢独处。如果这种情况适合你,你可能要考虑换份工作或改变一下你现在工作的重点。

银质服务水平

你对基本技能有深刻的理解,但是你不能始终如一地坚持运用它。不能始终如一地坚持的原因可能是你被工作压垮了。在高兴的日子里,你提供好的服务;而在情绪低落的日子里,你提供劣质的服务。关键是要坚持始终。切记不管你同客户在一起度过多长时间(也许是一个 30 秒钟的电话或者是一个小时的会面),也不管你有多忙,对于你打算采取的态度,你总是有自己的选择。花大约 30 天的时间可以形成一种新的习惯。所以每一次你同一名客户打交道时,要特别注意遵循调查表上所包括的内容,特别是在你不愿意做的时候。

金质服务水平

祝贺你!在提供服务方面你是一名专家。你似乎完全掌握了这些基本要求,而且准备好了迎接更大的挑战。为了继续发展,应该考虑以下建议:

● 你完成了对自己的评估后,再让一名你很了解也很信任的同事对你再进行评估,从而得出他的结论。这样可能会看到你的盲点,指出你需要改进的地方。

●超出服务基本技能的范围,进行自我考查,这样你通过学习,可以在更复杂的服务技巧方面接受培训来进一步提高自己。

我们建议你再重复看一遍上述调查表,而且把客户这个词换成职员,这么做会帮助你评估你的工作,看一看你是否能够很好地对待你的职员。

第十章

广告宣传与消费心理

学习目标

【知识目标】
1. 掌握广告心理过程中的重要心理环节
2. 掌握广告的创意心理,诉求心理
3. 理解广告的选择与实施心理
4. 掌握常用的广告心理效果测评方法

【能力目标】
1. 学会广告定位心理方法
2. 学会使用广告诉求的情感元素和理性心理方法

案例导入

三生三世"百草"飘香

随着品牌植入形式和影视剧类型的多元化,看剧过程中撞见各种各样的广告植入,对于观众来说已并非新鲜事。受制于题材类型、场景剧情等限制,古装剧相较现代剧拥有更高的广告植入门槛,但2017年的热播大剧《三生三世十里桃花》成功牵手坚果零食品牌百草味,完成了一次打破观众和粉丝次元壁的广告植入。

电视剧《三生三世十里桃花》自开播以来便备受瞩目,在收视率接连破1的同时,全网播放量也以风驰云卷般的速度迅速冲破了200亿,掀起全民追剧热潮。

鉴于古装剧中少见植入的事实,"百草味植入电视剧《三生三世十里桃花》"这件事本身已经自带话题讨论度,因此百草味正式官方公布之后,就收获了众多粉丝的趣味互动。接下来,一组倒计时海报和创意海报接连公开,2017年2月1日百草味借助剧集与明星粉丝效应成功为品牌预热,在电视剧只播出四集、品牌尚未露出的情况下,由百草味发起的微博话题"百草味陪你看《三生三世十里桃花》"的阅读量已经突破23万。

一、根植IP内容,品牌方的植入新思路

作为一部备受瞩目的古装仙恋电视剧,《三生三世十里桃花》以神话故事为背景,以缠绵的爱情为主题,却也不乏灵动和贴近生活的场景和人物设定,比如女主角白浅喜欢喝酒看话本、众位神仙酒宴中互相送礼、白浅与夜华的儿子阿离是个"吃货"等,这些都为百草味的植入奠定了基础。

与一般的贴片植入、品牌露出不同,以往的广告植入将剧情与品牌割裂开,即使是简单地露出logo也会显得生硬,使观众产生不适感。百草味此次对《三生三世十里桃花》的植入则充分考虑了粉丝的观剧体验,提出了一种全新的植入思路。

根植于IP的内容本身,百草味充分发挥坚果零食品牌的能动性,以"食品总监"的身份进驻电视剧,并结合仙恋背景冠以"四海八荒第一食品总监"的头衔。

二、古装剧中打广告,百草味未播先火

在电视剧知名度和明星影响力之下,此次对于《三生三世十里桃花》的植入,百草味需协调电视剧粉丝、明星粉丝以及消费者三种群体的需求与审美取向,因此研读剧情、熟悉演员形象与粉丝口味,就成了品牌方的基本素养。"食品总监"的身份或许只适用于一部电视剧,但这种根植于IP内容、进行精准定位的植入思路却为广大品牌方指出了新方向。经此一役之后,观众未来或许能看到更多古装剧广告植入方式。

三、水平垂直共发力,百草味的娱乐营销之路新玩法

纵观其娱乐营销之路,百草味从来不乏对于热播影视剧植入的热衷。对于品牌而言,IP选择举足轻重,只有同时满足观众与消费者群体高度重合、社交媒介传播属性高、植入形式不落窠臼这三个条件,每一次植入才能变成一次精准且深入的营销。

点 评

作为主打休闲食品的品牌,百草味定位年轻消费群,娱乐营销毫无疑问是提高知名度和话题度的最佳选择。从国产偶像剧到热播韩剧,再到古装仙恋剧,百草味一直在探索营销新玩法,"多元内容合作+内容深度融合",百草味水平垂直共同发力,不仅带动了行业升级,也成功打开了品牌与消费者的全新链接方式。

第一节 广告的心理机制与过程

生活在现代社会中,人们几乎无时、无处不在与广告直接或间接地发生关系。广告已经成为现代社会中最普遍、最常见的社会现象之一,成为人们经济生活中不可缺少的组成部分,并且在日益明显地影响和改变着人们的消费观念和购买行为。因此,研究广告与消费心理,就成为消费心理学的一项重要任务。

一、广告的心理机制

在市场竞争中获得成功的企业或品牌几乎都离不开广告这一经济手段。因此,我们接下来将讨论广告对消费者的影响,即广告的心理机制。具体来说,广告的心理机制是指广告通过其特有的手段作用于人们心理活动的过程。广告对消费者的影响通常是多层次、多侧面的,对此广告研究者从20世纪初就开始进行了广泛的研究,至今已形成了一系列的广告心理效应模式。

(一) AIDA 模式

1925年,斯特朗将 AIDA 模式引入广告效果评价中。AIDA 模式成为第一个广告效果测量模式,因而在理论方面影响较大,在广告研究文献中经常被引用、介绍。斯特朗认为广告作用于人们心理的过程由四个步骤组成:注意(Attention)、兴趣(Interest)、欲望(Desire)、行动(Action)。这一模式认为,广告作用于受众的心理过程首先是引起注意,即由周围事物指向和集中于特定的广告,使广告内容可以进入人们的视觉或听觉;然后开始对注意到的广告发生兴趣,这种兴趣能使人们产生继续了解有关内容的热情或耐心;接着形成占有广告产品的心理渴求和愿望,即欲望;当欲望积累到一定程度,最后将导致顾客采取行动购买产品。

(二) L&S 模式

真正得到广告界广泛认可的是勒韦兹和斯坦纳模式,简称 L&S。L&S 模式不仅常常被广告研究者引用、提起,而且成为许多企业及广告代理公司制定广告目标的理论基础。

勒韦兹和斯坦纳认为,消费者对广告的反应由三个部分组成,即认知反应、情感反应和意向反应。认知反应包括知晓和了解。所谓知晓,是指消费者发觉产品的存在,它发生于消费者与广告接触时;了解是消费者对产品性能、效用、品质等各方面特点的认识。情感反应包括喜欢和偏好。喜欢是消费者对产品的良好态度；偏好是消费者对产品的良好态度扩大到其他方面。意向反应包括信服和购买。由于偏好，消费者产生了购买欲望，而且认为购买该产品是明智的，这就是信服。信服代表决策的结果，它说明在做出决策之后，消费者已经坚信要购买广告产品，或者说有了购买广告产品的动机；购买是由态度转变为实际的行为反应。勒韦兹和斯坦纳还认为，广告活动要达到最终目的，就要促使消费者由知晓向购买更具体地加以进展。

> **小案例**
>
> **GODIVA 巧克力**
>
> 对于全球十大巧克力品牌之一的 GODIVA 来说，制造巧克力的要求极为严谨，尤其着重追求巧克力的芳香、质感及浓度的平衡，务求令巧克力的色、香、味都能达到尽善尽美的效果。而且，GODIVA 只采用高品质的馅料制造巧克力，用作调配巧克力浓度及质感的用料组合更千变万化，例如：浓郁芳香的象牙海岸可可豆、香滑牛油、上乘奶油、土耳其榛子奶油、腰果仁、果仁牛油。馅料使用各种新鲜的生果，如香橙、水蜜桃、橘子等。
>
> GODIVA 巧克力总监 Thierry Muret 认为："真正的优质巧克力应具备多个特色，包括保持新鲜，选用高档可可豆和牛油等精选的优质材料，味道一般不会太甜，并且富有独特的质感和天然味道。因此，优质巧克力的味道非平价巧克力所能比拟，而且平价巧克力一般会加入人造香料和防腐剂，务求延长产品的寿命。"

二 广告心理过程

（一）广告中顾客的心理过程

顾客接收广告，并做出相应的心理反应。从上述的广告心理机制分析中可以看出，一般来说，顾客的这种心理过程是由既相对独立，又彼此联系、交互作用的三种过程所构成的，即顾客的认识过程、情感过程和意志过程。

1.广告中的认识过程

企业通过广告进行信息传播；顾客接收广告，通过视觉、听觉等器官感知加以记忆，并对所获信息进行分析、综合、判断、推理。通过这样的认识过程，顾客对产品和服务有了全面、系统的认识，做出正确的评价，并留下深刻的印象和记忆，从而为正确制定购买决策奠定基础。

2.广告中的情感过程

在接收广告的过程中，顾客在完成认识活动的同时，也在相应地进行情感活动。这种情感的形成,也直接影响着顾客的购买决策。顾客的购买决策并不是只取决于产品的实用程度,他们对产品或服务的偏好或厌恶,以及对商业企业的人员和物质环境的情感也都会影响购买决策。因此,广告中必须高度重视广告宣传对顾客情感产生的影响,通过富有人情味的广告,对顾客动之以情。

3. 广告中的意志过程

顾客的购买过程是一个不断搜集信息,反复比较、评价的过程,即不断地在"购买"与"不购买"中权衡、选择。因此,通过广告,可以在传递更加全面的信息、增进情感的同时,使顾客消除疑虑,排除干扰,坚定信心,果断地采取购买行动。这就是顾客接收广告心理过程中的意志活动。因此,在广告中,必须针对顾客的疑虑和受到的种种干扰,提供有用的信息和有力的引导、帮助,促进意志活动的顺利进行,帮助顾客坚定地实现既定的目标。

(二)广告中顾客的心理阶段

顾客在接收广告的过程中,其心理活动主要由注意、兴趣、欲望、记忆和行动五个阶段组成,如图10-1所示。

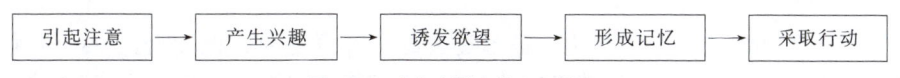

图10-1 广告中顾客的心理阶段

当商业企业向顾客发出广告后,首先,要引起顾客的注意。如果不能引起顾客的注意,那么,再好的广告信息也无法被顾客所接收。广告一经引起顾客的注意,下一步就是能否吸引住顾客,即顾客是否对广告宣传的内容感兴趣。感兴趣就说明接收了广告的信息,并有了喜好的情感。在感知广告信息,并产生浓厚兴趣的基础上,通过广告的进一步作用,就可能产生一定程度的需要和购买欲望。同时,在广告的反复作用下,顾客会对广告产生联想和深刻的印象,形成记忆。通过广告引发顾客的认识活动、情感活动和意志活动,经过上述阶段和三种活动的综合作用,顾客可能会形成强烈的购买动机,制定购买决策,采取购买行动,从而完成了接收广告的心理过程。

三 广告心理过程中的重要环节

适时、合理地运用心理策略,能够有效地增强广告活动的宣传效果。下面,我们重点讨论广告心理过程中的三个重要环节,即引起注意、产生联想和诱发情感。

(一)引起注意

引起注意是产生广告效果的首要因素,注意是心理活动对一定事物的指向和集中。只有引起注意,消费者才能对广告的信息内容加以接受和理解。引起消费者注意是广告成功的基础。广告可以采取多种心理策略来引起消费者的注意。

1. 增大刺激的强度

只有当刺激达到一定的强度时,才能引起人们的注意。例如,在广告中采用鲜明的色彩、强烈的光线、醒目的字体、突出的图案、特殊的音响效果等。

2.增加刺激物之间的对比

广告中刺激物之间的对比度越大,人们对刺激物所形成的条件反射越明显,越容易引起受众的注意。如广告中色彩的明暗对比、光线的强弱对比等。通过对比,突出广告所要宣传的重点内容,提高广告的记忆效果。

3.利用刺激物的运动变化

运动着的事物、变化中的刺激更容易引起人们的注意,动画片的效果胜于幻灯片就是一个显著的例子。如影视广告、电子显示屏广告中忽明忽暗的光线;户外不断闪烁变化的霓虹灯等。

4.增加刺激物的感染力

诱人的题材、新奇的构思、富有艺术性的广告制作,都能增强广告的感染力,使消费者保持对广告较长时间的注意。

(二)产生联想

联想是一种由当前感知的事物回忆起过去的另一事物的心理反应。在广告宣传中,充分利用事物之间的联系,启发消费者的联想,无疑能起到提示消费者回忆、提高记忆效果、刺激消费需求的心理作用。启发联想的方法有以下几种:

1.形象法

形象法即利用消费者熟知的某些形象来比喻和提高产品形象的方法。明星广告就是典型的例子。

2.暗示法

暗示法也称暗喻法,即通过语言或画面创造出一种耐人寻味的意境,给消费者留下广阔的联想空间。

3.反衬法

反衬法,即广告产品不直接对准传播对象,而以其他形式来表现广告产品,以此影响真正的传播对象。

4.讲述法

讲述法,即利用文字或画外音述说一个传说或典故,来表明广告产品的名贵和历史悠久。不少传统名酒采用此种广告手法。

5.比喻法

比喻法,即利用某些恰到好处的比喻来宣传产品。

(三)诱发情感

消费者的情感状态直接影响着他们的购买行为导向。积极的情感体验,如满意、愉快、喜爱等,能够增进消费者的购买欲望,促进购买行为;而厌烦、冷漠、恐惧等消极的情感体验则会抑制消费者的购买欲望。一则好的广告应该有助于促进消费者形成积极的情感,包括信任感、安全感、亲切感与美感。

> **小案例**
>
> 星巴克不花一分钱做广告
>
> 品牌背后是人在经营,星巴克严格要求自己的经营者认同公司的理念,认同品牌,强调动作、纪律、品质的一致性。
>
> "我们的店就是最好的广告",星巴克的经营者这样说。星巴克认为,在服务业,最重要的行销管道是分店本身,而不是广告。如果店里的产品与服务不够好,做再多的广告吸引客人来,也只是让他们看到负面的形象。星巴克不愿花费庞大的资金做广告与促销,但坚持每一位员工都拥有最专业的知识与服务热忱。"我们的员工犹如'咖啡通'一般,可以对顾客详细解说每一种咖啡产品的特性。通过一对一服务的方式,赢得信任与口碑。这是既经济又实惠的做法,也是星巴克的独到之处!"
>
> 另外,星巴克的创始人霍华舒尔茨意识到员工在品牌传播中的重要性,他另辟蹊径开创了自己的品牌管理方法,将本来用于广告的支出用于发放员工的福利和对员工进行培训。这对星巴克"口口相传"的品牌经营起到了重要作用。

第二节　广告策划与设计心理

广告策划做得好,会收到意想不到的效果。本书主要从广告定位心理、广告创意心理、广告诉求心理和广告文化心理方面来介绍。

一、广告定位心理

广告定位心理主要有抢先定位心理、强化定位心理、比附定位心理、逆向定位心理和补隙定位心理等。

1.抢先定位心理

抢先定位心理是指企业在进行广告定位时,力争使自己的产品品牌第一个进入消费者的心目中,抢占市场第一的位置。一般来说,第一个进入消费者心中的品牌是很难被驱逐出去的。

2.强化定位心理

强化定位心理是指企业成为市场领导者后,还应该不断地加强产品在消费者心目中的印象,以确保第一的地位。实行强化定位应做到以下几点:

①不断加强消费者起初形成的观念

如可口可乐所用的强化广告词是"只有可口可乐,才是真正的可乐"。仿佛可口可乐是衡量其他一切可乐的标准,相比之下,其他任何一种可乐类饮料都是模仿"真正的可乐"。

②绝不给竞争者以可乘之机

品牌领导者不应盲目自大,应该密切注视竞争者的动向,掌握竞争优势。

3.比附定位心理

比附定位心理是指企业在广告定位中,不但明确自己现有的位置,而且明确竞争者的位置。竞争者的位置与自己的位置一样重要,甚至更加重要,然后用比较的方法设法建立或找到自己的品牌与竞争者的品牌、自己想要占据的位置与竞争者已占据的位置之间的关系,使自己的品牌进入消费者的心目中。例如,不含铅的汽油、无糖饮料等都是新观念相对于老观念的比附定位。

4.逆向定位心理

逆向定位心理是指企业在进行广告定位时,面对强大的竞争对手,寻求远离竞争者的"非同类"的构想,使自己的品牌以一种独特的形象进入消费者心中。

> **小案例**
>
> **有一种哈啤叫舔瓶**
>
> 哈尔滨啤酒推出了一款蓝瓶的冰纯白啤,主打概念是好喝到让人舔瓶,并且发布了一支白熊舔瓶的魔性视频。微博上迅速发起话题"有一种哈啤叫舔瓶",网友纷纷回应,阅读量超过5 000万,网友参与讨论次数达4.8万。
>
> 哈尔滨啤酒冰纯白啤"白熊舔瓶"发布会之后,竟有啤酒爱好者也出现舔瓶行为,行为学家笑称为"释放动物本能",并且认为,喜欢就舔瓶,没有什么不对!

5.补隙定位心理

补隙定位心理是指企业在进行广告设计时,根据自己产品的特点,寻找消费者心目中的空隙,力求在产品的大小、价位和功能等方面独树一帜。只要悉心研究,在广告定位时就能找到你所需要的空隙。

二、广告创意心理

广告创意人员必须展开丰富的想象力创造出新颖、独特的新形象,才能引起受众的注意。通过受众的再造想象,使其准确理解广告主题,甚至使受众产生恰当的联想,从而增强广告的感染力。

(一)广告创意的心理素材

1.广告创意与广告制作

广告创意是依据所确定的广告主题进行的整体构思活动。通过构思,创造一种意象、主意、点子来充分表达广告主题。制作时使用艺术的手法表现构思,其结果是制作出广告作品。

2.广告创意的主要依据

广告创意是一种创造性活动,需要创意人员通过创造性思维,展开丰富的想象才能制造出高水平的广告作品。但这种创造活动并不是随心所欲地进行的,判断一个广告创意水平高低的依据有两个:其一是广告创意是否反映了广告的主题或广告的诉求重点,一个广告创意无论多么新颖、独特,如果不能充分反映广告主题或与广告主题不协调,就不能算作好的广告创意;其二是是否符合消费者的心理特点和要求,有助于消费者准确理解广告主题。

3.广告创意的心理素材——表象

任何一幅广告作品的构思都是建立在一系列具体素材基础之上的,来源于当前的客观对象,也可以来源于头脑中存储的客观对象的形象。

当客观事物不再作用于我们的感觉器官时,我们对从前曾感知过的客观事物仍有一定的印象。而把过去曾经感知过的对象的形象在头脑中再现出来,就是表象,或记忆表象。广告创意人员在进行构思时需要使用大量素材,这些素材大多是表象的形式。

(二)广告创意中的想象构思

1.想象的含义

在广告的创意过程中,往往需要对记忆表象进行加工改造,以形成新的形象。这种在已有知识经验的基础上,在头脑中对已有表象进行加工改造形成新形象的过程,叫作想象。

无论一个人的想象力多么丰富,也不会凭空创造出新的形象。所以,为了提高自己的想象力,广告创意人员必须具备敏锐的观察力,不断积累素材,才能在构思时产生不尽的灵感。

2.想象的种类

依据想象活动有没有预定的目的,可以把想象分为无意想象和有意想象。

(1) 无意想象

无意想象又称不随意想象,是事先没有特定目的,不由自主产生的想象。例如,天上白云的变化,我们可以想象成白雪,或想象成羊群等,都属于无意想象。

(2) 有意想象

有意想象又称随意想象,是指按一定目的自觉进行的想象。根据想象的创新程度和形成过程的不同,可把有意想象分为再造想象和创造想象。

3.构思想象

在广告创意中,想象是最重要的心理活动之一。构思想象是不依赖现成的描述而独立地创造构思出新形象的过程,它具有创造性和新颖性的特点。艺术家的新作品、设计师的新设计都是构思想象的产物。

一般来说,在广告创意中可以用原型启发、联合、黏合、突出、留白、合成艺术等常用手段来构思新形象。

(三)广告创意的再造想象

广告的成功离不开设计者的创造想象,同样也离不开广告受众的再造想象。但广告受众的这种再造想象,并不是被动地简单接受、机械地复制,而是用自己的表象系统去补充,发展所接受到的广告信息,从而在头脑中形成一定的形象。因此,为了使消费者准确地再造出要传播的广告形象,广告信息应力求准确、具体、重点突出。同时,在广告构思过程中应考虑目标受众的知识经验,采用他们所熟悉的形式,充分利用已有记忆表象再现出设计首要传播的形象。如果忽视了受众已有经验的基础,一个能够反映广告主题的很好的创意也可能在传播过程中产生沟通障碍。

广告的成功既离不开设计者的构思想象,也离不开受众的再造想象,设计者新颖、独特的创造想象是吸引受众注意力、增强广告感染力的前提;而受众只有通过再造想象,才能正确领会广告所描绘的产品性能、用途等信息,并由此唤起一定的情感体验,从而形成一定的广告态度、品牌态度和购买意向。

三 广告诉求心理

广告诉求是指用什么样的广告内容和形式对消费者进行说服的广告策略。广告诉求所要解决的就是说什么和如何说的问题,即选择什么样的广告诉求点和诉求形式。通常可以根据消费者的主导需要选择广告诉求点。

(一)广告诉求点分析

广告的目的在于影响消费者的消费行为,而消费者的消费行为则源于其消费动机,消费动机又是在消费需要的基础之上产生的。因此,只有准确把握消费者的需要,才能提高广告的说服效果,根据消费者主导需要的变化及时改变广告诉求点。广告向消费者进行有力的诉求,一方面必须对广告所要宣传介绍的产品或服务有全面详细的了解;另一方面必须对广告诉求对象的需要、动机有充分的认识。本书前面已经对消费者的需要进行过研究,而事实上人类的需要多种多样,有先天需要(生理需要),也有后天需要(社会需要)。一个人往往同时有多种需要等待满足,一种产品可能同时满足消费者的多种需要。由此可见,广告诉求是一个决策性问题。它不仅要以产品的优点为基础,还必须考虑消费者的心理需要。为了使广告诉求的决策合理、正确,下面几种心理策略是值得广告者加以重视的。

1. 诉诸特殊的需要

在广告说什么的问题上,要突出介绍产品所具有的优点,以及产品所能满足的消费者的特殊需要——利益。一般来说,这种诉求策略比较容易掌握,因而在广告中也比较常见。如"贝立兹"英语口语速成学习材料等。

2. 激发低层次的需要

按照马斯洛的需要层次理论,层次越低的需要,其行为驱动力就越大。因此在一种产品能同时满足人们的多种需要时,广告诉诸消费者的低层次需要,其宣传效果可以大大提高。新加坡航空公司的一则广告就是激发消费者低层次需要的成功案例。在广告中,他们呈现给人们精美的食品和服务,因而招来了大量的旅客。

3. 诉诸重要的需要

每个消费者在做购买决策时,都会考虑到他们需要满足的各种需要。而在他们的各种需要中,总有他们认为首先应该满足的。广告宣传就应尽力抓住消费者的这一需要。

4. 强调特定需要满足的重要性

每一种产品都有其长处,也有其短处。然而产品的长处不一定是消费者最迫切需要的。在这种情况下,广告就要强调这种长处的重要性。例如,冰箱"省电"对消费者来说也许并不重要,但是如果你在广告宣传中着力强调"节约用电"的重要性,那么,消费者也可能对此引起重视。

5. 激发新需要

随着社会和科学技术的不断发展,一些用于丰富人们物质生活和精神文化生活的新产品或服务不断出现。广告就应该努力去激发人们的新需要。例如,在繁华、发达的城市,一些文化娱乐需要已不是什么新鲜的,而在边远的偏僻农村,它们可能是有待激发的新需要。

(二) 两种基本的广告诉求形式

广告说服的目的是影响消费者的态度和行为,也就是使消费者产生积极的品牌态度进而产生购买行为。态度包含认知、情感与行为意向三种心理成分。一般情况下三种心理成分是和谐一致的,若不一致,则可能发生态度的改变。通过影响消费者态度的认知成分与情感成分进而影响行为意向或购买决策是基本的广告策略,因此广告诉求的基本形式也分为两大类:一是以影响消费者认知为主的理性诉求形式;另一种是以影响消费者情感为主的情感诉求形式。

1.广告的理性诉求

采用什么样的广告内容和广告形式对消费者进行说服与产品自身的特点有很大关系。各种产品都具有其特定的功能,如矿泉水可以解渴,感冒药可以治病。产品的这些功能是由其本身所具有的物理、化学属性所决定的,因此,产品具有其基本的功能性价值。理性诉求就是以产品功能或属性为重点的广告诉求形式。产品的功能是消费者追求的利益,如保健品提供营养、药品能够治病等。

2.广告的情感诉求

消费者购买和使用产品在很多情况下是为了追求一种情感上的满足或自我形象的展现。当某种产品能够满足消费者的某些心理需要或充分体现出其自我形象时,它在消费者心目中的价值可能远远超出产品本身。有时质优价廉的产品未必能够赢得消费者的青睐,这时最受欢迎的产品不再是"最好的",而是消费者"最需要的"。在人们追求消费个性化的情况下,一味地介绍产品功效的理性诉求的广告,很容易使人产生"王婆卖瓜,自卖自夸"的印象,既显得单调、机械,又容易使人产生逆反心理。而富有人情味和艺术性的情感诉求的广告,通过激发消费者积极的情感体验,可以有效地克服消费者的心理抗拒,使其在潜移默化中接受广告影响,达到润物细无声的效果。

(三)广告诉求的心理策略

1.理性广告诉求的心理策略

(1)选择强有力的主导特性

由于广告呈现的时间较短,同时受众的信息加工能力与动机又是有限的,所以广告要传播的信息不可能面面俱到,应突出重点,根据目标消费者的主导需要、自主品牌与主要竞争对手品牌的特点,选择强有力的主导特性在广告中加以传播,能够极大地增强理性广告的说服力。

(2)利用双面说服手段

突出广告产品的特点时也不回避次要特性的不足,即宣传的客观性。一般来说,成功的广告不仅指明了该产品的优缺点,而且很巧妙地从该产品的不足上暗示了它的高标准,令人信服。

(3)实际表演或操作

当人们接触到新产品或不熟悉的产品时,总会有所疑惑。解除疑惑的一个有效途径就是给予实际的表演或让消费者亲自尝试。例如,日本西铁城钟表为了在澳大利亚打开市场,特意把手表从直升机上抛下,手表仍安然无恙,从此其名声大震。

(4)科学鉴定的结果和专家学者的评价

行为科学的知识表明,当人们对某种产品缺乏知识和经验时,容易受他人影响。由说服理论可知,心目中的权威是最具影响力的。因此,借助于科学的鉴定结果可以提高可信度。

(5)消费者现身说法

由普通人介绍自己使用某商标产品的切身感受,接近于民间的口传信息,使人听后倍感亲切。

2.情感广告诉求的心理策略

(1)紧紧抓住消费者的情感需要

情感诉求要从消费者的心理需要出发,紧紧围绕消费者的情感需要进行诉求,在情感广告中,广告刺激必须以消费者的需要为中介才能发挥作用。广告要想打动消费者,必须针对消费者的需要进行诉求,同时,把产品与消费者的需要紧密联系,使消费者一出现类似需要就联想到该产品,这样就能取得良好的促销效果。

(2)增加产品的心理附加值

人的需要具有多重性,既有物质性需要,也有精神性需要。作为物质形态的产品与服务,本来并不具备心理附加值的功能,但通过适当的广告宣传,就会给产品人为地赋予这种附加值,甚至使该产品成为某种意义或形象的象征,购买这类产品时可以获得双重的满足。

(3)利用情感的迁移

爱屋及乌是一种司空见惯的心理现象,意思是说,当喜欢一个人时,也会喜欢与这个人有关的人或物,这是一种情感迁移的现象。许多厂商不惜重金聘请深受消费者喜爱的明星出面做自己产品形象的代言人,其目的就是试图使消费者把对明星的积极情感迁移到广告中的产品上。有关名人广告的问题将进行专门论述,此处不再重复。

(4)利用暗示,倡导流行

通过持续的广告宣传,形成消费者新的消费理念,倡导一种流行的消费趋势,满足消费者的心理需要。

表 10-1 中体现了几条运用广告诉求策略后,效果较为显著的广告语。

表 10-1　　　　　　　　　　广告语

主题	运用广告诉求策略后的文稿
七喜汽水不是一种可乐	七喜,非可乐
请乘坐我们的公共汽车,省得您自己开车	请乘公共汽车,让我们为您开车
买东西只需要翻我们的电话簿	请君以指代步
飘柔洗发水	发质动人,气质动心
我们可租的车好,但服务更好	我们在每个细节都加倍为您效劳

四 广告文化心理

(一)广告文化的影响

广告既是一种文化形态,又是一种文化传播载体,具有鲜明的文化属性和文化意义。广告文化产生于广告活动中,不是一种孤立的文化形态,而是在纷繁复杂的文化世界中的一种具有独特意义的现象,是社会文化的一个组成部分。

广告文化具有经济功能和文化功能,不仅对社会经济发展有显而易见的推动作用,对社会的政治生活、文化建设等亦有不可忽视的影响。广告以传递商业信息、沟通产销关系的桥梁作用显示其经济功能,广告文化在传递商业信息的基础上,主要通过知识、观念、生活方式引导消费,传播企业文化精神及塑造企业良好形象等显示其经济功能。健康向上的广告文化在实现其功能的过程中对社会做出积极的贡献;不良广告文化则是有害的毒素,产生负面作用,造成消极影响,例如,直接或间接地宣扬享乐主义、奢靡颓废的生活方式;滥用谐音,乱改成语熟语,破坏语言规范等。

(二)广告文化的策略

1. 根据不同的文化区域,选择不同的文化类型,明确目标受众

毫无疑问,人们长期生活在一个文化区域的环境中,共同享有同一种文化,自然要接受区域文化的教化。因此其居民的心理、性格和行为也必然带有区域文化的特征。但是,由于文化区域的形成和发展是比较复杂的,是由各种变量关系决定的。这就必然导致不同文化区域和区域内的文化特质,既有差异,又有相似之处,既相互独立、自成一体,又相互影响与渗透。鉴于这种情况,我们进行广告的文化定位与诉求,不能不在实施传播或推出广告作品之前进行详细的勘察、科学的分类,选择和确定文化区域内的不同文化特质或文化类型。

2. 站在公众的立场上,把握广告对象的多重需求,找准其心理期待

广告的文化定位与诉求,要求广告人或广告制作者必须在广告的意念确立、表现形式与风格的选择等方面体现广告对象的期望,即真正从广告对象的观点和立场出发来制作和传播广告。深入了解消费者的个性,准确把握消费者的消费行为。

从广告文化定位的视角出发,广告人要了解消费者的行为,就必须了解各种因素对消费者行为的影响,并由此开发广告的文化定位策略,以期对消费者的决策行为产生有利于广告公司和厂商的影响,使消费者的反响符合广告目标。此外,我们还需注意分析和把握消费的流行趋势。

第三节 广告实施心理

商业广告一经实施,就会引发顾客的一系列心理反应。正确地认识这些心理反应,以便有针对性地组织实施,是增强广告效果的重要方面。

一、广告选择与实施心理

(一)广告媒体选择及心理

广告是借助媒体来传播的。广告媒体是指所有付费的且能够使广告受众产生反应的

物质手段和方法,即广告信息和广告创意的物化形象的载体。广告媒体的使用直接关系到信息传播的范围和程度,很大程度上决定了广告的效果。在现代经济社会中,最重要的广告媒体是报纸、杂志、广播和电视。此外,直接邮寄广告、网络广告、户外广告、交通广告、包装物广告、POP广告等近年来发展迅速,成为广告媒体的新宠。

1. 报纸广告

报纸是最古老的广告媒体,它的影响力和普及性远远超过其他媒体形式。如今,报纸仍然是使用最普遍的广告媒体,几乎适用于所有的产品广告。报纸广告是一种印刷广告,传播及时、发行量大,在人们心目中具有较高的权威性和信誉度。具有保留价值,并且报纸本身售价低,有利于广告的传播。

但报纸广告时效性短;内容繁杂,容易分散广告受众的注意力;有些报纸印刷技术欠佳,美感不强,缺乏对产品款式、色彩等外观品质的生动表现。

2. 杂志广告

杂志也较早用于广告宣传,杂志与报纸同属于印刷媒体,其拥有较为集中的读者群,还可以互相传阅,吸引力强,宣传效果好。

但杂志广告阅读范围相对较小,广告传播面有限;制作周期固定而且较长,导致其灵活性和时效性差;制作和印刷费用较高,成本较高;信息反馈迟缓,减少了时间价值。

3. 广播广告

广播用作广告媒体虽然比报纸、杂志晚,但在短短的几十年之间便遍及全球,几乎无处、无时不在。其传播及时迅速,覆盖率高。配以音乐,穿插对话、情节等独特的广播艺术,具有较强的表现力,因此,渗透力强。并且与报纸、杂志、电视广告相比,广播广告制作便捷,费用最低。

但传递信息的载体只限于声音,而声音转瞬即逝,不易保留;而且由于缺乏视觉刺激,听众记忆中的形象比较模糊,不易让消费者集中注意力,难以给人留下深刻的印象。

4. 电视广告

电视集图像、声音、色彩、动作、文字于一体,把视觉和听觉刺激相结合,可以使信息得到综合性、立体化的高效传播,因而具有强大的宣传魅力,是较能打动人心、感染力较强的大众媒体。其传播范围广,表现形式多样,诉求力强,并且影响力大。

但电视广告要受时间、地点、设备、条件的限制,且制作复杂,费用昂贵。

5. 直接邮寄广告

直接邮寄广告是将广告邮件通过邮寄的方式直接寄送到消费者手中的一种媒体形式,又称为直接函件广告。这种媒体在发达国家使用十分普遍。在我国,随着邮电业的发展,邮件也逐渐成为一种主要媒体。其针对性强,易唤起消费者的亲切感,并且选择性强,制作方便灵活,费用较低。

但直接邮寄广告广泛性差,显露性小,反应不太灵敏,回收率低,反馈时间长。

6.网络广告

随着信息技术的飞速发展,使用互联网的人数日益增多。网络作为一种新兴的媒体,在很短的时间内得到了广泛应用。其即时互动,信息容量大,传播范围广,针对性强,具有实时性与持久性。

但网络广告的效果至今仍无法像传统媒体那样容易把握,虽然能够统计点击人数,但是很难确切地掌握广告的影响区域、对象及其购买力等。而且网络广告受众有较大的局限性。

7.户外广告

户外广告是针对户外行动人群的广告传播形式。它一般包括招贴广告、霓虹灯广告、路牌广告、灯箱、电子显示屏、电子彩讯动画看板等。其有效时间长,艺术感染力强。可以提高品牌形象,并且易于记忆。

但户外广告的局限性是长期固定在某一个场所,宣传区域小,时效性差,不够灵活。

8.交通广告

公交车、火车、轮船、长途汽车、地铁等交通工具车厢内外的广告以及车站的招贴广告,统称为交通广告。随着交通运输工具的迅速发展,交通广告已成为具有普遍性的广告媒介。其具有移动性、重复性,有引人注目的效果,且价格相对低廉。

但交通广告的传播范围有限,也不容易面对特定的目标消费者进行宣传,因而针对性较差。

9.包装物广告

包装是指产品的包装纸或购物袋,它不仅具有保证产品安全、方便消费者携带的基本功能,同时也是一种重要的广告媒体。与其他广告媒体相比,包装对消费者的心理影响往往更加直接和具体。一些设计别致、精美、经久耐用的包装袋由消费者携带外出,成为活动的广告媒体,从而扩大了广告信息的传播范围。

10.POP 广告

POP 广告又称现场销售广告,指在超级市场、百货商场、药房、杂货店等零售店的橱窗里、走道旁、货架、柜台、墙面甚至天花板上,以消费者为对象设置的彩旗、海报、招贴、陈列品等广告物。POP 广告的使用,可以弥补其他媒体广告的不足,强化零售终端对消费者的影响力。现场的 POP 广告能唤起消费者的记忆,进一步激发购买欲望,特别是在自助商店、超级市场等无人售货的销售现场,POP 广告可以代替销售人员起到直接诱导、说明的作用。

(二)广告发布频次心理

商业广告,一般都需要多次发布,以增强广告的刺激强度和防止遗忘,增强记忆。广告发布频次包括单一广告的多次重复和系列广告连续发布等不同情况。

1.单一广告的重复发布

制作一个广告,以一样的主题、内容和形式重复发布,有利于顾客的识记、保持和回忆,特别是更容易再认。但同时,人有思想,善思维,对于反复接收完全相同的广告,也必然产生一些不利的心理反应。因此,要认真分析广告重复的心理活动,并寻求正确的对策。

广告不是重复的次数越多越好,而应有一个合理的界限。为防止由于重复而带来的不良心理反应,一是应控制一个重复的合理界限,对重复次数加以控制;二是处理好播放的密度、间断问题,以及总的重复时间长度;三是要在重复的同时寻求其变化,实现一种更高层次的广告重复。

2.系列广告

系列广告是指在设定统一广告目标的前提下,有计划地制作一系列既相互联系,又相互区别的广告,然后,按一定程序和时间陆续发布。系列广告既可以克服由于简单重复造成的不利心理影响,又可以将多种产品或服务宣传出去,更全面、系统地实现广告目标。系列广告与单一重复广告相比,在顾客心中会产生极好的心理反应。系列广告既一脉相连,又多重组合,各广告之间的心理反应实现相互影响与融合,并产生大于各个广告单独效力的整体效力,出现共生效应。

(三)广告发布时空心理

同样的广告在不同的时间、地点发布,对顾客产生的心理影响是不相同的。

1.广告发布时间心理

感知、注意、兴趣、欲望与记忆等心理活动都同时间因素有关。广告发布的时间不同,也必然带来不同的心理反应。

(1)广告发布的集中与分散、连续与间断

广告的集中发布,能给顾客的感知与识记造成极深刻的印象,但不利于较长时间的保持和回忆;而广告的分散发布有助于较长时间的保持和回忆、再认,但不利于一开始顾客形成感知与识记的深刻印象;连续发布广告可以使顾客不断地受到提醒,有利于长时间的保持,但费用又过高;间断有利于节省费用,并由于间歇而使顾客对广告有新鲜感,但在间断的过程中可能导致顾客对广告的遗忘。应根据广告目标的要求,灵活选择上述策略。

(2)广告发布的频率

广告发布的频率,即广告在一定时段内播出次数的多少。水平频率,即各时段内都采取一样的频率播发广告,有利于均衡地作用于消费心理,可取得持续性的心理反应;递升频率,即广告频率由少到多,达到高峰而停止,有利于不断增强对顾客的心理刺激,常在节日或应季前采用;递减频率,即广告频率由多到少,可以对消费心理造成强烈刺激,引发剧烈的心理反应,再逐步减弱这种刺激,以维持必要的激励水平,如企业新开张可采用此种广告策略;交替频率,即在一个周期内,频率由大到小,再由小到大,根据广告目标的要求灵活安排。

(3)广告发布的时机与时点

人们在不同的时间段、不同的时点上,对广告的注意、兴趣和识记水平是明显不同的。

在广告发布的时机上,一是要利用引人注目的重要节日或时刻做好广告,使广告内容成为众人关注的焦点;二是要努力寻找能与广告产品有内在联系或有利于表现广告产品功能、优势的时机发布广告。

(4)广告发布的时序

广告发布时序,即广告发布与产品上市的先后次序,一般有三种情况:一是同步发布,即在产品上市的同时,发布广告;二是超前发布,即在产品上市之前先发布广告;三是滞后发布,即产品上市之后,再发布广告。三种时序,会产生不同的消费心理,应根据不同产品的广告心理过程模式(主动学习型、低程度介入型和减少不满型)灵活选择。

2.广告发布地域心理

广告在不同地域发布或在不同范围发布,也将影响顾客的心理反应。例如,大面积地全面覆盖,可能造成较大的声势,但由于经费所限,对顾客感知与注意刺激的深度可能不够;而如果实行重点覆盖,可以在较小的重点区域,产生较强的广告刺激,使顾客对广告的感知、注意、兴趣及识记程度明显加强,当然,其不足是广告影响面小。还可以采取渐进覆盖和轮番覆盖等方式,将广告刺激深度与刺激面实行某种方式的结合。

小案例

必胜客的广告策略

必胜客在美国从特许经营中征收4%的广告费。它把2%的预算用于美国全国媒体,2%用于美国地区和当地媒体。某些全国性广告被浪费了,因为必胜客在有些地区售点比较低。例如,即使该公司在美国全国有30%的特许经营市场份额,但有些城市可能只有5%的份额,而另一些城市为70%。高市场份额城市的特许经营者希望在他们城市花更多的广告费。但如果必胜客在地区媒体花费了全部的预算,它就只有一半的钱用于全国。地区开支比本地包含了更大的制作成本和更多的创作活动,它对全国市场来说,仅仅是其创作活动的一部分。又如,全国广告是有效的,但对地区不一定有效。令人啼笑皆非的是,虽然公司在全国广告中花费很多,但各地区促销的效果差别很大。

二 广告心理效果的测评

无论什么样的广告,只要信息一经传出,就存在着一个效果问题。要了解广告效果,必须进行测定。广告效果,一般是通过消费者的一系列心理活动,诸如注意、兴趣、欲望、动机、态度、行为等影响来达到的。因此,有些广告心理学家在研究广告的效果时,是从广告对消费者的影响过程进行分析的。因此,测定广告效果应从消费者的心理过程和行为等各个方面去进行。这样才能比较准确地了解广告效果,为广告进一步促进消费者的购买行为,提高产品销售量提供比较准确的依据,也为广告设计、制作和宣传方式提供信息,使制作的广告更为完善和灵活多样,更能满足消费者的心理需求。

（一）广告效果测定

1.广告效果测定的含义

一个广告设计出来后,它是否能达到预定的目的,通过广告效果的测定可以得到了解。所谓广告效果测定,是指运用科学的方法来鉴定广告的效果。广告效果测定可以检验广告设计的适宜程度,向设计者提供反馈信息。如果测得的结果不太理想,还可以给设计者一个有益的经验教训,促使其对广告设计进行改进。

2.广告效果测定的方法

广告的效果具体可以通过广告的经济效果、社会效果、心理效果三方面来体现。

（1）广告的经济效果

广告的经济效果是指广告促进产品销售和利润增加的程度,可以用销售效果测定法测定。销售效果测定法是指在广告发布后,对产品销售量的增减情况进行测定的方法。如果广告发布后,产品增销的幅度大,广告的经济效果也大,反之则小。销售效果测定法主要是通过广告费与销售量的对比进行分析。它一般采用如下公式：

$$广告效果比率 = 销售量增加率 / 广告费增加率 \times 100\%$$

例如,某公司第三季度的广告费增加率为45.6%,而该季度销售量增加率为11.4%,推算后得知广告效果比率为25.0%。用销售效果测定法计算,广告费增加率越小,则广告效果比率越大,广告效果越好。

（2）广告的社会效果和心理效果

广告的社会效果是指广告推动社会教育发展的程度。广告的心理效果是指广告对消费者心理产生良好影响的程度。广告的社会效果和心理效果都可以用广告本身效果测定法来测量。

（二）广告心理效果的测定方法

1.广告本身效果测定法

消费者在接触到广告后,会产生各种心理效应,直接对这些心理效应进行测量,以判断广告效果的方法,就是广告本身效果测定法。

广告本身效果测定法可以测量消费者对产品信息的注意、感知、记忆、兴趣、情绪、动机等心理活动情况,现在一般测量的项目有感知程度、知名度、理解度、记忆度、视听率等。

2.广告心理效果测定法

（1）广告感知程度的测定

消费者对广告的认识,首先是从感知开始的。对广告的感知程度反映了消费者认知产品的情况,影响消费者对产品的兴趣和喜好。因此,测定消费者对广告的感知程度,能部分反映广告的效果。

通过对广告视听率的调查,可以了解到有多少消费者接触过广告,从而知道广告的感知程度。对广告视听率的调查,一般应在广告播出的同时或播出后不久进行。这样才可以使测定结果较为准确。因为广告播出的时间久了,由于反复接触,很多消费者对广告的认识已不是初级感知过程了。

(2) 广告记忆度的测定

如果消费者对广告内容的保存量高,就表明广告宣传效果好。反之,广告的效果就差。消费者对广告的记忆程度将对其购买行为产生深远的影响。如小孩突然感冒,做母亲的在手足无措的情况下,记起广告宣传的"小快克"这种药,这就是广告记忆的作用。因此,广告要获得良好的效果,必须注意提高人们的广告记忆度。

(3) 广告理解度的测定

消费者在对广告感知的基础上,有可能进而对广告内容进行理解,即对广告反映的具体事物本质的认识。

广告理解度的测定是对消费者理解广告观念程度的测定。有些人理解正确,有些人又会出现错误的理解。人们对广告的理解正确与否,将影响企业、产品在消费者心目中的形象,影响消费者的消费态度。

广告心理效果的测定还可以是对广告的情感效果、广告改变态度效果等方面进行测验。对这些方面的了解也很重要,但这些方面的测定较为复杂,本书就不再介绍了。

小案例

以下是某研究机构设计的广告心理效果评价表,评价结果可以量化,并根据不同的参加人员进行分析。广告心理效果评价表见表10-2。

测评结果综合得分为80分以上,可视为广告效果非常有效;60~80分为有效;40~60分为一般;20分以下则被认为无效。

表 10-2　　　　　　　　　广告心理效果评价表

心理影响	外部表现	满分	评分
吸引力	△该广告吸引顾客的注意力如何 △该广告对潜在顾客的吸引力如何	15 5	
可读性	△该广告能使人们进一步阅读的可能性如何	20	
认识力	△该广告主题明晰度如何	20	
亲和力	△满足顾客众多欲求的可能性如何 △该广告激起顾客的购买欲望、动机的有效程度如何	10 10	
行为力量	△该广告激起购买行为的程度如何 △该广告促使顾客产生购买心理倾向的程度如何	10 10	

现在人们比较喜欢用一种简单易行的测定方法——广告心理效果综合测定法。这种方法是通过消费者对广告的综合等级评价,以判断广告的心理效果。通过这种方法测定,可以较准确地反映消费者对广告的好恶程度。总之,在做具体测定时,应该根据具体的目标,选择最佳的测定方法。

本章小结

本章重点介绍和分析了产品广告的定位、广告创意和广告诉求心理,系统地阐述了产品广告策划及实施的具体过程。具体内容有:

1. 广告心理机制与过程。分析了广告的心理机制;广告的心理过程;广告心理过程中的重要环节。

2. 广告策划与设计心理。分析了广告的定位心理;广告创意心理;广告诉求心理;广告文化心理。

3. 广告实施心理。分析了广告选择与实施心理;广告心理效应的测评。

课后练习

一、填空题

1.( )是产生广告效果的首要因素。

2.( )是依据所确定的广告主题进行的整体构思活动。

3.一般来说,在广告创意中可以用( )、( )、( )、( )、( )、( )等常用手段来构思新形象。

4.( )是指用什么样的广告内容和形式对消费者进行说服的广告策略。

5.在广告说什么的问题上,要突出介绍产品所具有的优点,以及产品所能满足的消费者的特殊需要——( )。

二、单项选择题

1.( )成为第一个广告效果测量模式,因而在理论方面影响较大。
　　A. AIDA 模式　　B. L&S 模式　　C. 3B 原则　　D. CGI 技术

2.( )是产生广告效果的首要因素。
　　A.产生联想　　B.引起注意　　C.诱发感情　　D.形成记忆

3.商业广告一般都需要( )发布,以增强广告的刺激强度和防止遗忘,增强记忆。
　　A.一次　　B.多次　　C.持续　　D.两次

4.( )是最古老的广告媒体。
　　A.报纸　　B.杂志广告　　C.电视广告　　D.包装物广告

5.广告的目的在于影响( )。
　　A.消费者行为　　B.消费动机　　C.消费者喜好　　D.消费者心理

三、多项选择题

1.依据想象活动有没有预定的目的,可以把想象分为( )。
　　A.无意想象　　B.有意想象　　C.不随意想象　　D.随意想象

2.广告诉求的基本形式有(   )。
   A.喜好诉求　　　　B.心理诉求　　　　C.理性诉求　　　　D.情感诉求
3.广告媒体包括(   )。
   A.报纸　　　　　　B.杂志　　　　　　C.广播　　　　　　D.电视
4.广告效果具体可以通过广告的(   )几方面来体现。
   A.经济效果　　　　B.社会效果　　　　C.心理效果　　　　D.销量效果
5.广告中顾客的心理过程包括(   )。
   A.认识过程　　　　B.情感过程　　　　C.意志过程　　　　D.心理过程

四、简答题

1.简述广告心理过程的三个重要环节。
2.广告诉求心理的内涵是什么？
3.如何测评广告的心理效果？

五、案例分析

通过对竞争者的分析，王老吉发现直接竞争对手（如菊花茶、清凉茶等）由于缺乏品牌推广，仅仅是低价渗透市场，并未占据"预防上火的饮料"的定位。而可乐、茶饮料、果汁饮料、矿泉水等饮品明显不具备"预防上火"的功能，仅仅是间接的竞争。研究人员对于企业、产品在消费者心中的认知进行了研究，结果表明，王老吉的"凉茶始祖"身份、神秘中草药配方、175年的历史等卖点，有能力占据"预防上火的饮料"这一定位。

王老吉确定了推广主题"怕上火，喝王老吉"，在传播上突显王老吉作为降火饮料的性质。在第一阶段的广告宣传中，红罐王老吉都以轻松、欢快、健康的形象出现，避免出现对症下药式的负面诉求，从而把王老吉和"传统凉茶"区分开来。

为更好地唤起消费者的需求，电视广告选用了消费者认为日常生活中最易上火的五个场景：吃火锅、通宵看球、吃油炸食品、烧烤和夏日阳光浴，画面中人们在开心享受上述活动的同时，纷纷畅饮红罐王老吉。结合时尚、动感十足的广告歌反复吟唱"不用害怕什么，尽情享受生活，怕上火，喝王老吉"，促使消费者在吃火锅、烧烤时，自然联想到王老吉，从而促成购买。

问题：
结合案例，分析王老吉的广告策略和广告定位。

实践与训练

[实训项目]
营销心理策划与实施
[训练目标]
1.掌握广告心理定位的方法。
2.学会使用广告诉求的心理因素。

3.掌握广告心理效果的测评方法。

[训练内容与要求]

　　选择几组产品的广告,让学生按小组讨论。结合教材,从广告的定位、创意、诉求和文化心理进行分析。

[成果检测]

1.写出分析报告,提出自己的设想和建议。

2.根据学生的成果评估打分。

第十一章 企业形象与消费心理

学习目标

【知识目标】

1. 了解企业形象的概念、企业形象的决定因素
2. 熟悉顾客态度的结构与功能
3. 理解企业形象塑造的概念

【能力目标】

1. 企业形象的心理功能、企业形象传播心理
2. 印象形成过程的心理效应、印象整饰
3. 态度的形成与改变以及与企业的关系

案例导入

35次紧急电话

一名美国女记者在世界著名的日本"奥打克余"百货公司买了一台未开启包装的点唱机准备送给住在东京的婆婆,结果当她到婆婆家试用时,发现点唱机少了重要的内件,心中非常恼火,当晚写成一篇"笑脸背后的真面目"的新闻稿。第二天,正当她动身出门准备找公司交涉时,"奥打克余"百货公司的副总经理和一名职员找上门来当场道歉,承认失误,亲手将一台完好的点唱机,外加一张著名唱片,一盒蛋糕奉上。女记者了解到为了寻找她,公司打了35次紧急电话(包括国际长途)到女记者所在的美国公司、她父母家了解女记者在东京的住处,女记者非常感动,立即重写了一篇"35次紧急电话"的新闻稿。

"奥打克余"百货公司之所以打"35次紧急电话"的原因是了解企业形象对于顾客的影响十分重大,而女记者态度"由恼火转变为感动"的转变,无疑是企业挽回形象的成功运作。通过掌握消费心理来树立企业在顾客心目中的形象是本章的研究重点。

线上导读:
35次紧急电话

第一节 企业形象概述

 企业形象及其构成要素

(一)企业形象的概念

企业形象是指社会公众心目中对一个企业综合认识后形成的全部认知、看法和综合评价。从本质上说,企业形象是公众意识中的一种反映,即一种主观印象,但这种主观印象是以客观存在为基础的,具有相当的客观性。在现代社会中,一个企业的形象如何,会直接影响企业的生存和发展。因此,树立良好的企业形象是企业至关重要的任务。

(二)企业形象的构成要素

1.实力形象

实力形象是企业形象存在的物质性基础,富有强大的经济实力。实力形象主要包括企业固定资产、总资产、流动资产,产品销售、生产发展规模、员工队伍、装备先进性、企业外观等。

2.产品形象

产品形象是企业形象最基本的形象构成要素,是公众对企业形象最基本的认识来源。产品包括企业生产、制造并提供给市场及消费者的物质产品和精神产品。物质产品要求实用、耐用、新颖、规格齐全、价格合理,精神产品要求健康、生动、富有活力。

3.服务形象

服务形象是公众对企业形象的感受性体验,包括服务的时间、方式、体验、安装、维修质量等。

4.品牌形象

品牌形象是企业的产品质量和服务、企业的标志等留给公众的总体印象,是企业形象的生命线。如果在其他要素上存在缺陷仅仅会影响其他形象的话,品牌形象的低劣则会使企业形象毁坏殆尽,从而直接威胁到企业的生存。

5.文化形象

文化形象是企业形象的精髓所在。它以企业的价值观为基础,以企业系统和物质系统为依托,以企业员工的群体意识和行为为表现,形成具有特色的生产经营管理的思想作风和风格。文化形象主要包括企业使命、企业精神、企业价值观和企业目标。

6.营销形象

企业的销售力包括销售数量、销售能力、销售渠道,营业推广包括广告、公共关系、促销等。

二 企业形象的心理功能

1.认知功能

线上导读:企业形象与传播心理

企业形象是公众对企业正确认知的结果,是一种心理印象,看不见,摸不着,企业一旦形成了良好的形象,又会反过来帮助公众更好地认知企业。树立好的企业形象,有利于企业的信念在公众中进行有效传播,不断扩大企业的知名度和美誉度。许多顾客往往是先有了对企业的良好印象,然后才详细认知其产品或服务的。

> **小案例**
>
> 美国联碳公司52层新总部大楼竣工后,正愁着如何向外发布竣工消息,这时,不知从哪里飞来了一大群鸽子,公共关系顾问得知后命令赶紧关闭门窗,通知动物保护协会来处理。同时,他电告新闻机构说,在联碳公司总部大楼发生了一件有趣而又有意义的事:人们帮助动物保护协会捉鸽子。新闻界纷纷出动,进行了大量的采访和报道,吸引了不少公众。联碳公司总部名声大振,公司也利用这个机会向公众宣传自己,大大地提高了公司在公众心目当中的形象。

2.促销功能

企业形象的最终确立以达到公众信赖为目的。只有在公众信赖的基础上,公众才有可能进一步购买企业的产品或服务。在相同的质量水平下,好的企业形象可以使企业的产品成为购买的首选产品。

小案例

当汽车市场大行降价风的时候,东风标致汽车公司曾举行了一次名为"可信赖的狮子"的降价活动,对降价前购买此车的所有车主进行差价返还。这一行动在市场上引起了轰动,为东风标致公司赢得了声誉,增强了消费者对此品牌的信心,树立了很好的企业形象。对于潜在的客户,无疑是吸引力极强的诱惑。

3. 激励功能

企业形象不但对外界有显著的影响,而且还可以有效地强化员工的归属意识,充分调动员工的积极性,从而增强企业的向心力和凝聚力。一般而言,企业具有良好的形象,会使企业员工产生荣誉感、成功感和前途感,觉得能够在企业里工作,是一件值得骄傲的事情,从而会大大激发员工的奉献精神和事业心、责任感,提高员工的工作积极性。

小案例

德国巴斯夫公司经营着世界最大的化工厂,并在35个国家中拥有300多家分公司和合资经营企业及各种工厂,拥有雇员13万人,公司在百年经营中兴旺不衰。它要求每一位领导人的主要任务就是根据所交付的工作任务、工作能力和表现评价下属职员,同时应让职员都感觉到自己在为企业完成任务的过程中所起的作用。如果巴斯夫公司刺激劳动力的整个范畴简单地表达出来,那就是"多赞扬,少责备"。他们认为,一个人工作做得越多,犯错误的机会也就越多,如果不允许别人犯错误,甚至惩罚犯错误的人,那么雇员就会尽量少做工作,避免犯错误。在这种情况下,最"优秀"的雇员当然是什么事情也不做的人了。

4. 惠顾购买功能

企业形象好,顾客对企业的信任通常都会转到对企业产品与服务的信任上,使顾客们买了放心,用了称心,并形成惠顾性购买。在现代商战中,企业形象已成为销售的最有效武器和促进顾客购买的最佳手段。

小案例

世界零售业巨头"沃尔玛"的营业面积、柜台设计和一般大超市差不多,但在很多细节上有明显的区别。比如在净菜柜台的显著位置上贴有"虽然外观不好看,但保证新鲜"的字样。虽然与其他超市一样都有多排收银台,但每排都有紧挨着的几台收银机,所以无须排队。诸多人性化管理给人们带来温馨的购物环境。

第二节　顾客印象、态度的形成和改变

一、顾客印象形成机制

（一）印象的基本概念

1.印象的基本含义

印象是客观事物在人们头脑中留下的迹象，是观察者对被观察者做出的判断和对被观察者若干特征的概括认识，属于社会知觉范畴。广大顾客与公众对企业形成的系统化印象就构成企业的形象，顾客的印象是形成企业形象的基础。

2.印象的形成

个体首次接触新的社会情境时总是按照个体已往的经验，将情境中的人或事进行归类等，明确它对个体的意义以使个体的行为获得明确定向，这一过程称为印象形成。印象形成的过程，既是观察者主动观察对象特征性的过程，又是被观察对象能动影响观察者观察其特性的过程。

（二）印象形成过程的心理效应

1.首因效应与近因效应

在印象形成的过程中，信息出现的顺序对印象形成有重要的作用。最初出现的信息影响最大，称为首因效应；最新获得的信息影响也较大，因为它在时间上离认知者最近，故称近因效应。首因效应是第一印象的机制。第一印象一经建立则对其后信息的理解、组织有较强的定向作用。个体对后续信息的解释往往是根据第一印象完成的。例如，顾客到达商店后先要查看周围的情况，如果商店内干净整洁，产品排列有序，服务人员笑容亲切，就会使顾客联想到在这里购物肯定会非常愉快，继而就会决定在这家商店购物。相反，如果顾客看到的商店环境很糟糕，服务员态度冷淡，联想到这家商店的产品也不会令人满意，随即就会离开。

2.光环效应

在第一印象形成的过程中，认知者的好恶评价是重要的维度。人们初次相见，彼此最先做出的判断是相互喜欢与否。个体对他人所做的好恶评价极大地影响对他人的总体印象。个体对认知对象的品质一旦形成某种倾向性印象，就会用它评价认知对象的其他品质。最初的倾向性印象好似一个光环套在其上，使其他品质也因光环影响而反射出类似

色彩。如个体对他人的外表有良好的印象,会对他的人格品质倾向于肯定评价,这类现象叫光环效应。例如,当一位销售人员去拜访一位客户,他的衣着服饰、言谈举止会给客户留下一个极深刻的印象。如果第一印象好,会使后续交往顺利。如果这位销售人员给人的第一印象不好,就会让客户对这个人产生厌恶、不信任感,即而对他所代表的公司也无好感。第一印象不好,恐怕再见面都很难,即使继续交往,亦将在很长一段时间内难以扭转不良的印象。

3.刻板印象与定型

人们通过自己的经验形成对某类人或某类事较为固定的看法称刻板印象。这是社会知觉中表示凝固性与偏向性的概念。如果刻板印象是针对某一群体成员则称定型。对某一群体成员特征的认知,带有价值倾向的概括化印象即是定型。刻板印象与定型的积极作用是使社会知觉过程简化,其消极作用是容易形成偏见。在有限经验的基础上形成的定型往往具有负面性质,会对某些群体的成员产生偏见,甚至歧视。例如,顾客在购买产品时,往往对大商场的产品质量比较信任,感觉大商场出售的产品应该是货真价实的;而对小店或小摊出售的货品就会有不信任的感觉。

二 印象整饰

(一)印象整饰的概念

印象整饰,亦称印象管理。个体以一定方式去影响他人对自己的印象。即个体进行自我形象的控制,通过一定的方法去影响别人对自己的印象,使他人印象符合个体期待。

服务行业人员即便在生活中遇到一些不如意的事,影响了心情,但一旦上岗,就要调整好自己的心理状态,面带笑容,为客人提供周到、细致的服务,让顾客在消费中感受到最大的满足。

印象形成与印象整饰的区别是:印象形成对认知者来说是信息输入,是形成对他人的印象;而印象整饰是信息输出,是对他人印象形成施加影响。

(二)印象整饰的作用

印象整饰是个体适应社会生活的一种方式。在现实生活中,在不同的情境,每一个体都承担着许多不同的社会角色。而在每一种情境中,个体要为他人、公众与社会所接受,其行为必须符合社会期待。为了更好地适应,个体就要实施有效的印象整饰。成功的印象整饰,其基础是正确理解情境,正确理解他人,正确理解自己承担角色的社会期待。但理解并不一定表示个体就会按社会要求行事。因此,不同的人有不同的印象整饰。

(三)印象整饰的策略

印象整饰是一种社交技巧。其策略大致有:

(1)按社会常规或以对方的好恶整饰自己。人的外表最容易为他人所知觉。因而个体往往留意修饰外表,尤其在异性面前更加如此。例如,同客户谈生意前,应该先整理好自己的服饰,让客户由此产生好印象。

(2)隐藏自我。个体的真实自我也许不受他人和公众欢迎,为使他人对自己产生良好印象,形成良好人际关系,个体常常把真实的自我隐藏起来,好比戴上一副"面具"。

(3)按社会期待整饰自己,使自己的行为符合角色的社会规范。例如,教师在学生面前做出符合教师这一社会角色的行动。

(4)投人所好。个体为了得到他人的好评,形成良好印象,往往投其所好,采取自我暴露、附和、谄媚、施惠等手段。比如营销人员在同客户交谈时,往往会谈一些客户喜欢的话题或者对客户的爱好也表现出极大的兴趣,以此赢得客户的好感。

 三、顾客态度

(一)顾客态度的基本概念

1.态度的含义

态度通常是指个人对某一客体所持的评价与心理倾向。换句话说,就是个人对环境中的某一对象的看法,是喜欢还是厌恶,是接近还是疏远,以及由此所激发的一种特殊的反应倾向。

小案例

有一个鞋厂的营销人员到一个小岛上去开发市场,当他来到岛上的时候,到岛上的人们都没有穿鞋,他立即给他的领导汇报说:"这岛上没有开发余地,因为这里的人都没有穿鞋的习惯。"不久,又有一个鞋厂的营销人员来到岛上,当他看见岛上的人们没有穿鞋的习惯时,不由大喜过望,立即给他的领导汇报说:"这里居然有一片未开发的市场,我们的鞋一定能打入市场。"于是他立即开展营销工作,他先把一些鞋送给当地的人穿,并根据他们的反馈做出当地人喜欢的款式。故事给我们的启示:有好的态度才有好的人生。

2.态度的心理结构

态度的心理结构主要包括三个因素,即认知因素、情感因素和意向因素。

①认知因素

认知因素就是指个人对态度对象带有评价意义的叙述。叙述的内容包括个人对态度对象的认知、理解、相信、怀疑以及赞成或反对等。

②情感因素

情感因素就是指个人对态度对象的情感体验。如尊敬、蔑视、同情、冷漠等。

③意向因素

意向因素就是指个人对态度对象的反应倾向或行为的准备状态,也就是个体准备对态度对象做出何种反映。例如,顾客接触到一款新型的手机,他首先要了解并评价这款手机的结构、性能、价格,然后才形成喜欢这款手机的情感,进而产生购买欲望,形成对这种新产品的完整态度。

(二)态度的功能

1.适应功能

适应功能指人的态度都是在适应环境中形成的,形成后起着更好地适应环境的作用。人是社会性的生物,适当的态度将使人们从重要的对象(双亲、老师、雇主及朋友等)或群体那里获得认同、赞同、奖赏或与其打成一片。对不同的对象应学会有不同的态度。许多学生发现,如果他们以对父母的态度去跟朋友打交道往往就不适应,反之亦然。所以适当的态度是适应社会生活的一种功能。

2.自我防御功能

态度有时也反映出一个人未澄清的人格问题,如不明说的侵犯和生怕丧失身份等。态度作为一种自卫机制,能让人在受到贬抑时保护自己。比如顾客在商店里消费受到营业员的讥讽、嘲笑,非常生气,就会向商店的管理人员投诉,以此来保护自己的尊严。

3.价值表现功能

在很多情况下,有的态度常表示一个人的主要价值观和自我概念。人们会根据自身价值,比较和评价客观事物,从而形成自己的态度。比如,中年人在购物时就特别注重产品的实用价值,物美价廉的产品对他们较有吸引力;青年人则比较注重体现自身价值,在购物时追求时尚、个性的产品,即使价格较高也会购买。

4.认识或理解功能

人的态度不同,对同一事物的认识和评价就会不同,态度在人们对客观事物认知的过程中,起着重要的推动和干扰作用。例如,一家企业形象不佳,当顾客挑选其产品时,就会百般挑剔,而且很难成交。

四 态度的形成与改变

态度具有稳定性和持久性的特征,态度的形成总是要经过一段时间的孕育过程。心理学家凯尔曼通过研究,提出态度的形成或改变模式。他认为态度的形成和改变主要经历三个阶段,即服从、同化和内向。服从阶段,是表面上改变自己的观点与态度,这是态度形成或改变的第一阶段;同化阶段是在思想、情感和态度上主动地接受他人的影响;内化阶段,在思想观点上与他人的思想观点相一致,将自己所认同的新思想与自己原有的观点结合起来,形成统一的态度体系,这是态度形成的最后阶段。

(一)态度的形成因素

1.欲望

态度的形成往往与个人的欲望有着密切的联系。实验证明,凡是能够满足个人欲望,或是能帮助个人达到目标的对象,都能使人产生满意的态度。相反,对于那些阻碍目标,或使欲望受到挫折的对象,都会使人产生厌恶的态度。例如,炎热的夏天使顾客产生购买空调的欲望,到了商店里,如果营业员能热情并且客观地介绍产品,就能使顾客满意,从而达成购买;但如果营业员强行推销,毫无诚意,就会让顾客产生厌恶的态度,不愿购买。

2.知识

态度中的认知成分与一个人的知识密切相关。个体对某些对象态度的形成,与其对该对象所获得的知识密切相关。例如,一个顾客对现在流行的数码产品很有研究,了解到数码产品的特性,就会对其产生一种态度,这就是说,态度的形成受知识的影响。

3.个人经验

一个人的经验往往与其态度的形成有着密切的联系,生活实践证明,很多态度是由于经验的积累与分化而慢慢形成的。例如,"一朝被蛇咬,十年怕井绳"。如果顾客曾在某家商场购买到了伪劣产品,就会对这家商店产生不信任的态度。

(二)态度的改变因素

1.态度本身的特性

(1)青少年时代养成的某种态度,如嗜好、偏好、兴趣等态度不易改变。

(2)一个人某种极端性的态度,或者对待某种事务前后一贯的习惯性态度,也不容易改变。

(3)复杂的态度或协调一致的态度不容易改变。复杂的态度不是凭借某一简单事实,而是依赖许多次证明的事实,至于协调一致的态度就是说态度中的三种成分(认知、情感、意志)协调一致,没有矛盾。

(4)态度中的价值成分与态度的转变有密切的关系。态度中的价值意义越大,越不容易转变。

(5)欲望满足的数量与力量的转变有密切的关系。某种事务一次能满足个体欲望的数量越多、力量越强,其态度越不容易改变。

2.个体特征

(1)能力差异

对于复杂的问题,智力较高的人容易理解其中各种赞成或反对的观点,并根据这些观点,决定是否坚持或改变自己的态度,其态度改变是主动的。智力较低的人,由于缺乏判断力,容易被说服,也容易接受群体态度的压力,而被动地改变自己的态度。

(2)性格差异

研究发现,由于人们的性格不同,有的人容易接受劝告,有的人比较固执。一般来说,独立性比较强的人不容易改变自己的态度。这种人往往对劝告表示抗拒,有时对新观点拒绝了解,甚至否定权威,在思想上保守、僵化,在行动上因循守旧。而顺从型的人,由于缺乏判断能力,依赖性强,容易信任权威,改变态度也比较容易。

(3)自我意识

研究者发现,自我意识的强度与个人态度的转变亦有密切的关系。自尊心、自信心、自我防卫机能强的人,普遍有一种自我保护的态度,一般这种人的态度比较难以改变。

3.个人的群体观念

态度的形成与个体所属的群体有着密切的关系,因此,当一个人对他所属的群体具有认同感或忠诚心的时候,要他采取与群体规范不一致的态度是不容易的。如几个同伴一起购物的时候,对产品的意见比较统一,而营业员的推销较难改变其中某人的态度。

(三)态度改变理论

关于态度改变的理论主要可归纳为以下三种:

1.认知失调理论

认知失调理论是由心理学家弗斯廷格在1957年提出的。弗斯廷格认为态度形成与改变的主要原因在于两个认知要素的不协调。这一理论显然是侧重于态度结构中的认知成分,即由于认知上的不一致而导致态度的改变。例如,一位顾客从不同渠道获得关于同一种产品相互矛盾的信息:一是"这种产品的质量很好",二是"这是伪劣产品",这两个认知要素就出现了明显的不协调。这就迫使顾客产生了心理压力,急需解决认知失调问题,从而形成或改变其态度。

2.平衡理论

1958年,心理学家海德提出了改变态度的"平衡理论"。这一理论侧重在人际关系和态度的情感因素方面,提出了"三合一"的组合模式,即态度主体、态度对象和态度参考者组合的模式。当上述三者导致心理上,特别是情感上出现不平衡的状态时,必然带来紧张和不愉快,产生一种转变为平衡的内在需求,从而导致态度的转变。为消除不平衡,态度主体可以转变对态度对象的态度,也可以转变对态度参考者的态度,从而求得平衡。例如,顾客看到电视上某位自己喜爱的明星在做减肥产品的广告,虽然对这位明星非常喜欢,但对这类减肥产品的效果却很怀疑,这就产生了不平衡。这位顾客有两种选择,或者是相信那位明星,从而改变对这种减肥产品的态度;或是坚持原有对减肥产品的态度,而改变对那位明星的态度,即认为那位明星为钱说了假话。

3.刺激-学习理论

刺激-学习理论认为,当人们从事与自己态度不一致的行为后,往往能获得另外一些知识经验,从而转变态度。这一理论侧重于态度行为习惯方面的研究。例如,当一家新的商店开业时,顾客不太了解,商店则会以各种手段进行宣传促销,使顾客熟悉并接受,进而习惯在这里购物。

五　态度与企业形象

（一）态度是企业形象的核心内容

企业形象作为在以顾客为主体的公众心目中的反映，归根结底，是以公众对企业的态度为核心内容的。公众如何认识与评价企业，形成何种情感，具有怎样的行为倾向，这是企业形象好坏的根本所在。

（二）强化或改变态度是企业形象塑造的关键环节

公众态度是企业形象的核心内容，能否树立良好的企业形象，关键在于强化有利于企业的公众态度。所以，企业要树立良好的形象，就必须善于抓住公众心理，特别是顾客态度的强化或改变这个关键环节。

第三节　企业形象塑造心理

一　企业形象塑造的含义

（一）企业形象塑造的概念

企业形象塑造是指企业通过对经营理念、价值观念、文化精神的塑造，借此改造和形成企业内部的制度和结构，并通过对企业的形象设计，将企业形象有目的、有计划地传播给企业内外的广大公众，从而达到社会公众对企业的理解、支持和认同的目的。

（二）企业形象塑造的决定因素

决定企业形象塑造的因素主要有以下三个：

1. 企业形象定位

企业形象定位是企业根据环境变化的要求，本企业的实力和竞争对手的实力，选择自己的经营目标及领域、经营理念，为自己设计出一个理想的、独具个性的企业形象。企业形象塑造最主要的是形象定位，定位是形象的灵魂，组织没有个性就不是最好的组织；产品没有定位就没有生命力。

2.传播

传播原意为交通、通信、交流、传达。这里是指有关企业的信息是怎样传播给公众的。传播过程是决定企业形象的重要因素。从正面对企业进行传播可以树立良好的企业形象,赢得社会舆论,铺垫潜在市场。如果从反面对企业进行传播则会使企业形象毁坏殆尽,从而直接威胁到企业的生存。

3.公众

企业形象在本质上是一种公众的心理反映,因此,以顾客为主体的公众自身的因素也将成为影响企业形象的重要方面。

(三)企业形象塑造的途径

由于公众只是助推企业建立良性发展基因的一种载体,是企业只能研究而不能改变的因素,企业塑造形象的途径就只有两条:一是加强企业自身形象建设;二是加强企业形象传播。

1.加强企业自身形象建设

企业的形象建设是增强职工自信心的动力,也是市场竞争的必然趋势。形象建设不仅是靠外在的硬件设施,更主要的是全员参与,从提高产品质量、业务、技能、营销知识做起,推出高质量的产品和服务,这样企业的知名度和美誉度才会不断提高。

2.加强企业形象传播

企业形象经过正确的定位和设计确立之后,不能束之高阁或只是张贴于墙上作为一种摆设或装饰,而是要通过形象传播真正被内部公众理解,切实落实在内部员工的行动中,被外部公众知晓和理解,提升企业在外部公众心目中的形象。

二 企业自身形象建设心理策略

企业形象是一个企业在社会公众及消费者心目中的总体印象,是企业文化的外显形态。它影响着企业经济效益的提高和企业的发展。良好的企业形象有助于提高企业的竞争力;有助于开发人才资源;有助于创造良好的外部经营环境;有助于创造最佳的经济效益。因此它是企业一个长期的系统工程,也是企业文化建设的重要内容。

企业形象建设需要企业内部从领导者到员工的企业主人翁心理,要让全体职工明白自己的形象代表企业的形象,自己的一言一行,举手投足,都在诠释自己所代表的企业的形象。

(一)领导者的企业形象建设心理类型

1.果断型

果断是领导者在意志活动中的一种良好的意志品质,一个领导者如果具有这种品质,就能在企业建设中当机立断,毫不犹豫地做出决定。

2. 顽强型

领导者在企业建设中保持坚持性,是顽强型的主要特征。这种类型的领导在企业建设的过程中,能坚持保持充沛的精力和坚韧的毅力。

3. 稳健型

稳健型领导一般具有深思熟虑的特征和稳健的风格,他们在企业建设中,力求"稳扎稳打",其大脑皮层是多层次进行的,并且有层次地一浪高过一浪,一环套着一环,最后才逐渐形成正确的决策或逐步达到实现预期的决策目的。

(二)领导者企业形象建设意识的培养

企业领导者的形象建设意识程度至关重要,因为他们担负着倡导、设计和培养企业形象的重任。中国著名企业家张瑞敏分析海尔集团经验时指出:"海尔过去的成功是观念和思维方式的成功,企业发展的灵魂是企业形象。"企业形象是一个企业最宝贵的经营财富,它不是可有可无,而是必不可少。这应该被每位领导者所意识到。企业领导即是卓越的管理者,又是员工的精神领袖,应该以自己的新思想、新观念、新的价值取向,倡导和培育企业文化,提升企业形象。没有成功的企业家就没有成功的企业。

> **小案例**
>
> 希尔顿酒店集团的创始人康纳德·尼可儿森·希尔顿经常问下属的一句话是:"你今天对宾客微笑了吗?"他确信,微笑将有助于希尔顿饭店向全世界发展。他要求员工牢记一个信条:"无论饭店遭遇什么困难,希尔顿饭店服务员脸上的微笑永远是宾客的阳光。"希尔顿先生将饭店经营管理和服务质量的"三把刀"——勤奋、自信和微笑传给了他的服务人员,并把它作为生活艺术的信条,为世界饭店业的发展做出了杰出的贡献。

(三)员工的企业形象建设心理类型

1. 参谋型

参谋型的企业员工一般性格开朗,热情主动。不但高度重视企业形象建设,而且,以实际行动,扎扎实实地参与企业形象建设。

2. 关注型

关注型的员工情感显露,性格外倾,接受能力强,决断能力较好。持着这一心理的员工充分认识到企业形象的重要性,并在思想上表现出对企业形象建设各方面的关心。

3. 消极型

消极型的员工一般性格不开朗,谨小慎微,缺乏自信心和热情。具有这类心理的员工对企业形象建设麻木不仁,漠不关心。在行动上也不愿意积极参与形象建设活动。

4.损坏型

损坏型员工性格内向或者急躁,具有不健康的心理。这类员工以消极、反感的情绪对待企业形象建设,有时甚至有损坏企业形象的行为。

(四)员工企业形象建设意识的培养

要提高企业全体员工对企业形象建设重要意义的认识。企业员工是建设企业形象的主体,没有广大员工的积极参与,就不可能树立良好的企业形象。因此,提高企业成员的认识和参与感十分重要。如果员工认为树立企业形象只是领导者的事,与己无关,那么企业就不可能树立良好的形象。每个员工都必须提高对企业状况与发展的关注度,树立明确的形象意识,只有这样,企业形象建设才有广泛的群众基础。准备开展或刚刚开展企业形象建设的单位,要在全员中进行企业文化知识的启蒙教育。

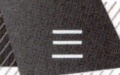

著名的家族企业广东格兰仕企业集团公司在几十年的发展历史上,经历过无数次市场挑战,才成为"虽九死一生还活着的企业"。其实,很少有人知道,1994年,格兰仕曾经遭遇过一次水灾。这场百年洪水使厂区一片汪洋,水深近3米。洪水全部退去后,大部分生产设备都在泥水中浸泡了两个多月。很多机器设备从泥里挖出来,表面已经满是锈斑,在很多人眼里如同一堆废铁。格兰仕打下的基业,眼看着就要被这一场大水冲走了。但实际上,格兰仕只用了3个月就恢复了生产。洪水退去后连续一个月的时间,很多格兰仕女工都自觉自愿加班加点地去擦洗这些机器,如同格兰仕一样,所有企业都希望能够培养出这样一群尽职尽责又极具活力的员工。

三 企业形象传播心理

(一)传播对象心理分析

顾客能否有效地接受来自企业的有关信息,在相当程度上受到两大方面的影响。

1.顾客对信息发布者相关方面认知与评价的影响

(1)专业权威性与知情程度

具有高可信赖度的信息源能引起接受者态度上的转变。一般顾客对专家或者知情者发布的关于形象方面的一些信息容易接受,认为这些是可靠的。

(2)传播者的知名度

传播者的知名度与传播效果成正比,如果信息的传播者非常受顾客的欢迎或者同顾客有良好的关系,那么,顾客对他们提供的信息就会容易接受。例如,一些产品厂家出巨资请著名的影星、歌星做广告,由于顾客对这些影星、歌星的喜爱,他们很容易接受这些广告信息。

(3)提供信息的动机

传播者的动机如果是他个人的利益,那么他的劝服功效就不好,一般顾客就会认为他是出于私心,将信将疑。当传播者的动机与本人利益相反时,他的劝服力量才最大,很容易被顾客接受。

2.顾客自身的一些因素

(1)顾客的人格特征

由于顾客不同的人格特征,如性格的开朗与否、自尊心的强弱、想象力、敏感度、自我评价等,所以不同的人面对同一则信息有不同的态度反应。

(2)顾客的自我涉入程度

顾客对原有态度的信奉和坚持程度高低将改变广告的说服效果。自我涉入浅的,信奉程度低,态度易于改变;自我涉入深的,信奉程度高,态度自然就不易改变。

(3)顾客是否有防御心理

顾客对信息传播是否有相关的戒备和防御心理,是他们是否接受传播,改变态度的关键要素。

(二)传播心理

1.品牌传播心理

《营销学术词典》中对品牌的定义为:"是指用以识别一个(或一群)卖主的产品或劳务的名称、术语、记号、象征或设计及其组合,并用于区分一个(或一群)卖主和竞争者。"消费者对产品的消费层次由低到高分为三个层次:对量的消费、对质的消费和对精神需求的消费。随着经济的日渐发达,消费者对产品的消费已不仅仅停留在对质的消费层面上,而是希望产品消费能带来更多的精神满足。品牌附加值作为品牌的本质属性之一,它的最大价值就是对消费者心理需求的满足,这也正是无品牌产品所不具备的。杰克·韦尔奇说过:"品牌营销是市场营销的最高境界。"

> **小案例**
>
> 宝马的广告传播也总是极尽所能地演绎出品牌的核心价值,如宝马有一则非常幽默、有趣的广告,标题是"终于,我们发现了一个未能享受宝马驾驶乐趣的人",原来这个人是个机器人,寓意宝马把很多功能智能化,相当于有个机器人把驾驶者的复杂操作分担了,所以机器人未能享受驾驶的乐趣而很辛苦,驾驶者则享受了前所未有的驾驶乐趣。宝马不仅在广告中淋漓尽致紧扣品牌核心价值,而且创造性地通过品牌延伸推广新产品来低成本地传播品牌精髓。

2.情感营销传播心理

情感是指"与人的社会性需要和意识紧密联系的一种内心体验。它是人们在长期的社会实践中受到客观事物的反复刺激而形成的内心体验,因此具有较强的稳定性和深邃性。"要与消费者建立一种全方位的、深刻的联系和沟通。要了解消费者的心理需求,把消费者个人情感差异和需求作为企业品牌销售战略核心,通过借助情感包装、情感设计、情感广告、情感促销等营销传播策略,来激发消费者潜在的购买欲望,以实现企业的经营目标。

小案例

当瓶装饮用水(包括矿泉水和纯净水)市场竞争异常激烈时,娃哈哈、乐百氏、雀巢等大品牌都面临着价格更低而质量上相差无几(至少在饮用上区别不大)的小厂商的挑战,许多产品被迫直接或间接降价。面对这种情况,农夫山泉果断开展了以"捐助希望工程"为主题的情感营销——消费者只要买一瓶农夫山泉矿泉水,厂商就向希望工程捐出一分钱。此举不仅令消费者更加信任农夫山泉,更让这家厂商在激烈的同质化竞争中保住了市场份额。

3.口碑营销传播心理

口碑作为人际传播中对某品牌、产品的议论焦点和交流总和,在人们的日常交往中时有出现。口碑传播不只传递正面信息,也传递负面信息。当人们向其他人询问某个产品的情况时,通常也想了解它的缺陷,而只有完全独立、不受商家影响的人才会做出诚实直率的回答,特别是关于该产品的负面信息。口碑传播者同时也是消费者,是独立于卖主之外的第三方,不会因推荐产品而获得经济收益。人际传播没有商业气息,不会引起人们面对广告的戒备与排斥。同时,面对面的信息交流,针对性是显而易见的,因而这种传播效果高效有用。

4.体验营销传播心理

体验是对某些刺激所产生的内在反应,它大多来自直接观看或参与某事件——无论是真实的还是虚拟的。体验涉及人的感官、情绪、情感等感性因素和智力、思考等理性因素。作为一种复杂的心理活动,体验是消费者的一种感受,由消费中所获得的产品和服务的过程所构成。体验传播是围绕如何使企业提供的"半成品"在消费者参与互动的过程中,形成能够带来收益的体验化产品(包括物质形态和非物质形态)而进行的一系列营销传播。体验包括感性与理性,形成过程一般为:接触—感性认识—体验—理性认识。体验在先而理性认识在后的逻辑习惯,需要营销人员注重对产品或服务的感性信息的利用,有意影响消费者更多的感官感受介入其体验行为过程,并最终影响体验效果。

5.文化营销传播心理

文化营销传播就是以文化为卖点或手段来营销产品和服务的传播活动。从受众的角度来看,文化认同能够促进受众接受,文化背景能够搭建理解平台;从传播的信息来看,文化特色能够满足好奇心理,文化品位能够赋予社会地位。现在,销售已经进入整合营销传播时代。以人为本,善于发现受众的物质需求和精神需求,从而给受众以人文关怀,这已经成为营销传播创意的核心所在。营销传播一旦渗透温暖人心的人情、人性和人文关怀,充满爱心和关心,便能赋予心理冲击力,让人产生共鸣,实现最佳的营销传播效果。

本章小结

本章重点介绍和分析了建设企业形象的心理过程,分析顾客态度的形成与改变过程,研究了企业形象塑造心理。主要内容包括顾客印象形成机制:分析了企业形象及其心理功能,顾客印象形成机制,印象形成过程中的心理效应;顾客态度的形成与变化:分析了顾客态度与企业形象,态度形成与改变机制;企业形象塑造心理:分析了企业形象塑造的基本途径,企业形象建设心理,企业形象传播心理。

课后练习

一、填空题

1. (　　)是指社会公众心目中对一个企业综合认识后形成的全部认知、(　　)和(　　)。
2. 企业形象的最终确立是以达到(　　)为目的。
3. (　　)是形成企业形象的基础。
4. 态度具有(　　)和(　　)的特征,态度的形成总要经过一段时间的孕育过程。
5. 企业形象塑造是指企业通过对(　　)、(　　)、(　　)的塑造,借此改造和形成企业内部的制度和结构,并通过对企业形象设计,将企业形象有目的、有计划地传播给企业内外的广大公众,从而达到社会公众的理解、支持、和认同的目的。

二、单项选择题

1. (　　)是企业形象存在的物质基础,具有强大的经济实力。
   A. 实力形象　　　B. 产品形象　　　C. 服务形象　　　D. 品牌形象
2. 人们通过自己的经验形成对某类人较为固定的看法称为(　　)
   A. 首因效应　　　B. 近因效应　　　C. 光环效应　　　D. 刻板效应
3. (　　)企业形象的核心内容。
   A. 服务能力　　　B. 公众态度　　　C. 品牌形象　　　D. 营销策略
4. (　　)是指与人的社会性需要和意识紧密联系的一种内心体验。
   A. 情感　　　　　B. 态度　　　　　C. 形象　　　　　D. 品牌
5. 文化营销传播就是以(　　)为卖点或手段来营销产品和服务的传播活动。
   A. 产品　　　　　B. 服务　　　　　C. 文化　　　　　D. 实力

三、多项选择题

1. 企业形象的心理功能包括(　　)。
   A. 认知功能　　B. 促销功能　　C. 激励功能　　D. 购买功能
2. 态度的功能包括(　　)。
   A. 适应功能　　B. 自我防御功能　　C. 价值表现功能　　D. 认识或理解功能
3. 决定企业形象塑造的因素有(　　)。
   A. 企业形象定位　　B. 传播　　C. 公众　　D. 服务
4. 领导者的企业形象建设心理类型有(　　)。
   A. 持久型　　B. 果断型　　C. 顽强型　　D. 稳健型
5. 态度的形成因素包括(　　)。
   A. 欲望　　B. 知识　　C. 个人经验　　D. 能力

四、简答题

1. 什么是企业形象？企业形象有哪些构成要素？
2. 企业形象的心理功能是什么？
3. 怎样理解印象的形成机制？印象与企业形象是何关系？
4. 举例说明影响整饰的含义与意义。
5. 简述态度的含义及心理结构。
6. 以自身为例，说明态度的形成及改变因素。
7. 怎样理解态度的改变理论？
8. 结合实际，分析企业员工对企业形象的心理反应。
9. 怎样培养企业领导、员工的企业形象建设意识？

五、案例分析

美联航暴力赶客事件

2017年4月9日，美国联合航空公司（以下简称美联航）宣布，3411次航班出现超售现象，希望能够有4名乘客自愿下飞机，美联航会为其提供住宿和400美元的补偿，但并没有乘客自愿提出放弃座位。在补偿金增加到800美元仍没有人愿意下飞机的情况下，美联航通过电脑随机抽取了4名乘客，并要求他们下飞机。其中一名乘客表示，他是名医生，第二天需要给病人看病，拒绝下飞机。在沟通无果的情况下，多名机场保安将这名男性乘客从靠近窗口的座位上强行拉出，直到拖下飞机。在拖拽过程中，这名乘客极力反抗，其腰部和头部多次撞击到座位的扶手，以致满嘴是血。很多乘客都被这一幕惊呆了。当时的情况被一名乘客拍下，并发布到了社交网站上。

在美联航因超卖机票，暴力拖拽乘客下机的事件发生后，有人在白宫请愿网站上发起签名。该请愿签名要求美国联邦政府对2017年4月9日发生的美联航事件展开调查，并对该名医生因为亚裔身份遭到歧视表达愤慨之情。截至北京时间4月11日17点35分，该请愿已经收集到18 380个签名。根据白宫官方网站说明，任何请愿如果在30天内能收集到10万个支持者的在线签名，就能得到白宫的正式回应。

2017年4月11日,白宫发言人斯派塞在白宫例行会议上说,9日发生的美联航暴力驱逐乘客下机事件"令人困扰"。美联航发言人当天承认,事发航班实际并未超售机票,强迫乘客下机只为安排公司机务人员。

2017年4月12日,美联航在其官网公布了一封CEO奥斯卡·穆诺兹的致歉信。信中奥斯卡·穆诺兹对被拖拽的乘客及其他机上的乘客表示深切的歉意,并表示,4月30日之前将通报对本次事件的审查结果。

2017年4月12日,被暴力拖拽的乘客大卫·陶已经聘请戈兰和迪米特奥两名律师。戈兰律师发布声明称,大卫·陶目前仍在医院接受治疗。

2017年4月13日,美联航飞行员工会首次就此事发表言论,对发生这种事件表示愤怒,称这一事件的责任应由芝加哥航空局的警员承担,美联航员工没有参与"肢体冲突"。

2017年4月,美联航公司宣布,将赔偿事发航班上所有的乘客,并且承诺不再动用警力将满员航班的乘客赶下飞机。所有当天乘坐3411次航班的乘客都将获得赔偿,金额与其购买机票的费用相当。

2017年4月28日,负责代理美联航暴力拖拽乘客下飞机一案的一位律师表示,美联航已与遭暴力拖拽下飞机的乘客大卫·陶达成和解协议,协议的具体内容和涉及的金额保密。

2017年5月2日,美国国会众议院交通委员会就美联航暴力驱客事件展开听证会,美联航CEO奥斯卡·穆诺兹出席并就事件公开致歉。

问题:
1.案例中,美联航的行为将为它带来怎样的影响?
2.此次事件对你有什么启示?

实践与训练

实训项目一 企业形象调研

[训练目标]
1.培养观察顾客对企业评价的能力。
2.培养运用心理策略塑造企业形象的能力。

[训练内容与要求]
1.对一家企业进行顾客调查,主要是了解顾客对该企业的印象与评价。
2.调查可采用问卷法或访谈法。
3.对调查结果进行分析,除分析顾客对企业的评价外,还要注意影响人们对企业印象的具体因素、顾客的需求与心理特点等。
4.必要时可组织班级交流。

［成果检测］
1. 写出调研与分析报告。
2. 依个人表现与分析报告进行评估打分。

实训项目二
企业形象与顾客态度的改变

［训练目标］
1. 对顾客态度改变进行心理分析。
2. 掌握企业形象建设对顾客态度改变的作用。

［训练内容与要求］
1. 到商场或超市观察一下在销售过程中,顾客态度的改变。
2. 运用本章所学的知识进行分析:如何通过企业的形象建设来强化和改变顾客的态度。

［成果检测］
1. 运用本章所学的知识写一份你所观察的这家商店或超市的形象建设策划书。
2. 在班级内开展交流,同学之间互提意见和建议。

参考文献

[1] 符国群.消费者行为学.北京:高等教育出版社,2021
[2] 王天春.市场营销案例评析.大连:东北财经大学出版社,2013
[3] 贾妍,陈国胜.消费心理应用.北京:北京大学出版社,2010
[4] 刘佩华.营销心理学.北京:机械工业出版社,2005
[5] 柯洪霞,曲振国.消费心理学.北京:对外经济贸易大学出版社,2006
[6] 尹健.营销心理学.北京:高等教育出版社,2007
[7] 陈思.营销心理学.广州:暨南大学出版社,2015
[8] 刘鲁蓉,孙顺根.消费心理学.北京:科学出版社,2007
[9] 冯丽华.营销心理学.北京:电子工业出版社,2009
[10] 单凤儒.营销心理学.北京:高等教育出版社,2014
[11] 白战风.消费心理分析.北京:中国经济出版社,2006
[12] 王金清.商业心理学.北京:中国商业出版社,2003
[13] 曾振华.谈判心理战.广州:暨南大学出版社,2002
[14] 孙喜林.营销心理学.大连:东北财经大学出版社,2005
[15] 崔建华.消费心理学.哈尔滨:哈尔滨工业大学出版社,2001
[16] 李先国.营销师.北京:中国环境科学出版社,2003
[17] 耿黎辉.消费心理学.成都:西南财经大学出版社,2004